世界哲學家叢書

戴震

張立文著

1991

東大圖書公司印行

國立中央圖書館出版品預行編目資料

戴震／張立文著.--初版.--臺北市：
東大出版：三民總經銷，民80
面；　　公分。（世界哲學家叢書）
參考書目：面
含索引
ISBN 957-19-1295-6（精裝）
ISBN 957-19-1296-4（平裝）

1.（清）戴震—學識—哲學
2.哲學—中國—清（1644-1912）
127.43　　80000800

 戴震

著者　張立文
發行人　劉仲文
出版者　東大圖書股份有限公司
總經銷　三民書局股份有限公司
印刷所　東大圖書股份有限公司
地址／臺北市重慶南路一段六十一號二樓
郵撥／〇一〇七一七五—〇號
初版　中華民國八十年四月
編號　E 12071①
基本定價　陸元貳角貳分
行政院新聞局登記證局版臺業字第〇一九七號

ISBN 957-19-1295-6（精裝）

《世界哲學家叢書》總序

本叢書的出版計劃原先出於三民書局董事長劉振强先生多年來的構想，曾先向政通提出，並希望我們兩人共同負責主編工作。一九八四年二月底，偉勳應邀訪問香港中文大學哲學系，三月中旬順道來臺，即與政通拜訪劉先生，在三民書局二樓辦公室商談有關叢書出版的初步計劃。我們十分贊同劉先生的構想，認為此套叢書（預計百册以上）如能順利完成，當是學術文化出版事業的一大創舉與突破，也就當場答應劉先生的誠懇邀請，共同擔任叢書主編。兩人私下也為叢書的計劃討論多次，擬定了「撰稿細則」，以求各書可循的統一規格，尤其在內容上特別要求各書必須包括 (1) 原哲學思想家的生平；(2) 時代背景與社會環境；(3) 思想傳承與改造；(4) 思想特徵及其獨創性；(5) 歷史地位；(6) 對後世的影響（包括歷代對他的評價），以及 (7) 思想的現代意義。

作為叢書主編，我們都了解到，以目前極有限的財源、人力與時間，要去完成多達三、四百册的大規模而齊全的叢書，根本是不可能的事。光就人力一點來說，少數教授學者由於個人的某些困難（如筆債太多之類），不克參加；因此我們曾對較有餘力的簽約作者，暗示過繼續邀請他們多撰一兩本書的可能性。遺憾的是，此刻在政治上整個中國仍然處於「一分為二」的艱苦狀態，加上馬列教條的種種限制，我們不可能邀請大陸學者參與撰寫工作。不過到目前為止，我們已經獲得八十位以上海內外的學者精英全力支持，包括臺灣、香港、新加坡、澳洲、美國、西德與加拿大七個地區；難得的是，更包括了日本與大韓民國好多位名流學者加入叢書作者的陣容，增加不少叢書的國際光彩。韓國的國際退溪學會也在定期月刊《退溪學界消息》鄭重推薦叢書兩次，我們藉此機會表示謝意。

原則上，本叢書應該包括古今中外所有著名的哲學思想家，但是除了財源問題之外也有人才不足的實際困難。就西方哲學來說，一大半作者的專長與興趣都集中在現代哲學部門，反映着我們在近代哲學的專門人才不太充足。再就東方哲學而言，印度哲學部門很難找到適當的專家與作者；至於貫穿整個亞洲思想文化的佛教部門，在中、韓兩國的佛教思想家方面雖有十位左右的作者參加，日本佛教與印度佛教方面卻仍近乎空白。人才與作者最多的是在儒家思想家這個部門，包括中、韓、日三國的儒學發展在內，最能令人滿意。總之，我們尋找叢書作者所遭遇到的這些困難，對於我們有一學術研究的重要啟示（或不如說是警號）：我們在印度思想、日本佛教以及西方哲學方面至今仍無高度的研究成果，我們必須早日設法彌補這些方面的人才缺失，以便提高我們的學術水平。相比之下，鄰邦日本一百多年來已造就了東西方哲學幾乎每一部門的專家學者，足資借鏡，有待我們迎頭趕上。

以儒、道、佛三家為主的中國哲學，可以說是傳統中國思想與文化的本有根基，有待我們經過一番批判的繼承與創造的發展，重新提高它在世界哲學應有的地位，為了解決此一時代課題，我們實有必要重新比較中國哲學與（包括西方與日、韓、印等東方國家在內的）外國哲學的優劣長短，從中設法開闢一條合乎未來中國所需求的哲學理路。我們衷心盼望，本叢書將有助於讀者對此時代課題的深切關注與反思，且有助於中外哲學之間更進一步的交流與會通。

最後，我們應該强調，中國目前雖仍處於「一分為二」的政治局面，但是海峽兩岸的每一知識份子都應具有「文化中國」的共識共認，為了祖國傳統思想與文化的繼往開來承擔一份責任，這也是我們主編《世界哲學家叢書》的一大旨趣。

傅偉勳　韋政通

一九八六年五月四日

自　　序

「不識盧山真面目，只緣身在此山中」，若跨出盧山再觀山，也許會看得清晰一些。戴震對當時理學的審視，就有這麼一點「跨出」的精神，因而能看得更透澈一點。

從歷史上看，大凡真正掌握了時代精神的學者，往往不被當時人所認識和理解，特別不被掌握了權力的統治者所理解。戴震滿腹經綸，或考據、或義理、或天文、或地理、或算術、或思想，各方面都取得了卓越成就的大家，尚且如此窮困潦倒，清淡渡日；即使是被戴震所批判的程頤、朱熹等，雖在戴震時被定為官方哲學，然其本人在世時，又何嘗被理解？孔文仲奏稱：程頤「汙下憸巧，素無鄉行，經筵陳説，僭僨忘分，遍謁貴臣，歷造臺諫，騰口閒亂，以償恩讐，致市井目為五鬼之魁。請放還田里，以示典刑」❶。范致虛又奏言：「程頤以邪説詖行，惑亂衆聽」，「事下河南亦體究，盡逐學徒，復隸黨籍」❷。如果程頤被作為「元祐奸黨」中一員的話，那麼，朱熹則被作為「僞學逆黨籍」中的重要思想領袖。胡紘上言：「比年以來，僞學猖獗，

❶〈伊川先生年譜〉，《伊洛淵源錄》卷4，《朱子遺書》，呂氏寶誥黨重刻白鹿洞原本。

❷〈伊川學案〉，《宋元學案》卷15。

圖為不軌，動搖上皇，詆誣聖德，幾至大亂」❸。沈繼祖遂論：「熹剽竊張載、程頤之緒餘，寓以喫菜事魔之妖術，簧鼓後進，張浮駕誕，私立品題，收召四方無行義之徒以益其黨伍，潛形匿迹，如鬼如魅。乞加少正卯之誅，以為欺君罔世、汚行盜名者之戒。其徒蔡元定，佐熹為妖，乞編管別州」。詔朱熹落職，罷祠，竄元定於道州。「選人余嘉上書，乞斬熹以絕僞學」❹。這些政治批判的帽子，足以嚇死人的。迫使朱熹的門徒「更名他師，過門不入，甚至變易衣冠，狎遊市肆，以自別其非黨」❺。歷來是把學術思想當作政治來批判的，而統治者對於學術思想的害怕程度，也可想而知。就是朱熹死後的葬禮，統治者也很害怕借機「鬧事」，而不放心。因此右正言施康年上言：「『四方僞徒期會，送僞師之葬，會聚之間，非妄談時人短長，則繆議時政得失，望令守臣約束』。從之」❻。無非是限制朱熹的學生、友好在送葬時談論「時人短長」和「時政得失」而已。倘若「時人」無短，「時政」無失，又怕什麼「妄談」和「繆議」？假如有短、有失，又何謂「妄談」和「繆議」？

曾幾何時，被作為「邪說詖行」、「僞學逆黨」、「詆誣聖德」、「惑亂衆聽」的異端邪說；「汙下憸巧」、「欺君罔世」、「圖為不軌」、「幾至大亂」的大逆汚行。隨着滄桑的逝去，翻身一變，而成為「聖賢之蘊」、「愛君憂國」、「官方哲學」、「統治思想」。元代，程、朱道學成為科舉考試的標準，「非程

❸ 〈道學崇黜〉，《宋史紀事本末》卷80，中華書局1977年，頁874。
❹ 以上見〈道學崇黜〉，《宋史紀事本末》卷80，頁875。
❺ 〈朱熹傳〉，《宋史》卷429，中華書局，頁12768。
❻ 同上，另見〈道學崇黜〉，《宋史紀事本末》卷80，頁877。

朱之學，不試於有司」❼。「設科取士，非朱子之說者不用」❽。到了明代，科舉考試「一宗朱子之書，令學者非五經孔孟之書不讀，非濂洛關閩之學不講」❾。戴銑說：「文公朱熹注釋群經及《語》、《孟》、《學》、《庸》子史等書，而後孔子之道旣明，而晦者復大昭於世。孔子大聖，朱子大賢，道德事功，不甚相遠」❿。汪仲魯說：「祖述憲章，啓廸後賢，以立天地之心，以植生民之命，繼往聖之絶學，開萬世之太平」⓫。程、朱道學旣成為科舉考試的標準，便影響士子們的讀書導向。從鄉學到太學，從私塾到書院，「咸尊以為師者，唯朱文公」⓬。卽使明中葉王學興起，清代乾嘉漢學盛行，亦未使朱學的正宗地位發生絲毫動搖。以致「非朱子之傳義不敢言，非朱子之家禮不敢行」⓭。凡有與程、朱之學相異者，便成為異端邪說。戴震因為批判程、朱，無疑成為「亘古未有之異端邪說」，「大為學術人心之害」⓮。程、朱之學從「異端邪說」——「官方哲學」的變遷，一旦被欽定為官方哲學，「億萬世一定之規」⓯，其他思想又成為「異端邪說」。孔子說：「如變化之道者，其如神之所為乎」⓰。認識

❼〈趙鼎祠堂記〉，《圭齋集》卷5。
❽〈儒林一〉，《上饒縣志》卷19。
❾《東林列傳》卷2。
❿〈優崇儒先祠嗣疏〉，《婺源縣志》卷64。
⓫〈重修文公家廟記〉，《婺源縣志》卷66。
⓬袁桷：〈鄮山書院記〉，《淸容集》卷18。
⓭〈道傳錄序〉，《曝書亭記》。
⓮方東樹：《漢學商兌》。
⓯康熙：〈朱子全書序〉，《朱子全書》卷首。
⓰〈繫辭上傳〉，《周易本義》卷3。

這個變化的道理，對於提高人類理論思維水平是有裨益的。

戴震的哲學批判是一種尋根究底的思考，他對於對象性理論的前提能否成立以及如何成立的考察，體現了哲學思考所具有的自由精神。因此，戴震對程、朱所建構的形上學本體論——理哲學，陸、王所建構的形上學本體論——心哲學的考察，就是這樣一種考察。戴震雖在形式上繼承了張載到王廷相、王夫之的氣學，但他認為張氏與二王的基本思想理路和思維方式，是承襲程、朱、陸、王的，作為理學三派之一的氣學派（或稱客觀理派），也是在追求世界萬物終極本原或終極根據中，建構他們的形而上學本體論哲學的。王廷相、王夫之只不過是把被程朱、陸王顛倒了的理—氣和心—物關係，重新顛倒過來，使理在氣先，理生氣的頭足倒置，修正為「理為氣之理」，「理寓氣中」。這種正過來的工作，當然，具有非常重要意義，但並沒突破理學的思想理路和思維方式。

戴震認為，宋明理學三派的思想理路和思維方式，基本上是沿着周敦頤的《太極圖》及《太極圖說》而展開和演化的。因此，戴震的哲學批判必須改變由《太極圖》開啓的宋明理學的思想理路和思維方式⑰，這就是他所宣布的「發狂打破宋儒家中《太極圖》」的義蘊所在。這個打破的重要貢獻所在，就是否定宋明理學的形上學的本體論哲學。戴震對於世界的盤詰，萬物根據的思考，不是傾心於對於事物原因或萬物本原的求索，孜孜於哲學邏輯結構最高範疇的尋求，以及熱衷於建構形上學本體論哲

⑰　參見拙著《宋明理學研究》第二章〈濂學——周敦頤思想研究〉，中國人民大學1985年版，頁106-173。

學，而是把事物原因、萬物本原、哲學邏輯結構的最高範疇，看作是一個氣化流行，生生不息的過程，戴震把這個過程稱為「道」，因為「道」就是「行」的意思。既然是「行」，那就是無終了或終極，永遠是一個進行的過程。

戴震對於宋明理學程朱派形上學本體論——理哲學的批判，以及對於理的理論前提能否成立以及如何成立的考察，便動搖了理學家「以理殺人」的基礎。「理」之所以能殺人？就是因為「理」是天地、萬物的根據和社會倫理道德的最高原則、準則。在理學家看來，這個「理」是通過格世界萬物之理，卽「格物窮理」或「卽物窮理」而得到的。格物是一事一事的格，一物一物的格，有一件不格，就缺了一物的道理；一書不讀，就缺了一書的道理。這樣而窮得的「理」，無疑是客觀真理，它既是自然的客觀真理，又是社會的客觀真理。因而是不能違戾、背離的，否則就是對客觀真理褻瀆和叛逆。客觀真理是唯一的，它排斥多元論；真理不能與相反的觀點同時並存。這就是說真理與謬誤是對立的，客觀真理不是謬誤，謬誤不是客觀真理。既是謬誤，當然需要克去。所以，存理去謬就是順理成章的。這裏所說的謬誤，在理學家或當時統治者看來，就是與程、朱道學相背離的異端邪說，也就是與「天理」相對立的「人欲」，按理學家的名言，就是「存天理，滅人欲」，或存真理，去謬誤。這樣，「理」就具有唯一性、絕對性和獨斷性。代表客觀真理的「理」，就可以名正言順地去掉、消滅與客觀真理相違逆的一切東西，於是理也就可以殺人了！

本書通過戴震生平、思想、邏輯結構、批判精神，來探討清中期的文化思想動態，以及與宋明理學、乾嘉漢學、近代新學的關係，以明戴震在中國學術思想史上的地位和作用。根據筆者探討，戴震已建構了有別於宋明理學的新理論，故稱之為「戴學」。

借本書之機，特向幫助過筆者寫作本書的友好，謹致謝忱。

張立文
於一九九〇年四月

戴震目次

第一章　生平、性格和著作考釋

戴震，乃徽州之碩學，隆阜之高士。戴震治學，堂廡廣大，通貫古今。於哲學和考據、訓詁、音韻及天文、地理、數學、水利等自然科學，無所不及，而成一代哲人，影響深遠。

一、求學與明道

戴震字愼修，又字東原。生於清雍正元年（1724）❶，卒於清乾隆四十二年（1777）。安徽徽州府休寧隆阜（今屬屯溪市）人。戴氏家族，據洪榜《戴先生行狀》記載：「自唐銀青光祿大夫檢校國子祭酒兼監察御史曰安，有子曰顏，由饒州樂平遷歙州」❷。戴顏葬母於歙州黃墩小練源，顏死後亦葬於休寧隆阜，這樣便世代定居於隆阜。戴氏祖先之所以從江西遷到隆阜，是由於該地處橫江和率水滙合的衝積盆地。旣爲農耕寶地，亦是商運

---

❶ 段玉裁：《戴東原先生年譜》載：「先生以十二月己巳，生邑里之居第。」洪榜：《戴先生行狀》載：「先生以雍正元年十二月己巳生邑里之居第。」雍正元年爲1723年，依公元計算，爲1924年1月19日。

❷ 據《隆阜戴氏宗譜》載，「自唐銀青光祿大夫」之「唐」，係「南唐」。《宗譜》明嘉靖修，康熙抄本。見〈附錄〉一。

碼頭。「地平闊，勢延長，兩溪大會，一望平陽」❸，「溪流一線，小舟如葉，魚貫尾銜，晝夜不息」❹。是一個繁衍子孫後代的好地方。

然而，當戴震出世之時，家境已極困難。「少家貧，無以親師友」❺。其父戴弁依靠族人的資助，在江西南豐作小布商。族裔戴琴泉曾載：「公父爲族人經營布業於江西之南豐，家素寒，無力購置之本，多向族人假借」❻。年輕時的戴震，曾隨父到南豐行商。明清時代，形成財力雄厚的徽州商人集團，隆阜亦不乏富商大賈。雖爲賈，但好儒，這是徽州商人集團的特點。他們重視與辦地方文化教育事業，讀書和藏書之風盛行。戴震說：「雖爲賈者，咸近士風」❼。因此，文人學士輩出，據統計，徽州各縣考中舉人，明代爲二九八人，清爲六九八人。明代安徽有考中狀元九人，徽州獨占四人。隆阜戴氏，亦代有學人。

在這種民情士風下，即使「少時家貧，不獲親師」，亦能進塾讀書，因爲宗族中有人「置塾，教其子弟之貧不獲親師者，俾成其材」❽。戴震十歲開始讀書，便能過目成誦，一日數千言不肯休。擅獨立思考。有一次，當老師教授《大學章句》的〈右經一章〉以後，戴震問：何以知道這是「孔子之言而曾子述之？」又何以知爲曾子之意而門人記之？」老師回答說：「這是朱熹在

❸ 《隆阜戴氏宗譜》，明嘉靖修，清康熙抄本。

❹ 《休寧縣志》道光本。

❺ 余廷燦：《戴東原先生事略》。

❻ 〈戴東原軼事〉，載《新聞報》 1924 年 2 月24日至26日。

❼ 〈戴節婦家傳〉，《戴震文集》卷 12，中華書局點校本，1980 年版，頁 205。

❽ 〈例贈宣武大夫公王墓表〉，《戴震文集》卷12，頁196。

注釋中所說的。」又問：「朱熹是什麼時候的人？」答：「南宋時的人。」問：「孔子、曾子什麼時候的人？」答：「東周時人。」問：「東周和南宋相隔多少年？」答：「約二千年。」問：「既然相隔二千年，朱熹何以知道是這樣的呢？」❾老師無以應。梁啓超認爲，此段故事，「實可以代表清學派時代精神之全部」❿。

戴震少年時便有這種求實的精神和求甚解的學風，似與徽州地理社會環境相關。徽州「少平原曠野，依山爲居，商賈東西行營於外，以就口食。然山民得山之氣，質重矜氣節」⓫。既講求日用實事，又具有樸質性格。戴震曾講過這樣的故事，他的族祖某，不怕鬼，居一僻巷空屋，夜裏燈下似有形影，陰慘慘地很是嚇人。一巨鬼怒說：「你果眞不怕？」便作各種恐怖凶惡的形狀，族祖始終說不怕，惡鬼稍和說：「我亦不一定要趕你，只要你說一個怕字，我便走了。」族祖發怒說：「我實不怕鬼，怎能說謊，任你所爲。」惡鬼太息說：「我三十年來從未見過像你這樣性格剛强而不肯低首，怎樣與你同居。」鬼就消失了。有人歸咎於族祖，說：畏鬼是人之常情，只要說怕鬼，就可息事寧人。族祖說：「我不是道力很深的人，只能以氣凌之，氣盛而鬼不

---

❾ 參見洪榜：《戴先生行狀》和段玉裁：《戴東原先生年譜》，王昶：<戴東原先生墓誌銘>，江藩：《國朝漢學師承記》等，均有記載。

❿ 《清代學術概論》民國三十三年版，頁21。並認爲戴震「此種研究精神，實近世科學所賴以成立，而震以童年具此本能，其能爲一代學派完成建設之業固宜」。

⓫ 〈戴節婦家傳〉，《戴震文集》卷12，頁205。

逼，稍有牽就，氣餒而鬼乘而入。巨惡多方引誘我，幸未中其機巧」⑫。這種篤實剛强的性格，給戴震以薫陶和影響。他一生坎坷，但始終不屈，講求實事實功，決不一日稍怠。

戴震讀書，默而好深湛之思。每一個字必求其義，私塾老師略舉《傳》、《注》講解，他都不滿足。老師不勝其煩，便授以近代字書和漢代許愼的《說文解字》，「三年盡得其節目」。又取《爾雅》、《方言》及漢儒《傳》、《注》、《箋》等，參照考究，盡通《十三經注疏》，雖疏不能盡記，經、注無不能背誦。此時，戴震不過十六、七歲左右。他在五十五歲時，給段玉裁書中回憶說：「僕自十七歲時，有志聞道，謂非求之六經、孔、孟不得，非從事於字義、制度、名物，無由以通其語言。宋儒譏訓詁之學，輕語言文字，是猶渡江河而棄舟楫，欲登高而無

---

⑫ 「戴東原言：其族祖某，嘗僦僻巷一空宅。久無人居，或言有鬼。某厲聲曰：『吾不畏也。』入夜，果燈下見形，陰慘之氣，砭人肌骨。一巨鬼怒叱曰：『汝果不畏耶？』某應曰：『然。』，遂作種種惡狀，良久，又問曰：『仍不畏耶？』又應曰：『然。』鬼色稍和，曰：『吾亦不必定驅汝，怪汝大言耳。汝但言一畏字，吾卽去矣。』某怒曰：『實不畏汝，安可詐言畏？任汝所爲可矣！』鬼言之再四，某終不答。鬼乃太息曰：『吾住此三十餘年，從未見强頑似汝者。如此蠢物，豈可與同居！』奄然滅矣。或咎之曰：『畏鬼者常情，非辱也。謬答以畏，可息事寧人。彼此相激，伊於胡底乎？』某曰：『道力深者，以定靜祛魔，吾非其人也。以氣凌之，則氣盛而鬼不逼；稍有牽就，則氣餒而鬼乘之矣。彼多方以餌吾，幸未中其機械也。』論者以其說爲然。」見〈灤陽續錄〉㈤，《閱微草堂筆記》卷23，上海古籍出版社1980年版，頁 534。《閱微草堂筆記》，清紀昀著，昀字曉嵐 (1724-1805) 曾任《四庫全書》總纂官十餘年。

階梯也」⑬。從文字學而入經學。文字、音韻、訓詁是「聞道」的舟楫和階梯，並非是目的。目的是求索經書中最高的原理「道」。要貫通經書，必須從組成語辭的每個字研究做起。由字的正確理解，才能正確理解辭，而後才能眞正理解「道」⑭。

字義、制度、名物，都具有客體性，而非單純的主體稱謂。由字組成的辭，也具有客體性；由辭所表達的「道」，亦必具客體性的內容。戴震批評宋儒譏訓詁學，輕視語言文字，雖從漢學家（指考據學家）的立場來看，似乎是有其一定的道理，但從客觀來看，亦並非都如此，王安石作《三經新義》，重義理，又有文字學《字說》之作，據許愼《說文》而廣之。朱熹作《四書章句集注》，義理、訓詁兼修。然戴震是依當時漢宋之爭出發⑮，指宋學的主要傾向而言。

戴震十八歲時隨父客居南豐，「課學童於邵武」⑯。一方面教書，以維持生活；另一方面，發奮讀書，「經學益進」⑰。二

---

⑬ 《戴東原先生年譜》，《戴震文集》（附錄），頁217。

⑭ 戴震嘗謂段玉裁曰：「經之至者，道也。所以明道者其辭也，所以成辭者字也。必由字以通其辭，由辭以通其道，乃可得也。」《戴東原先生年譜》，《戴震文集》（附錄），頁217。參見：〈與是仲明論學書〉和〈古經解鈎沈序〉兩篇，「辭」均作「詞」，「辭」、「詞」古通。

⑮ 余英時指出：「清代的考證學應該遠溯至明代晚期的程、朱和陸、王兩派的義理之爭。由義理之爭折入文獻考證，卽逐漸引導出清代全面整頓儒家經典的運動。」（〈儒家智識主義的興起〉，《論戴震與章學誠》，龍門書店1976年，頁15）。

⑯ 《戴東原先生年譜》，《戴震文集》（附錄），頁217。

⑰ 洪榜：《戴先生行狀》，王昶：<戴東原先生墓誌銘>。見《戴震文集》（附錄）頁252、261。

十歲時，從邵武回到陸阜。並與同郡的鄭牧、汪肇龍、程瑤田、方矩、金榜等六、七人，請教婺源江永（字慎修）。江永「治經數十年，精於三禮及步算、鍾律、聲韻、地名沿革、博綜淹貫，巋然大師」⑱，是國內著名學者，為戴震所傾心崇拜，並把自己的著作請江永指正。亦深得江永的指點和讚賞。戴震的律曆聲韻之學，便得自江永的啓發，為他後來的治學，打下堅實的基礎。

至於戴震的問學，除江永外，當有程恂和方棨如⑲。程恂精於《禮》。戴震問學程恂，應為二十歲時。程望戴震作科舉文，考科第。他愛護看重戴震，認為「如子者，巍科碩輔，誠不足言」⑳。戴震常稱其為「先師」。方棨如為古文名家，對經學造詣很深。他在歙縣主講紫陽書院，戴常去聽講，切磋學問。對於戴震的文章，深為折服。戴震問學先後，當先程恂，次江永，次方棨如。洪榜《戴先生行狀》記載：「日從江先生、方先生，從容質疑問難」㉑。

---

⑱ 洪榜：《戴先生行狀》，《戴震文集》（附錄），頁 254。至於戴震問師江永的時間，胡適主張在戴震二十四歲以後，見《戴東原哲學》，商務版。余英時教授認為，「江戴之間僅為問學關係，而無受業關係。」且兩人初識於徽州之紫陽書院，即二十八歲(1750)，非二十四歲。參見余英時：《論戴震與章學誠》，龍門書店 1976 年版，頁168。這裏仍從洪榜、段玉裁說。

⑲ 程恂，字慄人，雍正甲辰進士，任北運河同知，授翰林院編修。方棨如，淳安人，是何焯高足，為古文名家，乾隆十五年（1750）主講紫陽書院，戴震常去聽講。

⑳ 洪榜：《戴先生行狀》，《戴震文集》（附錄），頁254。

㉑ 同上，頁255。

戴震生活的時代，是「西學東漸」，自然科學得到發展的時候。從明末淸初以來，中國的知識分子從各個方面反思中國傳統文化，這種反思具有總結性的特點。從李時珍的《本草綱目》、宋應星的《天工開物》、徐光啓的《農政全書》，到方中通的《數度衍》、方以智的《物理小識》，寫出了一批集大成的多學科的自然科學名著。同時，西方通過耶穌會傳教士，把西方近代工業文化帶到了中國。如熊三拔刊行的《泰西水法》、《簡平儀說》、《表度說》，利瑪竇和徐光啓等譯的歐幾里德《幾何原本》、《乾坤體義》、《天學初函》等。在數學、幾何、天文、地理、機械、醫學等領域，開擴了中國知識分子的眼界。儘管傳教士帶來的並非近代最先進的工業文化，但却構成了對中國傳統文化的一個挑戰。在中西文化的衝突中，激發了中國知識分子不得不思考傳統文化與西方文化的關係問題。就當時直觀的回應來看，旣有如李之藻那樣，以西方自然科學爲中國累世發明所未晰者，主張吸收基督教神學，表示願從傳教士砥焉；亦有如楊光先那樣，反對湯若望任欽天監，認爲《時憲曆》依西洋新法，不合祖宗舊制，主張整國體，誅邪說。方以智無這兩種偏弊，而採取分析的態度。一方面他主張向西方學習，另一方面他反對一切照搬。他把西學分爲兩大類，一是自然科學及其方法，稱之爲「質測」之學；二是神學世界觀和方法論，稱之爲「通幾」之學。他認爲西方詳於質測而拙於通幾，因此，主要是學習西方的自然科學知識，而不是神學世界觀。即使是自然科學，也有不完備的地方，需要分辨。

戴震對待西學的態度，與方以智相似。二十歲（1742）的戴震「因西人龍尾車法作〈嬴旋車記〉，因西人引重法作〈自轉車記〉」[22]。二十二歲 (1744) 作成《策算》一卷，段玉裁《戴東原先生年譜》作《籌算》，「策」即「籌」。然不日籌而曰策，是「以別於古籌算，不使名稱相亂也」[23]。《策算》專介紹乘、除、開平方的方法，列舉《易經》、《論語》、《呂氏春秋》、《漢書》、《儀禮注》、《考工記》、《皇極經世》等經史中資於算者二十例，敍述籌算方法、具體步驟及算式。戴震的策算與古籌算之異；既與戴震所處時代有關，西方數學方法通過傳教士在中國得以介紹，梅文鼎曾吸收西算方法，而撰《籌算》一書。江永私淑梅，而作《數學》，對戴有啓廸。亦與戴震不恪守陳規，善於突破成說的治學態度有涉。《策算》之方法引自西方，而其宗旨却落在發揚中國的傳統數學的成就，冀希融會中西。基於此，戴震以西方數學方法爲工具，去解決經史中的算術問題。他雖主張學習西方數學方法，但亦持分析揚棄的態度。十八世紀的西方數學各分支已逐步形成，並進入微積分時代，而戴震所接觸到的由西方傳教士帶來的却是中世紀古老的數學方法，它與中國傳統數學有相似性，以致有西法出於中法的思想。戴震曾受《幾何原本》啓發，在自己的著作中採用邏輯推理的方法，但《策算》却體現了中國傳統算理論與實際應用緊密結合的特色，與西方幾何學注重邏輯推理大異其趣。

在這個時期，凡是有眼光、有成熟的思想家，都不能無顧西方文化對中國傳統文化的挑戰，而做出相應的回應。但清王朝文化思想上的高壓恐怖政策，使知識分子對於政治，噤若寒蟬。清

---

[22] 凌廷堪：《戴東原先生事略狀》。〈嬴旋車記〉和〈自轉車記〉見《戴震文集》卷7。

[23] 〈策算序〉，《戴震文集》卷7，頁129。

代大興文字獄，對於有民族民主思想和背離程朱官方哲學的知識分子，大加殺戮，康熙朝後便有莊廷鑨《明史》案、戴名世《南山集》案，以及查嗣廷、呂留良、胡中藻、王錫侯、徐述夔等案。雍正時，謝濟世注釋《大學》，從《禮記》本，而不從朱熹《四書集注》本，被順承郡王錫保告發爲毀謗程朱，世宗胤禛定性爲「借以抒寫其怨望誹謗之私」㉔，而遭處斬。在文字獄中，株連所及，除子孫、門生、故舊外，還有再傳弟子、印製、賣書者。屈死、寃死、充軍、爲奴者，不計其數。這種高壓文化思想政策，產生了雙向制約：一是順向性制約，不採取六經注我，我注六經的形式，卽借六經以發揮微言大義，提出自己主張，避免被扣上「借以抒寫其怨望誹謗之私」的罪名，而醞釀了考據學思潮㉕的掀起。一些知識分子鑽入故紙堆，皓首窮經，了却一生。二是逆向性制約，不滿以程朱官方哲學爲經典，爲顚撲不破的眞理，動輒以違戾程朱思想爲罪大惡極，奴役人民。清朝王公大臣，嘴上程朱道學，行上男盜女娼，亦緼絪了批判程朱思潮的端

㉔ 《淸代文字獄檔》，故宮博物院出版。

㉕ 梁啓超曾說：「凡時代非皆有思潮，有思潮之時代，必文化昂進之時代也。其在我國自秦以後，確能成爲時代思潮者，則漢之經學，隋唐之佛學，宋及明之理學，淸之考據學，四者而已。」（《淸代學術概論》，商務印書館民國三十三年版，頁1）梁氏此說，爲後人所採用，但仍嫌不足，筆者在<中國近代新學及其發展階段>一文中分爲「中國先秦的諸子百家之學，兩漢經學，魏晉玄學，隋唐儒、釋、道三家之學，宋明理學，近代新學。」（載《光明日報》1983年1月24日《哲學》專刊）考據學思潮是漢學的延續，足以與上述思潮相區別，而具有時代特色的，可稱明淸之際爲經世致用之學思潮。然在一個時代思潮中，又有不同的思潮同時存在，故亦不排斥乾嘉時的考據學思潮。

緒。戴震是融這兩股思潮於一身，而以適當形式表現出來的傑出人物。

據戴震自謂，十七歲就十分注重經典中的字義、制度、名物，加之他強記博聞，二十三歲（1745）時便作成《六書論》三卷。他認爲求義理（「聞道」），必須重語言文字。「自昔儒者，其結髮從事，必先小學」㉖。所謂小學，本意是兒童識字而得名，漢代把小學稱作「文字之學」㉗，清代小學包括文字、音韻、訓詁。他認爲「載籍極博，統之不外文字，文字雖廣，統之不越六書」，這是因爲「六書也者，文字之綱領，而治經之津涉也」㉘。漢人以六書爲六種造字法，戴震以六書中象形、指事、會意、形聲爲造字法，轉注、假借爲用字法，這便是「四體二用」說，與漢人迥異。又以轉注就是互訓，所謂轉注，按漢代許愼的解釋是，「建類一，同意相受，考老是也」。然而，後人不解考老爲轉注。其實「考」與「老」，「屬諧聲會意者，字之體；引之言轉注者，字之用。轉注之云，古人以其語言，

㉖ <六書論序>，《戴震文集》卷3，頁66。

㉗ 《大戴禮・保傅》：「及太子少長，知妃色，則入於小學。」注：「古者太子八歲入小學，十五歲入太學也。」周代貴族子弟八歲入小學，十五歲入太學。小學教授六藝，禮、樂、射、御、書、數都要學。漢代，以文字訓詁之學爲小學。《漢書・藝文志》收小學十家，都是訓詁和字書。《漢書》卷 85〈杜鄴傳〉顏師古注：「小學，謂文字之學也。」隋唐以後，小學類書籍，分爲訓詁學、文字學、音韻學三類。

㉘ 〈六書論序〉，《戴震文集》卷3，頁66。六書戴震依《說文》；劉歆、班固爲象形、象事、象意、象聲、轉注、假借；鄭衆稱象形、會意、轉注、處事、假借、諧聲。

立爲名類，通以今人語言，猶曰互訓云爾。轉相爲注，互相爲訓，古今語也。《說文》於考字訓之曰老也，於老字訓之曰考也，是以序中論轉注舉之。《爾雅》〈釋詁〉有多至四十字共一義，其六書轉注之法歟？」㉙戴震自以爲，轉注之爲互訓，是直探六書原旨的結果，恢復了二千年來已失傳的絕學。這是他十餘年存心拳拳研究的收穫。對於戴震的這個主張，歷來衆說紛紜。有是之，有疑之，有非之。陸宗達說：「戴震、段玉裁以互訓爲轉注，其說雖有功於同義詞、字的研究，簡捷易曉，但與造字六書無關」㉚。既肯定其貢獻，又指出其不足。馬敍倫說：「按前人有謂轉注者，一義數字也，其說近矣。然戴震、段玉裁之流，遂以後世訓詁視轉注」㉛。主張轉注爲造字之法，與戴震以轉注爲用字之法大異，所以，馬敘倫非轉注就是互訓說。六書之轉注，可視爲孳乳造字法，互訓是用字法。前者爲文字學，後者爲訓詁學，兩者有異，但戴震對於小學的功績，應具有重要的歷史地位。

許愼《說文》以來，訓詁取「因形求義」法，戴震標新立異，主張「因聲求義」法。二十五歲（1747）撰成《轉語》二十章，以分別××兩字的「音同」、「音近」、「音轉」的聲義關係。所謂「因聲求義」，是指「名從乎聲，以原其義」㉜的意思。其根據是「人之語言萬變，而聲氣之微，有自然之節限。是

㉙〈答江愼修先生論小學〉，《戴震文集》卷3，頁64。
㉚《說文解字通論》。
㉛《說文解字研究法》。
㉜〈轉語二十章序〉，《戴震文集》卷4，頁91。

故六書依聲托事，假借相禪，其用互博，操之至約也」[33]，所以提出「轉語」說。「轉語」是指從聲母發音部位和清濁，把三十六聲紐按照聲母體系分爲五類四位，或按韻母體系把古音分爲九類二十五部。「轉語」方法分聲轉和韻轉兩類，聲轉而義可通，便具有假借的功能，因假借原於聲，與形無關。每一個小韻都是表音的音節，也是表義的單詞。因此，韻轉與聲轉一樣，由聲韻而求本字意義。戴震認爲，聲轉分正轉和變轉兩類。「凡同位爲正轉，位同爲變轉」[34]。所謂「正轉」，是指聲母表的喉、舌、腭、齒、唇五類的類內相轉，即每類內各聲母所屬的字互相轉變。譬如喉類見溪等七個聲母兩兩互轉；所謂「變轉」，是指聲母表的四位的每一位內部的聲母互相轉變，即位內的相轉。譬如第一位的見、端、知、照、精、幫六個聲母，這六個聲母的知母與精母、照母與幫母等的兩兩相轉。

韻轉亦分正轉和旁轉兩類[35]。「正轉」又分三小類：「正轉一」，是指轉而不出九類二十五部的範圍，即從阿到諜二十五個古音部[36]，譬如阿部的歌、戈、麻、支四韻之間兩兩相轉；「正

---

[33] 同上。

[34] 〈轉語二十章序〉，《戴震文集》卷 4，頁91。

[35] 《轉語》的全部轉變聲母表和韻母表，兩個可包括全部韻圖的聲韻結構。有可能這部韻圖，題名爲《聲類表》，實際上可能就是《轉語》。《聲類表》的〈序〉，就是〈轉語二十章序〉。現在《聲類表》的〈序〉是段玉裁刊行此書時寫的。段氏有可能誤《轉語》爲戴震的古音專著，而對於戴氏採用等韻圖形式有了誤解，而把《轉語》與《聲類表》看成兩書，致使一般人以爲《轉語》失傳。若以《聲類表》即《轉語》正文，則名實相符。這裏提出問題，供研究者探討、考證。

[36] 參見〈答段若膺論韻〉，《戴震文集》卷 4，頁75-76。

轉二」，是指轉而不出九類的範圍，即每類之內各韻的陰聲、陽聲、陰入陽入聲的韻部相轉，譬如歌轉魚、虞轉鐸、昔轉戈的各韻互轉；「正轉三」，是指鄰類同聲相轉，即一類的入聲各韻與二類的入聲各韻及三類的入聲各韻的互轉，譬如鐸與職、德與濁、蒸與東、之與尤等韻的互轉。旁轉或稱「旁轉交通」，譬如歌與支佳，支佳與麻，模與支，侵凡與東，幽侯與虞等的互相轉變。戴震《轉語》之作，在古今言音聲之書，紛然淆雜的情況下，「去其穿鑿，自然符合者近是」㊲的總結性的著作，對現在還有影響。二十七歲，有《爾雅文字考》十卷之作。二十九歲（1742）補爲休寧縣學生。1987年從湖北省圖書館發現戴震未刊《經雅》一書，是他對古經籍名物、文字考證方面的有關動植物考釋的專著㊳。

戴震是清考據學思潮中人物，後來成爲考據學中與吳派惠棟相對應的皖派代表，他與惠氏卓稱漢學兩大師。而且也是批判程朱思潮中的人物，即使在這個時期，也可見其端倪。三十歲（1752）注《屈原賦》七卷成，據段玉裁《年譜》記載，是書是在窮

㊲ 〈轉語二十章序〉，《戴震文集》卷4，頁92。

㊳ 《經雅》稿本，42頁82面，約二萬多字，扉頁印有篆刻「濰縣高翰生藏經籍印」，正文首頁有「翰生秘籍」、「南洲」、「繼涵之印」三枚，可見此稿本曾由清代山東萊州府濰縣藏書家高翰生收藏。戴震手稿「多存曲阜孔繼涵家」（梁啓超＜戴東原著書纂校書目考＞），《經雅》當不例外。繼涵作爲戴震摯友，從1777年起三年間刻成《戴氏遺書》問世。但只刻成15種，離23種，缺8種，《經雅》可能在8種之中。後轉至高翰生手中，又轉到武昌徐恕（1890-1959）家，徐恕字行以，號疆誃，近代大藏書家之一。

困乏食中寫的，「其年家中乏食，與麵鋪相約，日取麵屑爲饔餐，閉戶成《屈原賦注》」㊴。家境艱苦，毫不改求道之志。他說：「余讀屈子書久，乃得其梗概。私以謂其心至純，其學至純，其立言指要歸於至純」㊵。意謂後學「其心」、「其學」、「其立言」，有不純之處。《屈原賦注》的用心宗旨，是使人「明其學，覩其心，不受後人皮傅，用相眩疑」㊶，以便「其學」、「其心」、「其立言」達到至純的境界。但《楚辭》漢有王逸《注》本，宋有洪興祖《補注》本，朱熹有《楚辭集注》、《辨正》、《後語》等。戴震認爲，朱熹等的屈原賦注，都是些不深得其情核，皮膚淺近，強相傅會之作，既不純，又使人迷惑。這是戴震不隨流俗，不改所操的學風和品質的體現。但他這時並沒有明確系統地提出自己的政治、哲學主張，也沒有超越程朱理學對他的深刻影響，而只是以「先儒之學，如漢鄭氏，宋程子、張子、朱子，其爲書至詳博，然猶得失中判」㊷。對程朱未採取激烈批判態度㊸。

戴震在這一階段雖生活困苦，但由於自己的努力，創造了一個較好的學習環境。他孜孜不倦地吸收各方面知識，不僅奠定了後來成爲大學者的基礎，而且初現才華，著作多種，展現了他治學的道路。

㊴ 《戴東原先生年譜》，《戴震文集》（附錄），頁220。
㊵ 〈屈原賦目錄序〉，《戴震文集》卷10，頁155。
㊶ 同上。
㊷ 〈與姚孝廉姬傳書（乙亥）〉，《戴震文集》，卷9，頁142。乙亥年即乾隆二十年（1755），戴震時年三十三歲。
㊸ 余英時說：「東原以義理推尊宋儒，以名物制度推尊漢儒。」（《論戴震與章學誠》，龍門書店1976年，頁155）。

二、「狂者」與「狷者」

戴震作爲考據學思潮與義理學思潮中人，表現了他既是「狂者」，又是「狷者」的性格。狂者激進，狷者拘謹。在當時的一般人來說，兩者是分離的，要麼成爲「狂者」，批判程朱官方之學，要麼成爲「狷者」，默守文字、音韻、訓詁之規。然而，戴震却在清文化專制政策下，雖更具有「狂者」的性格和心態，但又不能依「狂者」的性格來表現，否則立遭滅頂之災。戴震在乾隆二十年（1755）三十三歲時，「策蹇至京師」[44]，就是這種情況。「性介特，多與物忤，落落不自得」，「人皆目爲狂生」[45]。這樣便「常爲鄉俗所怪」。初戴震訟豪強侵占戴氏祖墳，反而遭致凌辱。因此，戴震爲逃避迫害，孑然一身來到北京。這種曲折、特殊的環境，使他又具有了「狷者」的性格或外表。他以絕頂的聰明和「狂者」的性格，去從事「狷者」的事業，致使他處在兩難的心態之中。

戴震在離開家鄉之前，經人推薦在汪梧鳳家教子弟讀書，「壬申（乾隆十七年，公元1752）夏，程讓堂姊婿汪松岑言於其從祖之弟在湘，在湘因延先生至其家，教其子」[46]。汪梧鳳[47]家

---

[44] 錢大昕：<戴先生震傳>，《戴震文集》（附錄），頁 265。關於戴震至京師之日，說法不一，王昶：<戴東原先生墓誌銘>認爲是「乾隆甲戌之春」，卽乾隆十九年（1754年），戴三十二歲時，此時胡中藻案尙未發生，故王昶有誤，依段玉裁《年譜》。

[45] 錢大昕：<戴先生震傳>，《戴震文集》（附錄），頁265。

[46] 許承堯：《戴東原先生全集序》，頁 2。

[47] 汪梧鳳，字在湘，號松溪。雍正四年（1726）生，歙縣西溪人。世

有園名「不疏」，園多藏書，延納方楘如、江永、鄭牧、程瑤田、金榜、方矩、戴震等學者，講讀其中，傳爲美談。「梧鳳獨禮而致諸家，飲食供具盡設，益買書招好學之士，日夜誦習講貫，梧鳳師事江永，平交汪肇龍、戴震」㊽。可見戴震在地方上不僅頗有名氣，而且深受人們的尊重。即使這樣亦不免受鄉中豪強的排擠，而出走京師。究其原因，戴非官而無權也。

在京期間，困於逆旅，行李衣服也沒有，「寄旅於歙縣會館，饘粥或不繼」㊾，衣食都發生危機。他先在紀昀家教書勉強維持，次年又在王安國家以教幼童餬口，時王念孫師事戴震，後成爲文字、音韻、訓詁學名家。在此艱難度日的情況下，仍不倦著述，他把揚雄《方言》分寫於李燾《許氏說文五音韵譜》的每字之上，字與訓兩寫，詳略互見。意即寫字以字爲主，以《方言》字傳《說文》的字；寫訓以訓爲主，以《方言》的訓傳《說文》的字；或以聲爲主，以《方言》同聲字傳《說文》。從訓詁學來說，自《爾雅》外，只有《方言》、《說文》切於治經，所以傳諸分韻的《說文》，以便於檢索。又撰成《勾股割圜記》三卷和〈周禮太史正歲年解〉二篇、〈周髀北極璿璣四游解〉二篇。

（續）代書香，中秀才後，不再應學，惟好讀書作文。戴震是經程瑤田（1725-1814）的親戚汪松岑介紹，到汪家教書。汪回憶說：「余生二十五年（1750）從游淳安方樸山先生，後三年（1753）從游星源江愼修先生。」（〈送劉海峰先生歸桐城序〉，《松溪文集》）。據此，則江永、戴震相會於1753年，在戴震到汪家之後。

㊽ 鄭虎文：《汪梧鳳行狀》。

㊾ 段玉裁：《戴東原先生年譜》，《戴震文集》（附錄），頁 221。

戴震學高天下，是時紀昀、王鳴盛、錢大昕、王昶、朱筠、盧文弨等著名學者，耳聞戴震之名，往訪切磋，「叩其學，聽其言，觀其書，莫不擊節嘆賞」，於是「聲重京師，名公卿爭相交焉」㊿。時大司寇秦蕙田兼理算學，編纂《五禮通考》，知道戴震善步算，便請戴震至其家，朝夕講論觀象授時之旨，以爲聞所未聞。《五禮通考》多有采摭戴震之說。戴震在京短短幾年，便征服學人，譽滿京城，但不好爲人師。當時姚姬傳，官爲孝廉，傾心先生之學，欲奉爲師。戴震致書云：

> 至欲以僕為師，則別有說。非徒自顧不足為師，亦非謂所學如足下，斷然以不敏謝也。古之所謂友，固分師之半。僕與足下，無妨交相師，而參互以求十分之見，苟有過則相規，使道在人不在言，斯不失友之謂，固大善。昨辱簡，自謙太過，稱夫子，非所敢當之，謹奉繳[51]。

似爲狂人，又非狂人，這兩難的矛盾却統一在戴震身上。「狂生」之名雖爲當時京師一些人的看法，但亦符合戴震的性格。他對於學問有高深的追求，而爲一般人所不敢企望；他學識淵博，無所不及，而爲一般學人所未聞[52]；他不默守師說，陳陳相因，而好標新立異，易與傳統的觀念相牴牾，便以爲「狂者」。然他不好爲人師，拘謹仔細，不輕易否定傳統說法，認爲「聖人之道

[50] 《戴東原先生年譜》，《戴震文集》（附錄），頁 221。

[51] 〈與姚孝廉姬傳書（乙亥）〉，《戴震文集》卷9，頁142。

[52] 章學誠說：時人「皆視爲光怪陸離，而莫能名其爲何等學。」（〈與史餘村〉，《文史通義》補遺續）。

在《六經》」[53]，表現了「狷者」的性格。大凡人無「狂者」精神，被舊觀念、舊傳統、舊權威所束縛，放不開思想、手脚，不敢想，不敢做，舊的怎能突破？怎能超越？怎能創新？假如一切照舊，經典便是金科玉律，全部知識都已包括無遺。人們只要日日、時時、刻刻讀經典就夠了，還要後人寫書幹什麼？寫了也要毀掉、燒掉。《三國演義》中周瑜說：「既生亮，何生瑜。」既有了寫經典的聖人，還生後人幹什麼？卽使生了後人，也不需要長腦袋，有了腦袋也要廢掉，免得不統一到聖人的腦袋上來。所以要有點「狂者」的精神。然也要有點「狷者」精神，否則容易把好事變成壞事。兩者相輔相成，互補互濟。

乾隆二十二年（1757）冬，戴震出都南下至揚州，與惠棟相識[54]，切磋學術。然戴震與惠棟之間談不上爲師生關係，梁啓超說：「戴震受學江永，其與惠棟亦在師友之間」[55]。雖惠棟年長於戴震，就學術而言，亦只是友，而非師。乾嘉漢學，有吳、皖之分。章炳麟約在1904年間重訂《訄書》，增〈清儒〉一篇，以吳派始惠棟，皖派始戴震[56]，後來梁啓超襲其稱。吳皖之別，唯重地域，而吳皖兩派中人，並非吳人和皖人。譬如皖派，「一時

---

[53] 〈與方希原書（乙亥）〉，《戴震文集》卷9，頁144。

[54] 「震自京師南還，始覿先生於揚之都轉鹽運使司署內。先生執震手言曰：昔亡友吳江沈冠雲嘗語余，休寧有戴某者，相與識之也久，冠雲蓋實見子所著書。震方心訝少時未定之見，不知何緣以入沈君目，而憾沈君之已不及覯，益欣幸獲覯先生。」（〈題惠定宇先生授經圖〉，《戴震文集》卷11，頁167）。

[55] 《清代學術概論》，商務印書館民國三十三版，頁21。

[56] 參〈清儒第十二〉，《章太炎全集》㈢，上海人民出版社 1984 年版，頁156。

吳中、徽、歙、金壇、揚州數十餘家，益相煽和，則皆其衍法之導師，傳法之沙彌也」[57]。兩派有同有異，其同是：其一，治經必以文字、音韻、訓詁爲基礎。惠氏子孫（惠棟祖父惠周惕，父惠士奇）以「經之義存乎訓，識字審音，乃知其義，故古訓不可改也」[58]。字——音——義，大腦在處理漢字文字信息時，是否存在「語音轉錄」，看法分歧。有認爲不經「語音轉錄」方式，由字形直接認知字義；有認爲字形與字義不直接發生聯繫，而通過語音這個中介，才達到對字義的理解；有認爲漢字這兩種方式兼用。都注重字、音與義的關係。戴震亦主張由字通詞，由詞通道（「義」）[59]，字音是通義的必要條件或手段。

其二，以漢人箋注爲是，非宋人傳注。惠氏之學唯漢是崇，「陳義《爾雅》，淵乎古訓是則者也」[60]。「以博聞强記爲入門，以尊古守家法爲究竟」[61]。既尊漢之古，便斥宋儒傳注。惠棟則以爲「宋儒之禍，甚於秦灰」[62]，甚至說：「宋儒不識字」[63]。對宋代的傳注一筆抹煞。戴震在這一階段比較注重考據之學，「漢儒訓詁各有師承，又去古未遠，使其說皆存，用備參稽，猶不足以盡通於古，況散逸既多，則見者可忽視之乎」[64]。對漢儒

[57] 方東樹：《漢學商兌》卷下。
[58] 〈惠周惕傳（惠士奇，惠松崖）〉，《國朝漢學師承記》卷 2。
[59] 參見〈與是仲明論學書（癸酉）〉，《戴震文集》卷9，頁140。
[60] 章炳麟：〈清儒第十二〉，《訄書》重訂本，《章太炎全集》㈢，頁156。
[61] 梁啓超：《清代學術概論》頁19。
[62] 李集：〈惠周惕〉條，《鶴徵集》卷 3。
[63] 〈主一無適〉條，《松崖筆記》卷 1。
[64] 〈義例〉，《尚書義考》，載《戴東原先生全集》，《安徽叢書》第六期。

訓詁的肯定，與惠棟有程度上的差異，「參稽」和不可「忽視」之說，與「唯漢是崇」不可完全混一。對宋人傳注，亦多持否定態度。「宋人則恃胸臆爲斷，故其襲取者多謬，而不謬者在其所棄」㊻。說《經》之弊，善鑿空而已。鑿空的弊病有二：「其一、緣詞生訓也；其一、守訛傳謬也。緣詞生訓者，所釋之義非其本義。守訛傳謬者，所據之《經》併非其本《經》」㊼。對於「緣詞生訓」和「守訛傳謬」，惠棟和戴震都是痛惡的。「惠君與余相善，蓋嘗深嫉乎鑿空以爲經也」㊽。在這點上，惠、戴引爲同道。

但惠、戴之異，亦顯然易見。章炳麟說：「吳始惠棟，其學好博而尊聞。皖南始戴震，綜形名，任裁斷。此其所異也」㊾。梁啓超概括惠派治學方法爲八字：「凡古必眞，凡漢皆好。」戴派爲「不以人蔽己，不以己自蔽」㊿。以往名家，均有見於惠、戴之異，如與戴震同時代的王鳴盛說：「方今學者，斷推兩先生，惠君之治經求其古，戴君求其是，究之，舍古亦無以爲是」[70]。然而，王鳴盛從清漢學學派上說，曾「執經於惠棟」[71]，於是以「古」爲「是」。其實「古」並非就是「是」，所謂「古」，據當時考據家的理解，就是漢以前名物、制數、訓詁及原始資料。惠

---

[65] 〈與某書〉，《戴東原集》卷 9，《國學基本叢書》本，商務印書館民國二十二年版，第一册，頁33。

[66] 〈古經解鈎沈序〉，《戴震文集》卷9，頁146。

[67] 同上。

[68] 〈清儒第十二〉，《訄書》重訂本，《章太炎全集》㊂，頁 156。

[69] 《清代學術概論》頁20、21。

[70] 洪榜《戴先生行狀》引王鳴盛語，《戴震文集》（附錄），頁255。

[71] 皮錫瑞：〈經學復興時代〉，《經學歷史》第十章。

棟信古、尊古。洪榜評論：「其學信而好古，於漢經師以來，賈、馬、服、鄭諸儒，散失遺落，幾不傳於今者，旁搜廣摭，裒集成書，謂之古義」(72)。這對古籍的整理是有貢獻的，搜摭整理古籍，是對於材料的排比、分類，是爲「求是」提供資料條件，「求是」是在大量材料基礎上，通過對材料的分析、綜合，而獲得對於某一字義、某一事件的內部聯繫的必然性的認識。搜摭古籍材料，可謂客體，是人寫的歷史客觀事實，這是「古」。「求」就是求索、探討，是以當時人所達到的認識水平，卽主體的能力對於客體規律性的認識。因此，「求古」與「求是」有根本的分歧，是治學的不同層次。

若「以古爲師」，就是「訓詁必依漢儒」(73)，以「求是」爲「與作聰明」(74)，否定「求是」的意義。這樣一來，非漢注不足信，非漢注不可守。不僅以經典爲神聖，而且以傳注爲不易。以致篤守師說，固執家法，「一字句不敢議」(75)。有了這樣一個固定的模式、框架、家法，僵死的價值標準、判斷、評估，便極大地束縛了人們創造性的思維或自已獨到的見解。正如章炳麟批評的，惠派「大共篤於尊信，綴次古義，鮮下己見」(76)。這無異以

---

(72) 《戴先生行狀》，《戴震文集》（附錄），頁255。

(73) 〈臧玉琳經義雜識序〉，《潛研堂集》卷24。錢大昕認爲，訓詁必依漢儒，是因爲「以其去古未遠，家法相承，七十子之大義猶有存者，異於後人之不知而作也。三代以前文字聲音訓詁相通，漢儒猶能識之。以古爲師，師其是而已。夫豈陋今榮古，異趣（趨）以相高哉」。

(74) 章學誠：〈朱筠墓誌〉述朱語。見《笥河文集》卷首。

(75) 焦循：〈辨學〉，《雕菰集》卷8。

(76) 〈淸儒第十二〉，《章太炎全集》㈢，頁156。

當時人思想爲古經的奴隸；以經典爲聖，以傳注爲眞，來奴役、支配當時人思想。卽使這一派的注疏，浩如煙海地繁徵博引，不分巨細地堆礅羅列，至多是一堆材料而已，而其「尊旨所在」、「尾板何處」，「是非」之別，目的所指，均茫茫然、昏昏然，不知所云，眞可說是「但知聚銅，不知鑄釜」[77]，聚之再多，銅還是銅，而不是經過自己加工、鍛煉後的用具釜，畢竟還是無用，還沒有實現主體的對象化或物化。

在戴震看來，「求是」的實質是在「求道」。「夫以藝爲末，以道爲本，諸君子不願據其末，畢力以求據其本，本既得矣，然後曰：『是道也，非藝也。』循本末之說，有一末必有一本」[78]。所謂「道」，是指「古聖哲往矣，其心志與天地之心協而爲斯民道義之心，是之謂道」[79]。古代聖哲的心志與天地之心相協調、和合。這就是說，聖哲的主體與宇宙的客體相互統一，卽天人合一，並與人民的道義相應。這個「道」，也就是與宇宙天地、主體心志、社會道義相符合的眞理。「求道」，簡言之卽追求、探究眞理。通俗地講就是凡是「十分之見」，卽是符合眞理性的見解。

凡僕所以尋求於遺經，懼聖人之緒言闇汶於後世也。然尋求而獲，有十分之見，有未至十分之見。所謂十分之見，必徵之古而靡不條貫，合諸道而不留餘議，鉅細畢究，本末兼察。若夫依於傳聞以擬其是，擇於衆說以裁其優，出

[77] 章學誠：〈與邵二雲書〉，《文史通義》，外篇三。
[78] 〈與方希原書（乙亥）〉，《戴震文集》卷9，頁143-144。
[79] 〈古經解鉤沈序〉，《戴震文集》卷10，頁145。

於空言以定其論，據於孤證以信其通，雖溯流可以知源，不目覩淵泉所導；循根可以達杪，不手披枝肄所歧，皆未至十分之見也(80)。

衡量「十分之見」與非十分之見的標準或評判尺度，就是不根據「傳聞」、「衆說」、「空言」、「孤證」，來判斷它的「是」、「優」、「論」、「通」，而是徵古而融會貫通，合道而不留餘議。

既然讀書、考證、作學問的旨趣在「求道」，而不在「求古」（戴震雖否定古中有道，但古不等於道，也不就是道），就不應該以古爲道。「今之博雅能文章、善考覈者，皆未志乎聞道。徒株守先儒而信之篤，如南、北朝人所譏：『寧言周孔誤，莫道鄭服非』，亦未志乎聞道者也」(81)。倘若鄭玄、服虔等都不可非議，豈敢講周公、孔子的錯誤？在戴震看來，以古爲道，便是未志聞道。「有志聞道」，就應該具有獨立思考，「空所依傍」的精神。如果每一字一句都有所依傍，不敢越師說、家法雷池一步，那麼，求道是很困難的。況且道是變化的，也具有相對性。道在一定的時空條件下是眞理，但道隨着時空的變化，客觀形勢的發展，道也會演變。「求道」便是探討隨客觀條件、形勢而發展了的道，而不是抱住舊道不放。惠派「求古」之失，也就在這裏。戴震說：「是專守一師以精其業」，「是好古以自名其學」，「皆偏曲之論，不足語學」(82)。所以「學者大患，在自失

(80)〈與姚孝廉姬傳書（乙亥）〉，《戴震文集》卷9，頁141。
(81)〈答鄭丈用牧書〉，《戴震文集》卷9，頁143。
(82)〈鄭學齋記〉，《戴震文集》卷9，頁177。

其心」[83]，學者若失去了獨立人格，獨立意志，即「自失其心」，那麼便只能鸚鵡學舌，人是其是，人非其非，這不是「求道」的態度，所求也不是道。

惠、戴兩派，在清代漢學中影響深遠，但是「有志之士，以謂學當求其是，不可拘於古所云」[84]，因此，當惠棟死後，戴學顯示了生命力，章炳麟說：「惠棟歿，吳材衰，學者皆擁樹戴氏爲大師」[85]。戴學的生命力，就在於他具有獨創精神和「求是」精神，這却是惠派所缺如的。當然，惠、戴之異還在於對宇宙本體、傳統價值觀念、官方哲學以及批判精神等方面，而不僅僅局限於考據學一個方面，在下文中將還會涉及到。

戴學的生命力，也是戴震「狂者」與「狷者」相統一的性格的表現。在這個時期內，他完成一部重要著作，段玉裁《年譜》說是「大製作」。「若《原善》上、中、下三篇，若《尚書今文古文考》，若《春秋改元即位考》三篇，皆癸未以前，癸酉、甲戌以後，十年內作也。玉裁於癸未皆嘗抄謄」[86]。《原善》是公元1753（乾隆十八年，戴震三十一歲）至公元1763（乾隆二十八年，戴震四十一歲）所作[87]，這是一個大概的說法，錢穆認爲，

---

[83] 同上。

[84] 〈鄭學齋記書後〉，《文史通義》外篇二。

[85] 〈學隱〉，《檢論》卷4，《章太炎全集》㈢，頁480。另參見《訄書》重訂本〈學隱第十三〉中說：「定宇歿，漢學數公，皆擁樹東原爲大師。」《章太炎全集》㈢，頁162。

[86] 《戴東原先生年譜》，《戴震文集》（附錄），頁226。

[87] 錢穆認爲，「《原善》三篇大約在丁丑（1757）遊揚州識松崖以後，以東原論學，至是始變也。」（《中國近三百年學術史》，中華書局1986年版，頁325）。余英時《論戴震與章學誠》沿此說。

「東原《原善》三篇，則其文頗似受松崖《易微言》之影響」[88]，並確定爲戴震丁丑（1757）與惠棟認識以後所作。如果說《原善》三篇作於1757年至1763年之間，還有可能的話，那麼，《原善》所體現的思想，則與惠棟有異，而非通同。這裏所謂思想，亦非指《原善》與《易微言》在文字形式上的簡奧而言。至於兩書是否都即訓詁中求義理，便有「求古」與「求是」的「原則分歧了。而戴震的「求是」精神，正是其「狂者」和「狷者」性格的統一。

《原善》三篇的中心環節是「善」。「善：曰仁，曰禮，曰義。斯三者，天下之大本也。顯之爲天之明謂之命，實之爲化之順謂之道，循之而分治有常謂之理」[89]。「善」包含仁、禮、義三方面的內容，也可以說「善」是綱，仁、禮、義是目，「是故謂之天德者三：曰仁，曰禮，曰義，至善之目也」[90]。所謂「仁」，是「生生者」的意思，「禮」是條理而有秩序，「義」是條理而截然不亂。這種理解雖與宋明理學家有相似之處，但側重點、角度却大異，表現了他試圖突破宋明理學框架的勇氣，這就需要「狂者」的精神。戴震對於「善」的描述，亦是取動態的、多方面的規定。它顯現爲天的明智，氣化的順序，治理的常規等，分別稱之爲「命」、「道」、「理」，這與宋明理學家中的程朱派道學家的解釋，亦大相逕庭。

「命」、「道」、「理」是中國思想的重要範疇，是戴震《原善》展開過程。「善」作爲道德的人生觀，在人類社會和個

---

[88] 《中國近三百年學術史》，頁325。

[89] 〈原善上〉，《孟子字義疏證》中華書局1961年版，頁176。

[90] 〈原善下〉，同上書，頁179。

人一切交往活動中，都需要有求善的道德精神。道德精神既指以心理活動形式所表現的道德心理、情感、觀念、品質、理想和由它們支配下的個體或羣體行爲、交往；也指人與人關係和反映這種關係的行爲規範。雖然至善的境界，是人們的共同道德理想和要求，但各人的具體資質、材料不同，因此達到至善境界的方法、步驟也有異。這便是「言乎其同謂之善，言乎其異謂之材」[91]。此異，是因爲「人有天德之知，有耳目百體之欲，皆生而見乎材者也」[92]。「材」生「知」和「欲」，由於人的知、欲的不同，而形成人的不同本質。「材以類殊則性殊，人之材不侔也，而相肖以類，故性亦相近。得化育之正以爲形氣而秀發於神，材也，善則其中正無邪也。材一於善，不貳其德也，智、仁、勇是也。……血氣心知之性主乎材，天之性全乎善。主乎材者成於化，全乎善者通於命。成於化者道，通於命者德。心之恭見於貌，心之從見於言，心之明見於視，心之聰見於聽，心之睿見於思，此之謂能盡其材」[93]。「材」如果是指構成人的基本的材質，具體是指五行陰陽[94]的話，那麼，材便是生生的物質和精神活動基礎。形氣、血氣、性、道、命、德，都是材生生的體現。所謂「盡其材」，就是發揮人作爲物質存在形式和精神存在形式的正面作用和功能。人不盡其材，其患有二：「曰私，曰蔽。

---

[91] 〈原善上〉，《孟子字義疏證》，頁176。

[92] 〈原善中〉，《孟子字義疏證》，頁178。

[93] 〈原善上〉，《孟子字義疏證》，頁176。

[94] 「由天道以有人物，五行陰陽，生殺異用，情變殊致。是故人物生生本五行陰陽，徵爲形色。其得之也，偏全厚薄，勝負雜糅，能否精粗，清濁昏明。……性至不同，各知其材。」（〈原善中〉，同上書，頁178）。

私也者，其生於心爲溺，發於政爲黨，成於行爲慝，見於事爲悖，爲欺，其究爲私己。蔽也者，其生於心爲惑，發於政爲偏，成於行爲謬，見於事爲鑿，爲愚，其究爲蔽己」[95]。不盡其材，就是人作爲物質存在形式和精神存在形式的扭曲及負面作用的發揮。盡其材與不盡其材，就是正面人與負面人的區別。

戴震《原善》上、中、下三篇宗旨是「善」，其關於性與材的論述，雖還有宋明理學家的痕跡，但與程頤、朱熹不同，相反與王安石有相似之處。在這裏與程朱的義理之性無不善、氣質之性有善有惡，亦非一脈相承，更不能說較之程朱說得更晦澀、更神秘。在性和材的問題上，程朱也並非晦澀、神秘，而何況戴震！

在此期間，除在揚州開館教學外，便沉潛於研究、著述。撰有〈與是仲明論學書〉[96]、〈金山志〉、〈鄭學齋記〉、〈書小爾雅後〉、〈與盧侍講紹弓書〉、〈與任孝廉幼植書〉、〈再與盧侍講書〉、〈江慎修先生事略〉及論述音韻的文章等。乾隆二十四年（1759）戴震參加「北闈鄉試，相傳考官欲令出門下，而以不知避忌置之」[97]，鄉試不第。次年客揚州，居住三年。乾隆二十七年（1762），考中舉人。考官爲嘉興少司寇錢汝誠和戴第元，同考官是金匱縣知縣韓錫胙。韓曾對段玉裁說：「闈中閱東原卷，文筆古奧，定爲讀書之士，榜發，竊自喜藻鑑不謬」[98]。次年春，戴震到北京會試，沒有考中進士。住在新安會館，時汪元亮、胡士震、段玉裁問學戴震。當時秦蕙田曾推薦戴震和錢大

---

[95] 〈原善下〉，《孟子字義疏證》，頁179。

[96] 是仲明，名鏡，江陰人，客遊揚州。此書曾諷仲明之學非所學。

[97] 《戴東原先生年譜》，《戴震文集》（附錄），頁224。

[98] 同上，頁225。

昕刋正韻書，乾隆不允。其實，此時的戴震對音韻的研究，已達很高的境界，不僅著作累累，且得到江永的贊揚和肯定。江永在〈古韻標準例言〉中說：「余既爲《四聲切韻表》，細區今韻，歸之字母音等。復與同志戴東原商定《古韻標準》四卷、《詩韻舉例》一卷，分古韻爲十三部，於韻學不無小補」[99]。會試的落第，乾隆的駁回，不能不在戴震的心理上產生陰影，受此刺激，於是，戴震便在夏天，遂離都還鄉。

在鄉間，戴震埋頭於整理《水經注》，乾隆三十年（1765）秋天，定《水經》一卷。他在〈書水經注後〉中說：「夏六月，閱胡朏明《禹貢錐指》所引《水經注》，疑之，因檢酈氏書，輾轉推求，始知朏明所由致謬之故」[100]。由於唐以來，《經》誤入《注》內，又誤《注》爲《經》，校者往往不辨《經》、《注》，任意增改。他就「酈氏所《注》，考定《經》文，別爲一卷，兼取《注》中前後倒紊不可讀者，爲之訂正，以附於後。是役也，爲治酈氏書者棼如亂絲，而還其《注》之脈絡，俾得條貫，非治《水經》而爲之也」[101]。戴震考定《經》、《注》，使其不相亂，後來在四庫館，纂修《水經注》，就是依此爲綱領的。

戴震在這一階段，由乾隆二十年受豪强結交縣令的欺壓，挾策入都[102]始，至乾隆三十年在鄉間定《水經》止，戴離鄉北上，雖在生活上遭受種種磨難，但在學術上開拓了眼界，接觸了許多

---

[99] 《戴東原先生年譜》，《戴震文集》（附錄），頁226。

[100] 《戴震文集》，頁113。

[101] 同上，頁114。

[102] 「蓋先生是年（乾隆二十年）訟其族子豪者侵佔祖墳，族豪倚財，結交縣令，令欲文致先生罪，乃脫身挾策入都，行李衣服無有也。」（《戴東原先生年譜》，《戴震文集》附錄，頁 221）。

著名學者，互相切磋，對戴震學術思想的發展大有裨益，也使戴震在京師學界獲得了崇高地位。在學術思想上由重義理，轉而義理、考據並重。有說這是受惠棟的影響，其實不盡然。究其原因，是由於清王朝文化專制主義的高壓政策所造成的考據思潮所使然。這就是說，一定社會的政策方針，對於一定社會思潮的形成，是有重要影響的。這裏所說的社會政策方針，就是指社會管理控制的功能機制，在一定的條件下，對思潮或人的思想的形成和發展起着支配作用[103]。戴震目睹弘曆所炮製的胡中藻、彭家屏等文字獄案，以及查抄燒毀史籍，不准聚徒講學的勅令，使他這一時期較多從事考據（文字、音韻、訓詁），是完全可以理解的。

三、痛苦與理解

戴震卒年五十五歲，按現在的觀念不算老年，然就他的一生來說，從乾隆三十一年（1766）到乾隆四十二年（1777），即從四十四歲到卒的十年間，是他學術活動的晚期，也是其思想發展的成熟和巔峰時期。

乾隆三十一年，戴震再次到北京參加會試，不第而居新安會館。撰成《聲韻考》四卷，此書就音韻的源流得失，古音的由漸而明備，都隱然作了說明。

段玉裁《戴東原先生年譜》記載：「是年玉裁入都會試，見

[103] 參見拙著《新人學導論——中國傳統人學的省察》第三章第二節，職工教育出版社1989年6月版。

先生云：『近日做得講理學一書』，謂《孟子字義疏證》也。玉裁未能遽請讀，先生歿後，孔戶部（繼涵）付刻，乃得見，近日始窺其閫奧」⑩④。因段玉裁當時沒有讀到這本書，謂《孟子字義疏證》乃猜測之辭。據段玉裁〈答程易田丈書〉⑩⑤，考訂《孟子字義疏證》作於「丙申（1776）冬後，丁酉（1777）春前」，這是有道理的。既已訂其舛誤，而《年譜》未改，乃是疏忽。究竟「近日做得講理學一書」是什麼？梁啓超疑以爲《緒言》⑩⑥，錢穆認爲是三卷本《原善》⑩⑦。筆者認爲，其時《原善》三卷本已成，段玉裁說：「始先生作《原善》三篇，見於戶部所刋文中者也。玉裁既於癸未（1673）抄寫熟讀矣。至丙戌（1766），見先生援據經言。疏通證明之，仍以三章者，分爲建首，比類合義，古賢聖之言理義，舉不外乎是」⑩⑧。這裏所講「丙戌，見先生援據經言……」，顯然是指《原善》三卷本。既爲「見」，又言「未能遽請讀」。「見」與「未讀」之間，這一點段玉裁分別很清楚，既已見《原善》三卷本，卽此書已成，何疑爲《孟子字義

⑩④ 見《戴震文集》（附錄），頁228。

⑩⑤ 見《經韻樓文集》卷7。

⑩⑥ 〈東原著述纂校書目考〉，《飲冰室文集》第四十册。

⑩⑦ 錢穆說：「丙戌，懋堂入都，親見東原本《原善》三篇舊稿，援據經言疏通證明之，則東原所告懋堂近日做得講理學一書者，實卽《原善》三篇之擴大本，懋堂不察，未經面質，後遂誤爲東原所告乃指《字義疏證》也。今定《原善》三卷本成於丙戌，東原四十四歲之年，則上推《原善》三篇，其初成亦決距此不甚遠，至遲在癸未，至早在丁丑，先後不出十年也，乙酉，東原過蘇州，題松崖授經圖，《原善》擴大成書，卽在其翌年。」（《中國近三百年學術史》，中華書局1986年版，頁327）。

⑩⑧ 《戴東原先生年譜》，《戴震文集》（附錄），頁241。

疏證》，錢穆以「已見」爲「未見」，此爲妥乎，未妥乎？

丙戌，段玉裁既見《原善》三卷本，則「近日做得講理學一書」，梁啓超以爲《緒言》，亦不妥。筆者認爲是《孟子私淑錄》，它作爲《孟子字義疏證》的初稿，而謂之「講理學一書」，甚合情理，而謂之《孟子字義疏證》，亦並非毫無關聯。然而，《孟子私淑錄》與《緒言》，兩書孰先孰後，仍是值得商討的問題。錢穆在〈記鈔本戴東原《孟子私淑錄》〉中說：「量其成書，當在《緒言》之後，《字義疏證》之前，正爲兩書中間過渡作品也」[109]。如是，梁啓超之疑，便有道理。但細讀兩書，以《孟子私淑錄》爲《緒言》之先較合情理。

其一，錢穆說：「《緒言》三卷，又刪爲《私淑錄》三卷，又增訂爲《孟子字義疏證》三卷」[110]。以《私淑錄》是對於《緒言》的刪節，且以凡刪處爲審當。事實並非如是，《孟子私淑錄》卷上：

> 問：何謂天道？
>
> 曰：古人稱名，道也，行也，路也，其義交互相通，惟路字專屬途路。《詩》三百篇多以行字當道字。大致道之名義於行尤近。謂之氣者，指其實體之名；謂之道者，指其流行之名。道有天道人道。天道以天地之化言也，人道以人倫日用言也。是故在天地，則氣化流行，生生不息，是謂道；在人物，則人倫日用，凡生生所有事，亦如氣化之

---

[109] 《圖書集刊》創刊號，四川省立圖書館編輯（1942年3月）。

[110] 〈記鈔本戴東原《孟子私淑錄》〉，《圖書集刊》創刊號，四川省立圖書館編輯（1942年3月）。

不可已，是謂道。《易》曰：「一陰一陽之謂道」，此言天道也；《中庸》曰：「率性之謂道」，此言人道也[111]。

《緒言》卷上，則刪爲：

問：道之名義。

曰：古人稱名，道也，行也，路也，三名而一實，惟路字專屬途路。《詩》三百篇多以行字當道字。大致在天地，則氣化流行，生生不息，是謂道；在人物，則人倫日用，凡生生所有事，亦如氣化之不可已，是謂道。故《易》曰：「一陰一陽之謂道」，此言天道也；《中庸》曰：「率性之謂道」，此言人道也[112]。

兩相比較，却與錢穆所說相反，是《緒言》對於《孟子私淑錄》的刪略。這個刪略若以《孟子字義疏證》的取捨爲尺度，便可看出，不僅《緒言》所改所刪爲當，譬如《私淑錄》問：「何謂天道？」《緒言》改爲問：「道之名義」。此改便更合所答的內容。因所答內容的主旨是天道和人道的分別，而所問爲「何謂天道」？則有答非所問之嫌；而改爲「問道之名義」，則道包括天道、人道則很貼切。此便可見，《緒言》是對於《私淑錄》的修改，是對《私淑錄》進一步的思考的結果；又如「其義交互相通」，改爲「三名而一實」，意思更顯明確。《緒言》刪略「大

[111] 見《孟子字義疏證》，中華書局1961年版，頁129-130。
[112] 《緒言》卷上，《孟子字義疏證》頁79。

致」以後五十四字，而不害「道之名義」的論證，《緒言》刪後較《私淑錄》言簡義明。自是《緒言》在《孟子私淑錄》之後。

而且《緒言》較《孟子私淑錄》更符各它們的最後定本《孟子字義疏證》的文字和思想。《孟子字義疏證》大體上是把《緒言》這段話分置在卷中的「天道」和卷下的「道」中。「天道」第一條：

> 道，猶行也；氣化流行，生生不息，是故謂之道。《易》曰：「一陰一陽之謂道」[113]。

這基本上是《緒言》中關於道的稱名的「行」和天道的含義的鈔錄。而不及《孟子私淑錄》中被《緒言》所刪的有關「天道」的文字。

「道」第一條：

> 人道，人倫日用身之所行皆是也。在天地，則氣化流行，生生不息，是謂道；在人物，則凡生生所有事，亦如氣化之不可已，是謂道。《易》曰：「一陰一陽之謂道。繼之者，善也；成之者，性也。」言由天道以有人物也。……《中庸》曰：「天命之謂性，率性之謂道。」言日用事為，皆由性起，無非本於天道然也[114]。

這基本上亦是《緒言》中「道之名義」的鈔錄，亦不涉及被《緒

[113] 《孟子字義疏證》卷中，頁21。
[114] 《孟子字義疏證》卷下，頁43。

言》所刪的《孟子私淑錄》的文字，由此可見，《緒言》比《孟子私淑錄》更接近於《孟子字義疏證》，是在《緒言》基礎上改定爲《孟子字義疏證》，而不是在《孟子私淑錄》基礎上的增訂。即使《孟子字義疏證》「道」條下較《緒言》文字有增，亦不是採自《孟子私淑錄》，尤可證《孟子私淑錄》非《緒言》之後，《字義疏證》之前的過渡作品，而恰好說明《緒言》是《孟子私淑錄》之後，《字義疏證》之前的過渡作品。

其二，錢穆說：「復有證者，《字義疏證》有仍《緒言》而微易其文者，按之《私淑錄》亦然，故益知《私淑錄》應在《緒言》後」[115]。錢氏所例舉《緒言》卷上：「問宋儒嘗反覆推究，先有理抑先有氣」條下之夾註，《孟子私淑錄》與《緒言》有異。單就此異來說，《私淑錄》與《緒言》都引自《朱子語類》卷一，《私淑錄》文字較長[116]，《緒言》文字較短[117]，但就對問

---

[115] <記鈔本戴東原《孟子私淑錄》>，《圖書集刊》創刊號，四川省立圖書館編輯（1942年3月）。

[116] 「問：先有理，後有氣之說。」朱子曰：「不消如此說。而今知得他合下先有理後有氣邪？後有理先有氣邪？皆不可得而推究。然以意度之，則疑此氣是依傍道理行，及此氣之聚，則理亦在焉。蓋氣則能凝結作理，却無情意（按：《孟子字義疏證》作：凝結造作，理却無情意），無制度，無造作，只此氣凝聚處，理便在其中。且如天地間人物草木禽獸，其生也莫不有種；定不會無種了，白地生出一箇物事，這箇都是氣，若理則只是箇淨潔空濶底世界，無形迹，他却不會造作，氣則能醞釀凝聚生物也。」（《孟子私淑錄》卷上，《孟子字義疏證》頁134）。

[117] 朱子云：「必欲推其所從來，須說先有是理，然理又非別爲一物，卽存是氣之中，無是氣則是理亦無掛搭處。」（《緒言》卷上，《孟子字義疏證》頁82）。

題回答而言，《緒言》比《私淑錄》簡要明晰，符合注釋的要求，可見是《緒言》對《私淑錄》的修改。雖《孟子字義疏證》曾引用過《私淑錄》所引的《朱子語類》的話，而非《緒言》所引的那一段話，這是由於《孟子字義疏證》「理」條下所提出的問題與《孟子私淑錄》、《緒言》所推究理氣孰先孰後有異。《孟子字義疏證》說：

> 既以理為得於天，故又創理氣之説，譬之「二物渾淪」；於理極其形容，指之曰「淨潔空濶」[118]。

在註「淨潔空濶」下，而非推究理氣孰先孰後下引了《孟子私淑錄》所引用的《朱子語類》卷一中語，這並不能證明《孟子私淑錄》改易《緒言》，而爲《孟子字義疏證》所採用，所以《孟子私淑錄》應在《緒言》後。

其三，《緒言》文字較《孟子私淑錄》多三分之一，甚至整個卷中爲《孟子私淑錄》所缺。《緒言》卷上二十三條，包括了《孟子私淑錄》的卷上十一條，卷中五條而有餘；《緒言》卷下十二條，包括了《孟子私淑錄》卷下九條。筆者發現《私淑錄》缺如而《緒言》所增部分爲《孟子字義疏證》所採納。如《緒言》卷上實增九條，其論仁義禮智等條，有見於《孟子字義疏證》、《緒言》卷中十二條，第一、二、三、十、十一、十二等條，見於《孟子字義疏證》卷中「性」的第六、七、八、三、四、五條，卷中的五、六條，見於《孟子字義疏證》卷下「才」的第

---

[118] 《孟子字義疏證》卷上，頁12。

二、三條。《緒言》卷下實增四條，散見於《孟子字義疏證》。

《緒言》多出《孟子私淑錄》部分文字，顯然是對《私淑錄》的增補。這個增補並非空言冗辭，而是重要內容、思想的發展，這種發展而爲《孟子私淑錄》所未涉，又爲《孟子字義疏證》所採取，便可證明《緒言》爲後出，而較《孟子私淑錄》更接近於《孟子字義疏證》。

其四，據戴震重要思想方面著作，其嚴謹、反覆推究的學風，如《原善》三篇，而增補爲《原善》三卷的情況，亦可推知先有簡略的《孟子私淑錄》，次增補爲《緒言》，再增訂爲《孟子字義疏證》（《緒言》較《字義疏證》少六千餘字）。這雖爲推知，但與上述三條綜合來看，是有其根據的。

既辨《孟子私淑錄》與《緒言》先後，便可知丙戌做得講道學一書[119]，即爲《孟子私淑錄》而非《緒言》，更不是《原善》。

乾隆三十三年（1768）應直隸總督方恪敏的聘請，居保定蓮花池園內修正《直隸河渠書》一百十一卷。翌年又入都會試不第，與段玉裁一起到山西訪布政司使朱珪，在朱珪署中修山西地方志。後來段玉裁在〈答程易田丈書〉中回憶說：

> 壬辰師（戴東原）館京師朱文正家，自言，曩在山西方伯署中（即山西朱珪布政司署中），僞病者十數日。起而語方伯：「我非真病，乃發狂打破宋儒家中《太極圖》

---

[119] 段玉裁說：「師在丙戌語玉裁云：近做得講道學書一本，彼時玉裁無所知，故亦不請讀。」（〈答程易田丈書〉，《經韻樓文集》卷7）。

耳！」[120]

雖身在修志，但思想上却在緊張地思考批判宋明理學的問題。所謂「發狂打破宋儒家中《太極圖》」，是泛指宋儒道學思想，筆者認爲是《孟子私淑錄》增補本的《緒言》之作。《緒言》在增補中不僅批判孟子、荀子、程顥、程頤、張載、朱熹等，而且特別揭出周敦頤的「《太極圖說》言主靜，注云：『無欲故靜』。《通書》言：『無欲則靜虛動直，靜虛則明』。似釋氏謂：『六用不行，卽本性自見』。何彼此相似如是」[121]。這與「發狂打破宋儒家中《太極圖》」的主旨相符合，在這裏也體現了他的「狂者」性格。

段玉裁《年譜》在乾隆三十七年下提到，「《孟子字義疏證》原稿名《緒言》，有壬辰菊月寫本」[122]。他在〈答程易田丈書〉曾引程瑤田的話，瑤田自言在丙申（1776）影抄《緒言》稿子時，見首頁有戴震寫的「壬辰菊月寫本」字樣。這樣看來，《緒言》則應是公元1772年作。其實，這裏所謂「寫本」是對於己丑「僞病十餘日」所草成的《緒言》的整理和謄淸，這也是說得過去的。因爲在己丑至壬辰三年間，戴震一直在山西緊張地從事《汾州府志》[123]三十四卷和《汾陽縣志》[124]的編纂，其間雖赴京參加辛卯恩科會試，不第後卽返回山西修志，其緊張的程度自可想見。《緒言》的草就，況且還是以「僞病者十數日」這種非

[120] 《經韻樓文集》卷 7。

[121] 《緒言》卷下，《孟子字義疏證》頁128。

[122] 《戴震文集》附錄，頁233。

[123] 戴震雖參與纂修《汾州府志》和《汾陽縣志》，但志銜未列戴震

(續)名，因而有認爲非戴震所纂（參見＜乾隆《汾州府志》是否戴震所纂修？》載《山西大學學報》1979年第四期，＜乾隆《汾州府志》並非戴震所纂〉載《山西地方志通訊》1983年第九期），事實是參加了。據段玉裁說：「是年夏（乾隆三十四年，1769），先生與朱文正公善，文正時爲山西布政司使，先生偕玉裁往，玉裁主講壽陽書院，先生客文正署中，已而汾州太守孫君和相聘修《府志》。是年成《汾州府志》三十四卷。其書之詳核，自古地志所未有。志莫難於辨沿革，先生辨《元和志》一條中紛然不治者六，詳見〈與曹給事(學閔)書〉。……玉裁曾節抄《府志》例言、圖表、沿革、星野、疆域、山川、古蹟，將付諸梓，以爲修志楷式。」（《戴東原先生年譜》，《戴震文集》附錄，頁230-231）。戴、段以師生的名義至山西，戴震參與《汾州府志》纂修，當不會有錯。孫和相在《汾州府志・序》中說：「余爲是邦三載而後及志事，何也？非周察而得其實，不敢以爲言；非精心於稽古，不敢親筆之書，是以遲之又久。略知爲是邦之大經，乃復徵詢八州縣備陳細目，都舉統觀，又適有休寧戴東原氏來游汾晉間，今之治經之儒，咸首推戴君，而是志得其嚴加核訂，以余之體驗於今者，更能信不謬古矣」。給事曹學閔《汾州府志・序》：「今太守諸城孫公，以山左名宿，來涖吾郡，政通人和，百廢俱舉。暇日翻閱前志，惜其久而未修，爰集紳士，咨詢舊聞，酌定體例。復延休寧戴孝廉東原考證古今，筆削成書。」山西布政司使朱珪《汾州府志・序》曰：「孫君重其事，不以所知自多，復質諸休寧戴東原氏，勒成一書，於舊志既無有仍襲。」足可證戴震參與纂修《汾州府志》。戴震自己也說：「余撰汾州諸志，皆從世俗，絕不異人。」（見章學誠〈記與戴東原先生論修志〉，〈方志略例一〉，《章氏遺書》卷14）至於未銜名，一般由朝廷命官銜名，戴震雖在學術上有很高造詣，但當時只是舉人，未銜名，並不奇怪。

(124) 戴震應李侯(文起)聘請修《汾陽縣志》是在乾隆三十六年(1771)，他在是年多作的〈溫方如西河文彙序〉中說：「己丑秋，余至汾陽，應太守孫公之召也。屬纂次府志，爲之考訂累月日。今李侯復以縣志事邀之再至。」（《戴震文集》卷10，頁159）。

正常的方式而得，至於細細地整理和謄清，也只有以待來日了。這就是乾隆三十七年壬辰，戴震自汾陽入京參加會試，這已是他第五次參加會試了，然而又不第。這時山西修志已告一段落，行止未定，因而能比較冷靜地集中整理謄清《緒言》。後決定南歸，與胡亦常同舟月餘，主講於浙東金華書院。至乾隆三十八年秋天[125]。

是年夏天（1773），戴震與章學誠相見於寧波道署，見章氏撰寫的《和州志例》，而有關於修志之辯。戴震認爲古今方志均歸入地理書類，應以考地理沿革爲重，「夫志以考地理，但悉心於地理沿革，則志事已竟，侈言文獻，豈所謂急務哉！」[126]「古今沿革，作志首以爲重」[127]。他在〈與段若膺論縣志〉中說：「縣境圖最緊要，須用方格，每方幾里，方向里數必大致可稽。一註明山名、水名，一註明村莊之名，恐太繁碎，同様繪二圖，分註之曰〈縣境山川圖〉，曰〈縣屬村鎭圖〉。……村鎭必分八到（東、西、南、北、東南、東北、西南、西北），註明距縣治里數（不必註在某都），舖驛則註明某舖至某舖，某驛至某驛，兩頭遞交里數，使考古知今，藉此爲據」[128]。戴震根據方志應以考古今地理沿革爲重的思想，認爲章學誠的《和州志例》有「侈言

[125] 「癸巳（1773年）春，寓居浙東，取顧氏《詩本音》，章辨句析，而諷誦乎《經》文，歎始爲之之不易，後來加詳者之信足以補其未逮。」（〈六書音均表序〉，《戴震文集》卷10，頁152）戴震在〈答段若膺論韻〉中說：「癸巳春，僕在浙東據《廣韻》分爲七類」。此書《戴震文集》未收，據《年譜》引。

[126] 〈記與戴東原先生論修志〉，〈方志略例〉，《章氏遺書》卷14。

[127] 〈應州續志序〉，己丑代，《戴震文集》卷6，頁120。

[128] 《戴震文集》卷6，頁122。

文獻」之失。

章學誠認爲，「方志如古國史，本非地理專門。如云但重沿革，而文獻非其所急，則但沿革考一篇足矣。何爲集衆啓館，斂費以數千金，卑辭厚幣，邀君遠赴，曠日持久，成書且累函哉？且古今沿革，非我臆測所能爲也。考沿革者，取資載籍具在，人人得而考之。雖我今日有失，後人猶得而更正也。若夫一方文獻，及時不與搜羅，編次不得其法，去取或失其宜，則他日將有放失難稽，湮沒無聞者矣」[129]。考沿革以文獻爲據，若現在敍沿革有誤，後人還可利用今記載的文獻加以糾正，且文獻不及時搜集，就會散失，這些主張有其合理之處。但以「考古固宜詳慎，不得已而勢不兩全，無寧重文獻而輕沿革耳」[130]，則有其失。事實上兩者並非勢不兩全，而可以得兼。至於方志之作，無疑屬史，「盈天地間，凡涉著作之林，皆是史學」[131]。然史類著作甚多，各類專史都有其自身研究對象、範圍。若籠而統之，不加區別，則就失去各類史作的特點。學術史、制度史、科學史、思想史無以別，就不可取了。

宋以後，大量人文內容充實了方志，使方志體例更爲完善。戴震雖以方志仍屬地理書類，側重沿革、山川、疆域，以爲「檢尋郡邑志書，其於經史中地名、山川、故城、廢縣，以及境內之利病，往往遺而不載，或載之又漫無據證，志之失大致盡然」[132]，但於「科目、文苑、仕實俱志所宜備」[133]。這樣，戴震所纂修的

[129] 〈記與戴東原先生論修志〉，《章氏遺書》卷14。

[130] 同上。

[131] 〈報孫淵如書〉，《章氏遺書》卷9。

[132] 〈應州續志序〉，《戴震文集》卷6，頁119。

[133] 〈例言〉，《汾陽縣志》(乾隆)。

《汾州府志》和《汾陽縣志》在地理、人物、藝文各爲三分之一的篇幅，亦見戴震對文獻史料價值的重視。

戴震與章學誠方志之辯，除對修志的體例、重點，即對象、範圍有不同的看法外，其宗旨也不甚相同。戴震宗旨在「利民」，即「村市用，知民居；戶口用，知民數；風俗用，知民情，皆土地人民之首務」[134]，以及賦稅「政之大體，民之利病所繫。胥役豪右，其滋弊不可窮詰也」[135]。知山川自然，以便改造環境、自然，「興水利，除水患，從是求之思過半矣。故兼及自昔以來引渠灌溉之法，築防疏浚之功備詳」[136]，以利人民生活、生產；陳賦稅利病以達民情，「知民之所苦，及旱潦之不常，以達其情」[137]，以減輕民的痛苦。儘管這個修志的宗旨不一定完全實現，但至少可以使人（包括統治者、地方官吏）知道地方的政治、經濟、生活、生產、風俗、民情、人口、土地、水旱、賦稅等實際情況。

章學誠修志的宗旨在教化，「史志之書，有裨風教者，原因傳述忠孝節義，凛凛烈烈，有聲有色，使百世而下，怯者勇生，貪者廉立。《史記》好俠，多寫刺客畸流，猶足令人輕生增氣。況天地間大節大義、綱常賴以扶持，世教賴以撐柱者乎」[138]，是說通過傳述、表彰地方上忠孝節義的具體有聲有色、凛凛烈烈的

---

[134] 〈例言〉，《汾陽縣志》（乾隆）。

[135] 同上。

[136] 〈例言〉，《汾州府志》（乾隆）。

[137] 〈例言〉，《汾陽縣志》（乾隆）。

[138] 〈答甄秀才論修志第一書〉，〈方志略例二〉，《章氏遺書》卷15。

生動形象，以改變風氣教化；以扶持綱常倫理，撑柱世俗名教。因此，章學誠的《和州志例》以皇言開開章，次官師、選舉、氏族，再次輿地，體現了章學誠修志宗旨。章氏修志宗旨，也有可取之處。戴、章結合，而不是把兩者絕對對立起，或取此舍彼，或採彼棄此。綜兩者之長處，則於以後的修志有所裨益，可謂綜合創造。

乾隆三十八年（1773），開設四庫全書館，戴震以他淵博而高深的學識，以舉人特召入四庫館任纂修官。仲秋到北京[139]。次年校《水經注》成。《水經注》是他長期研究的成果。從乾隆三十年（時年四十三歲）定《水經》一卷，糾唐以來《經》與《注》相亂之謬，後在金華書院講學時，刋出《水經注》，但尚未完成。雖校勘的綱領體例仍按自定《水經注》，但討論字句特加詳細，並總結《經》、《注》分別規律有三。為整理古籍作出了貢獻。段玉裁說：「顧此書自先生校定後，宋以來舊刻，必盡廢矣」[140]。這個評價並非過分。這一年又校《九章算術》。《永樂大典》雖有該書，但離散錯出，戴震盡心纂排，考訂譌異，補圖成帙，使古代九數之學大顯。又校《五經算術》，例舉《尚書》、《孝經》、《詩》、《易》、《論語》、三禮、《春秋》中待算而明白的算題。推進了算學的發展。戴震在四庫全書館工作的兩年間，作了大量的學術研究。乾隆三十九年十月三十日給段玉裁的信中說：「數月來，纂次《永樂大典》的散篇，於《儀禮》得張淳《識誤》、李如圭《集釋》，於算學得《九章》、

[139] 「余奉召至京師，與纂修四庫全書。」（〈崑山諸君墓誌銘〉，《戴震文集》卷12，頁201）。

[140] 《戴東原先生年譜》，《戴震文集》附錄，頁234。

《海島》、《孫子》、《五曹》、《夏侯陽》五種算經，皆久佚而存於是者，足寶貴也」[141]。但是，生活却很清苦，這封信中又說：

> 僕此行不可謂非幸邀，然兩年中無分文以給，旦夕曩得自由尚內顧不暇，今益以在都，費用不知何以堪之？

特召在四庫全書館校書，雖屬「曠典」、「幸邀」，但分文無給，經濟拮据，生活窘迫。想歷來眞正學者，都沒有好日子過。戴震在四庫館所做出巨大的成績，是憑他的學術熱情和對中華民族文化典籍的熱愛而已！如若計酬，何以有此成就？

乾隆四十年（1775），戴震五十三歲，第六次參加會試，也是最後一次，結果又不第。他從四十一歲第一次參加會試，至五十三歲，從未間斷，於會試不能不算熱衷，像他這樣已過「知天命」之年，已取得崇高的學術成就和社會地位，且他的學生輩早已考取進士，何又孜孜求一進士，實不可解也？就此而言，他對於自己不善科場，無自知之明，而顯得有點迂腐。然社會、學者對於科場的看重，戴震亦身不由己也。結果「奉命與乙未貢士一體殿試，賜同進士出身，授翰林院庶吉士」[142]。這對於戴震來說，不知是酸、是苦、是辣、是甜、是榮耀，還是恥辱？也許對於改變生活的窘迫，有點好處。筆者猜想，戴震對此也只有苦笑而已，其心靈上是痛苦的。這不是對戴震的奚落，而是對不憑眞

---

[141] 參見《戴東原先生年譜》，《戴震文集》附錄，頁235。

[142] 同上。

才實學取人的制度的抗議。然而手指頭扭不過大腿，這是時代給戴震個人造成的悲劇，而這種悲劇還不是在繼續製造嗎？

戴震心靈上的痛苦，當時人並不理解。他曾想把自己的痛苦埋在古籍的校理上，以傾心於自己所喜愛的「天文、算法、地理、水經、小學、方言諸書」，「精心推覈」、「焚膏宵分不倦」[143]，以減輕心靈上的痛苦。這對於一個具有「狂者」性格的戴震來說，做爲一時的權宜之計，也許是可以的。一旦他「狂者」性格的自覺意識的萌發，就更加劇了他心靈上的痛苦。他也曾想離開四庫全書館，回到南方去。他在給段玉裁的信中說：

> 三月初獲足疾，至今不能行動。以纂修事未畢，仍在寓辦理。擬明春告成，乞假南旋[144]。
>
> 僕足疾已踰一載，不能出戶，定於秋初乞假南旋，實不復出也[145]。
>
> 前月二十六至今，一病幾殆。正臥床榻，見來使，強起作札。歸山之志早定，八月準南旋[146]。

心靈的痛苦和校理的過勞，使他的身體也不能負擔了。他想脫離這「與爲委蛇」的厭惡的環境，離開這「以內剛外柔，謹慎謙

[143] 《戴東原先生年譜》，《戴震文集》附錄，頁238。

[144] 同上，頁 240。「僕自上年三月初獲足疾，至今不能出戶，又目力大損。今夏纂修事似可畢，定於七、八月間乞假南旋就醫覓一書院餬口，不復出矣。」(〈與段玉裁論理欲書〉，《戴先生遺墨》，《戴東原先生全集》，《安徽叢書》第六期) 。

[145] 同上，頁241。

[146] 同上。

遜」，以「求全之毀」[147]來壓抑自己個性的地方，回到南方，以放鬆一下心靈上的痛苦，但可惜，已經晚了。

痛苦終於要爆發出來，這便是以前所未有的激烈，直指宋明以來的理學。這便是以注疏形式出現的義理之作《孟子字義疏證》。它揭露「以理殺人」的本質，「人死於法，猶有憐之者；死於理，其誰憐之！」[148]戴震自己的遭遇、坎坷、痛苦，又有誰理解，獲得誰的同情？《孟子字義疏證》作於他死的前一年冬天，或卒年的春天之前[149]，這大致可信。唯《安徽叢書》本《東原集》卷8〈孟子字義疏證序〉繫年「丙申」，即這一年冬天完成《孟子字義疏證》[150]。雖此後還有《聲類表》九卷、〈與段若膺論韻〉以及〈與彭進士允初書〉、〈與某書〉之作，但已身心交瘁。身太用而極，心太勞而敝，然最傷身心的是心靈的痛苦。

痛苦需要理解，當時又有誰理解戴震，而解除他一點心靈的痛苦！紀昀是四庫全書的總纂官，曾膺服戴震，震特召入四庫館，亦得自紀昀的推薦，交誼較密。然據章炳麟〈釋戴〉說：「發憤著《原善》、《孟子字義疏證》……以詆雒閩，紀昀攘臂扔之，以非清淨潔身之士，而長流污之行」。紀昀對於《字義疏證》竟取「攘臂扔之」的態度，認爲是對於清淨潔身之士的誹

---

[147] 《戴東原遺墨》，《安徽叢書》第六期。

[148] 〈理〉，《孟子字義疏證》卷上，頁10。

[149] 段玉裁在〈答程易田丈書〉（《經韻樓文集》卷7）考《孟子字義疏證》作於「丙申冬後，丁酉春前」。又說：「玉裁以爲先生抄諸丙申者當是《緒言》，則或丙申之冬，丁酉之春夏，悉心改定而自序之，故小山輩傳抄，洪谷據刻，斷不得言《緒言》爲定本也」。

[150] 余英時認爲，《孟子字義疏證》則遲至丁酉（1777）卒前數月始脫稿。（《論戴震與章學誠》，龍門書店1976年，頁92。）

謗，和助長流污的行爲，而未能理解戴震；朱筠可謂戴震知友，戴震死後，洪榜作《戴震行狀》，述其義理之學。據江藩說：洪榜「生平學問之道，服膺戴氏。戴氏所作《孟子字義疏證》，當時讀者不能通其義，惟榜以爲功不在禹下，撰東原氏《行狀》，載〈答彭進士允初書〉，笥河（朱筠）師見之，曰：『可不必載，戴氏可傳者不在此』。榜乃上書辯論」[151]。要洪榜刪去《行狀》中所引〈答彭進士允初書〉，認爲此書非難程朱，「何圖更於程朱之外，復有論說乎？」[152]亦不理解戴震；章學誠曾推崇戴震，認爲戴震妄想代替程朱在儒學中的正統地位：

> 戴君學術，實自朱子道問學而得之，故戒人以鑿空言理，其說深探本原，不可易矣。顧以訓詁名義，偶有出朱子所不及者，因而醜貶朱子，至斥以悖謬，詆以妄作。且云：「自戴氏出，而朱子徼倖為世所宗已五百年，其運亦當漸替」。此則謬妄甚矣。……口談之謬，乃至此極，豈淺鮮哉[153]！
>
> 戴氏筆之於書，惟闢宋儒踐履之言謬爾。……至騰之於口，則醜詈程、朱，詆悔董、韓，自許孟子後之一人，可謂無忌憚矣[154]。

---

[151] 〈洪榜〉，《漢學師承記》卷6，中華書局《四部備要》本，頁41下。

[152] 同上。

[153] 〈內篇〉二，《文史通義》，古籍出版社1956年版，頁58。

[154] 〈答邵二雲書〉，《章氏遺書・逸篇》，載《圖書集刊》第二期，四川省立圖書館編輯（1942年）。

以戴震批判程朱爲「謬妄」，爲肆無「忌憚」，更不理解戴震。不過從這裏可以看出，戴震的筆書和口談，有很大的差別，這不是什麼人格的分裂，而是他心靈痛苦的發出。戴震雖把矛頭指向宋儒程、朱[155]，但實際是針對攻擊戴震的義理之學的考據派而發；當然也是對程、朱理學所造成時弊的抗議和文化專制高壓政策的反抗。在這種環境下所造成戴震心理的壓抑，往往出現口談的情感色彩要比筆談濃烈，這也是自身免遭殺戮之禍，保衞生命的措施。這一點章學誠倒是看到了，但並沒有理解戴震爲什麼這樣，相反地說戴震「心術未醇」，所以戴震是滿懷着一肚子怨恨和不被時代所理解的痛苦死去的。

人需要被人理解，需要被時代理解。在文化思想專制制度下，能否被統治者所接受，戴震並不顧忌和考慮，最可怕的是不被學界和師友所理解。如果說，當時由於種種主客觀原因而沒有理解戴震的話，那麼今天可淸除當時的禁忌和迷霧，而設身處地理解戴震。這種理解，是符合筆者所講的人類精神和合的哲學的[156]。

---

[155] 參見余英時《論戴震與章學誠》，龍門書店1976年版，頁109。

[156] 見《 和合學序論——中國人向心力凝聚力的文化效應 》。筆者認爲，接着程朱講的新理學到馮友蘭，接着陸、王講的新心學由熊十力經賀麟到牟宗三，接着張載和王夫之講的新氣學自張岱年提出到四十年來大陸的發展，其體系均趨完善。任何哲學，其體系完善之際，也便是轉型之時。雖然新理學、新心學、新氣學在西方文化的挑戰下，改造舊理學、舊心學、舊氣學，而開出新來，但難以與當前現代化相適應。這是因爲三新學就其思維模式來說，都屬於形上學本體論哲學傳統。就此而言，並沒有超越舊三學；理、心、氣作爲普遍超越的形而上本體，一旦由格物而窮理，致良知而發明本心，格物致知相濟而體認氣，那麼理、心、氣便是客觀眞理，它們便是眞、善、美的，與此相反便是假、惡、醜。一切與此相異的理論和

戴震思想發展的脈絡，大體可分三個階段；一爲雍正元年（1724）至乾隆二十年（1755）離鄉赴京以前，是戴震思想發展的前期。其思想特點是以考證爲手段，追求義理；二是從乾隆二十年至乾隆三十年（1765）會試不第還鄉，爲戴震思想發展的中期。其思想特點是以考證、義理並重，而更傾向於考證；三是從乾隆三十一年（1766）再次到北京會試到乾隆四十二年（1777）病死在四庫全書館止，爲戴震思想發展的晚期。其思想特點是以疏證爲形式，直接發揮義理。這就是義理——考證——義理的思維路向。

（續）行爲，便是異端邪說和叛逆之行，具有排他性、獨斷性和獨裁性；哲學具有批判精神，一種哲學若喪失了接受批判或自我批判的自覺，也就失去了其生命力。基於此，哲學的批判必須超越新理學、新心學、新氣學，而綜合創造新哲學理論形態。筆者姑且把他稱爲和合學。所謂和合學，是指關於自然、社會諸多要素現象相互融合以及在融合過程中吸收各要素優質成分而合爲新事物的學說。和合學認爲世界萬物都是在運動變化的過程中形成、產生。若肯定一個哲學本體的存在，就必然承認世界有一個極限和開端。有一個先在的東西或實體的存在；和合學認爲諸多異質要素對待統一，相互作用，而融合成新事物。史伯說：「夫和實生物，同則不繼。」即「天地合氣，萬物自生」的意思；和合學認爲諸多要素在融合過程中，並非雜拌，而是吸收各要素優質成分消化綜合，並爲各要素優質成分提供得以充分體現的場所和條件。和合學具有運動性、平衡性、綜合性和相對性特點。這種理論結構表現爲相對論、對稱論、綜合論和相濟論的方式。她是中國文化精髓和生命的最完滿的體現形式。

第二章　形上學本體論的批判——天理論

在清代文字獄的文化專制高壓政策下，不僅造成筆書與口談的分裂，而且出現思想與言行的分裂，這對於講求知行合一道德修養的中國知識分子來說，是很痛苦的；對於一個有憂患意識、有責任感的士子而言，更顯悲憤。這不能像章學誠那樣歸咎於戴震個人的人格或心術的未醇，而應該從時代的現實形勢環境中去尋求原因。

由於時代造成人的這種分裂，對於戴震思想的研究，要充分理解這種時代背景下個人思想的表現形式和字裏行間所表達的苦衷。戴震在臨終前一月作書與段玉裁，表明他撰《孟子字義疏證》一書的心迹：

> 僕生平論述最大者，為《孟子字義疏證》一書，此正人心之要。今人無論正邪，盡以意見誤名之曰理，而禍斯民，故《疏證》不得不作❶。

《疏證》是戴震出於强烈的社會責任意識而作的。他假《孟子》

---

❶ 《戴東原遺墨》，《安徽叢書》第六期。

在經學中權威地位，以疏證爲名，採取字義❷的形式，以「正人心之要」爲宗旨，糾正禍國殃民之理學。《疏證》返本開新，寓意深沉，經言❸其外，砭弊其內。對其一字一句，捉摸推敲，始能知其一二。若能全身心地投入角色，加上有相似的客觀環境，便能直指堂奧，和盤托出其原意，其領悟之深層，體會之全面，也許可達一新水準。然本書之撰，詳於思想之分析，略於時事之論述，未免有不盡意之感。

一、打開時代精神奧秘的鑰匙

筆者認爲，《孟子字義疏證》既如戴震自述，是其生平最大著作，也是其思想集大成之作。把握了《孟子字義疏證》，便可揭示戴震思想體系，筆者稱其爲思想邏輯結構。王國維說：

> 戴氏之學說，詳於《原善》及《孟子字義疏證》，然其說之系統具於〈讀易繫辭論性〉一篇，……由此而讀二書（按指《原善》和《孟子字義疏證》），則思過半矣❹。

---

❷ 「字義」：宋元明清時，所謂「字」，不是僅指普通的文字，而有哲學名詞的含義。「字義」就是對哲學概念範疇的解釋。參見拙著：《中國哲學範疇發展史》(天道篇)，中國人民大學1988年版。

❸ 「經言」，戴震在《原善》三卷本的〈自序〉中說：「余始爲《原善》之書三章，懼學者蔽以異趣也，復援據經言疏通證明之。」（見《孟子字義疏證》，中華書局1961年版，頁61）這裏所謂「援據經言」，是指《易·繫辭》、《孟子》，也泛指十三經。

❹ 〈國朝漢學派戴阮二家之哲學說〉，《王國維遺書·靜庵文集》第五册，上海古籍書店1983年版，頁75。

此說雖有一定道理，但亦有其偏失。戴震援據經言，「一陰一陽之謂道，繼之者善也，成之者性也」❺，以道——善——性爲邏輯次序，撰《法象論》以明「道」，「立於一曰道」❻；《原善》三篇重在「善」，善爲「天下之大本」❼；〈讀易繫辭論性〉、〈讀孟子論性〉，正如其題示，主要「論性」。雖三者在文中都論及道、理、命、性等概念範疇，但各有重點。到《原善》三卷本納〈讀易繫辭論性〉和〈讀孟子論性〉於卷上和卷中，便初步建構了道——善——性的思想邏輯結構。從此來看，戴震思想有一個邏輯的發展次序，而不能簡單地以戴氏學說系統具於〈讀易繫辭論性〉一篇。當然，王國維並非致力於戴學，其論戴學有失，是可原諒的。

戴震學說最高、最大成就是《孟子字義疏證》，因此，研究戴學亦可從此入手，溯流尋源，推明意旨，心領神悟，熟繹其義，一本萬殊，貫串浹洽，則戴震的思想可顯於世俗。

《孟子字義疏證》之所以是戴學的最大成就，不僅是戴震的自我評價，而更重要是客觀時代精神的反映。哲學是時代精神的體現，體現這個時代精神的哲學，便可摘取最高、最大成就的桂冠。如何把握時代精神？那就要看能否掌握一個時期社會中最常見、最基本、最普遍的東西，誰掌握了這個東西，誰就拿到了打開時代精神奧秘大門的鑰匙。孔孟儒學是從當時現存社會的「人皆有之」的人性中，發現了中國先秦時期的時代精神，孔子把它

❺ 《繫辭・上》，《周易正義》卷7，《十三經注疏》本，中華書局1980年版，頁78。
❻ 〈法象論〉，《孟子字義疏證》，中華書局1961年版，頁175。
❼ 〈原善上〉，《孟子字義疏證》，同上，頁176。

概括爲「仁」，是對於人的本質、人的價值、人生意義的關懷。孟子說：

> 惻隱之心，人皆有之；羞惡之心，人皆有之；恭敬之心，人皆有之；是非之心，人皆有之❽。

「人皆有之」的四端之心，並非外鑠，是人人自我所固有的。這裏所說的四端之心，是孔子「仁」的具體化。「惻隱之心，仁也；羞惡之心，義也；恭敬之心，禮也；是非之心，智也。仁義禮智，非由外鑠我也，我固有之也」❾。孔子和孟子從人的生命存在的個體與個體、個人與羣體、個人與社會的關係中，發現了當時社會中最普遍、最常見的人的族類的情感，這種族類情感是人的內在深層意識，「孩提之童，無不知愛其親者；及其長也，無不知敬其兄也。親親，仁也；敬長，義也。無他達之天下也」❿。這種深層意識被人人所認同和接受，便昇華爲「人皆有之」的人的思潮。正是這種「人皆有之」的親親之情，是人之所以爲人的本質特徵的體現。

> 子游問孝。子曰：「今之孝者，是為能養。至於犬馬，皆能有養。不敬，何以別乎？」⓫

> 人之所以異於禽獸者幾希，庶民去之，君子存之。舜明於

---

❽ 〈告子上〉，《孟子注疏》卷11，《十三經注疏》本。
❾ 〈告子上〉，《孟子注疏》卷11。
❿ 〈盡心上〉，《孟子注疏》卷13。
⓫ 〈爲政〉，《論語注疏》卷 2，《十三經注疏》本。

庶物，察於人倫，由仁義行，非行仁義也⑫。

人在與動物（禽獸）的比較中，而不是與非同類的天的比較中，才意識到人的自身的價值，即「人爲貴」。並給族類親情、人我關係作了規範，使族類羣體的生存能達到和諧、協調。

孔孟儒家對於時代精神把握，並非對於客觀世界的認識和「掌握」，而是對於人的主觀世界的體認和自覺。孔孟便是在天命消退，人意萌芽之時，即人在天命陰影下剛剛把目光折回人間而提出的最切近人身的親情中，發現了人的生命價值和意義，由此而產生了「仁」的思潮，體現了時代精神。

儒家孔、孟和道家老、莊都是在按人的模樣塑造的天命的滑落中，高揚人的地位。不過孔、孟在肯定族類親情時，對於「人皆有之」的惻隱、羞惡、恭敬、是非之心，和仁、義、禮、智的行爲準則、規範，採取肯定的形式。老、莊相反，他們以否定族類親情和四端之心、四德之行的形式，肯定個體我與天地並生，萬物與個體我統一⑬。他們否定現實人生、社會的混亂、矛盾、無序，認爲這種混亂、矛盾、無序，是與儒家提倡仁義禮智有關：

天地不仁，以萬物為芻狗；聖人不仁，以百姓為芻狗⑭。

絕仁棄義，民復孝慈⑮。

---

⑫ 〈離婁下〉，《孟子注疏》卷8。

⑬ 「天地與我並生，而萬物與我爲一。既已爲一矣，且得有言乎。既已謂之一矣，且得無言乎？」（〈齊物論〉，《莊子集釋》卷1下，中華書局）。

⑭ 《老子》第五章。

⑮ 《老子》第十九章。

夫禮者，忠信之薄，而亂之首⑯。

仁義、禮智、聖法，都是罪惡的淵藪，因而需加以徹底的否定。就這點而言，儒家是對於人類本性或人類要求的肯定，它與人的自我意識相聯繫，是對於外部世界的合理性、眞理性、完美性及仁愛的要求，合乎理性的原則。道家在否定人類本性及人類要求時，認爲人爲自己設計及制訂的種種命理原則、行爲規範、知情意等等，都是造成人類自我和社會不寧靜、鬪爭的根源。儘管老、莊與孔、孟一樣，都是通過直覺思維，而對於客體社會的把握，但老、莊在揭露現實世界對立矛盾的普遍性時，旣蘊含着對孔、孟儒學的否定，亦表現出無可奈何的心態。因爲充滿矛盾的世間，在繼續製造矛盾，解決一個矛盾，便會引起更多的矛盾。人們只要有爲，就爲社會增加矛盾，所以，老、莊要人們採取無爭、無爲、無知的方法，以無所作爲的非常規、非理性的形式，而達到無所不爲。

事實上，老、莊並非對人漠不關心，他是對人的一種終極追求和關懷。他們設想在有限、具體、相對的現象界之外，建構一個無限、一般、絕對的本體界。就現象界而言，現實社會錯綜複雜的矛盾，都是具體的，一切具體事物的一切矛盾、美醜、是非的對立都是相對的，而非絕對的，譬如是非、美醜，因人因事而異，此亦一是非，彼亦一是非，彼有彼的美醜，此有此的美醜。你以爲是與美，我以爲非與醜。是與非，美與醜並無一確定的尺度，是卽爲非，非也卽爲是。是非、美醜好像一個無開端的環。

⑯ 《老子》第三十八章。

只有超越是非之環，而「得其環中」，消除是非等種種對立，而「道通爲一」，便可以順其自然，以應無窮，就進入本體界。

老、莊哲學精神，是追求一種不被任何是非、美醜矛盾所干擾和牽累，即求得在現實社會的現實生活中實現解脫和超越，達到更高層次的、不受任何限制的逍遙自在的精神境界，永遠保持自我精神的平和、寧靜和自由。這種超越和解脫，首先要排除外在事物的干擾和牽累，其次是清除內在自我的干擾和牽累，而儒家並不排除外物和自我的有爲，這便是儒道之異。如果說儒家從正面的、常規的、理性的方面，發現了現實社會最常見、最普遍、最基本的族類親情現象，而把握了時代精神的話，那麼，道家便是從反面的、非常規的、非理性的方面，發現了現實社會最常見、最普遍、最基本的是非、美醜等矛盾現象，而把握了時代精神。因此，儒道雖旨趣殊異，但又互補互濟。

戴震雖對孔、孟、老、莊所把握的時代精神，有着不同的看法，但從方法來看，戴震的《孟子字義疏證》既承儒家孟子，又繼老、莊否定的形式。宋明理學是在唐末、五代以來長期割據分裂，連年戰爭以及社會分裂和混亂，所造成人與人、人與社會正常關係的破壞，社會倫理道德的淪喪，「君君、臣臣、父父、子子之道乖」⑰。人們生活在一種非常規的、無序的狀態之中，既沒有一種可藉信賴的關係模式，可以遵循的倫理道德規範，亦沒有一種權威的學說，可以維繫各羣體、階層人們的思想、心理，這是從相對於主體的客體而言的。從主體來說，在藩鎭(唐代)、軍閥（五代）的爭權奪利中，人的價值、人的地位完全不被重

---

⑰　〈廟廢帝家人傳〉，《新五代史》卷16。

視，人格、人性漸次喪失，這一切都面臨重整的課題。

儒家學說，各人有各人的解釋和理解。筆者認爲，儒家學說說到底，其實質是有序的，安定的治天下之說，所以在春秋諸侯爭霸或秦滅六國的統一戰爭中，沒有被重視和採納，只有到了强秦速亡後，才認識到儒家學說的理論和實踐價值，打天下與治天下的差異。宋是經五代長期戰亂後出現的統一的國家，在某個意義上與漢所面臨的狀況有相似之處。在削弱各將領軍權的同時或其後⑱，復興儒家學說，旣解除藉軍權篡位的威脅，又可以儒學安定天下。然而，儒學在其發展中，特别在外來印度佛教文化挑戰下，已不能與思辨的佛教和重宇宙生成的道教相抗衡，其粗糙的天命論只能回答自然現象和社會現象的所當然，而不能回答所

⑱ 漢高帝劉邦垓下戰勝項籍後，便採取消滅異姓王的方法，對有戰功的楚王韓信、梁王彭越、淮南王英布，都被廢被殺，使其不掌握軍隊。韓信被廢時說：「狡兎死，走狗烹；飛鳥盡，良弓藏；敵國破，謀臣亡。天下已定，我固當烹。」宋太祖採取解軍權的方法：太祖「因晚朝與故人石守信、王審琦等飲酒，酒酣，上屏左右謂曰：『我非爾曹之力不得至此，念汝之德，無有窮已。然爲天子亦大艱難，殊不若爲節度使之樂。吾今終夕未嘗敢安枕而臥也。』守信等皆曰：『何故？』上曰：『是不難知。居此位者，誰不欲爲之？』守信等皆惶恐起頓首言曰：『陛下何爲出此言？今天命已定，誰敢復有異心？』上曰：『不然，汝曹雖無心，其如汝麾下之人欲富貴者何？一旦以黄袍加汝之身，汝雖欲不爲，不可得也。』……上曰：『人生如白駒之過隙，所爲好富貴者，不過欲多積金錢，厚自娛樂，使子孫無貧乏身。汝曹何不釋去兵權，擇便好田宅市之，爲子孫立永久之業。多置歌兒舞女，日飲酒相歡以終其天年。君臣之間兩無猜嫌，上下相安，亦不善乎？』皆再拜謝曰：『陛下念臣及此，所謂生死而肉骨也。』明日皆稱疾請解軍權。」（《五朝名臣言行錄》卷1之一）。

以然的問題，不能從「本然之全體」上解釋一切現象。理學家面對外來文化的挑戰，既不是採取否定在當時儒釋論爭中顯得「落後」的中國傳統儒家文化，也不採取全盤接收佛教文化的方法，而是以中國傳統的儒家文化爲主體參與文化交流，吸收外來佛教文化和中國傳統的道家文化的精華，而建構理學，即新儒學，它已不是原典意義上的儒學，但又不離儒學。原典儒學的時代精神是族類親情問題，新儒學的時代精神是人在天地間的地位、作用、意義、人我、人與社會的規範、人格、人性和人的幸福。

理學家是從現實社會最普遍、最基本、最常見的「天理」（「理」）中，把握時代精神的。這種把握用理學家的話，就是「吾學雖有所受，天理二字却是自家體貼出來」⑲。通過體貼、體驗，即直覺的方法，認識「天理」。「理」是大量存在的，普遍存在的東西，「萬物皆只是一個天理」⑳，因而理可以觀照天下萬物，「天下物皆可以理照，有物必有則，一物須有一理」㉑。這是就自然萬物的客體而言；從人我的倫理道德而言，「父子君臣，天下之定理，無所逃於天地之間」㉒。「爲君盡君道，爲臣盡臣道，過此則無理」㉓。這「理只是人理」㉔。從這兩方面看，「理」（「天理」）便是自然萬物、社會倫理、人我關係的「當然之則」。亦是這種「當然之則」的「所以然之故」。「凡眼前

---

⑲ 《河南程氏外書》卷12，《二程集》，中華書局1981年版，頁424。

⑳ 《河南程氏遺書》卷2上，《二程集》頁30。

㉑ 《河南程氏遺書》卷18，《二程集》頁193。

㉒ 《河南程氏遺書》卷5，《二程集》頁77。

㉓ 同上。

㉔ 《河南程氏遺書》卷18，《二程集》頁205。

無非是物，物物皆有理。如火之所以熱，水之所以寒，至於君臣父子間皆是理」[25]。也是指人的地位價値和意義，「仁，理也；人，物也。以仁合在人身言之，乃是人之道也」[26]。所以，「天理」是自然、社會、人生價値的集中概括，普遍存在於此三者之中。從這個意義上說，「天理」是時代精神的體現。

「天理」作爲宋明的時代精神，它較之先秦儒家對於時代精神的把握，已有很大的差異，孔、孟發現了人（「仁」），並爲人與人規定族類親情關係。新儒學在繼承孟子「萬物皆備於我」時，把無限的世界融合到有限的個體之中，從更廣濶的層面上，把握了「理」（「天理」）。理是天地萬物存在的根據，社會倫理道德的最高原則，人生價値意義的最高準則。因而，理便是放之四海而皆準的，「理則天下只是一箇理，故推至四海而準，須是質諸天地，考諸三王不易之理」[27]。天理便是時代精神的結晶。

隨着時代的發展，經濟的繁榮，市民的興起，觀念的變化，原來看起來嚴密的、思辨的天理哲學體系，漸露其破綻。這個破綻就表現在形而上的理性本體與形而下的感性實在，外在先驗天理與內在現實心性，倫理道德知識與倫理道德實踐之間，一句話卽客體天理與主體心理的脫離或分裂，由此分裂而帶來人性、人格、心理的分裂，給社會釀成種種弊病。因此，王守仁爲了彌合這個分裂，在宋明理學內部進行了改革，這個改革的要旨和核心，是把心外理變成心內理，把遠離現實主體的原理、原則、天

[25] 《河南程氏遺書》卷19，《二程集》頁247。

[26] 《河南程氏外書》卷 6，《二程集》頁391。

[27] 《河南程氏遺書》卷 2 上，《二程集》頁38。

理，「不爲堯存，不爲桀亡」的客觀必然性，異在於主體而不受主體制約的規範、規則，轉變成內在於主體的原理、原則，使客觀必然性受心的制約，即將這個抽象的、心外的、先驗的理異化爲心，以至爲心中之理。對此王守仁有一詳細說明：

> 晦庵謂：人之所以為學者，心與理而已。心雖主乎一身，而實管乎天下之理，理雖散在萬事，而實不外乎一人之心。為其一分一合之間，而未免已啓學者心理為二之弊，此後世所以有專求本心，遂遺物理之患，正由不知心卽理耳。夫外心以求物理，是以有闇而不達之處，此告子義外之說，孟子所以謂之不知義也。心一而已，以其全體惻怛而言謂之仁，以其得宜而言謂之義，以其條理而言謂之理，不可外心以求仁，不可外心以求義，獨可外心以求理乎㉘？

心外無理，心卽理，把客體理完全納入主體心中。當程、朱理學已成爲士子們獵取功名利祿的工具，理學也就僵化了，它成爲束縛人的思想、心理、行爲的枷鎖。理作爲外在於心的異己力量與主體精神心格格不入，而出現了滿口仁義道德，背地裏男盜女娼；外面一套，想的做的又一套的狀況。王守仁把心外理變爲心內理，不僅融合了心與理的分裂，而且求得了知行合一，便由外超越轉向內超越，重新煥發了理學的活力。王守仁的這個變革，可以說是理學內部的一次革命，這次革命與佛教禪宗把心外佛變

㉘　〈答顧東橋書〉，《王文成公全書》卷2。

爲心內佛相似，禪宗把對極樂淨土的外在超越追求和成佛的終極依托，變爲「卽心是佛」、「見性成佛」的內超越，標誌著佛教中國化趨於完成和中國佛教的建立，其影響滲透到中國各階層，它在當時思想界的作用，也有與王守仁的作用相類。

明末清初是一個所謂「天崩地裂不汝恤」㉙的時代，思想家在反思和檢討明亡的歷史教訓時，檢討了宋明理學，特別是陸王心學。顧炎武（1613-1682）說：

> 以一人而易天下，其流風至於百有餘年之久者，古有之矣。王夷甫（衍）之清談，王介甫（安石）之新說，其在於今，則王伯安(守仁)之良知是也。孟子曰：「『天下之生久矣，一治一亂。』撥亂世反諸正，豈不在後賢乎？」㉚

心學在發揮主體的能動方面，破除外在理的束縛，都有其積極的意義，但亦產生了空談「良知」的黜實尚虛的流弊㉛。劉宗周（1578-1645）就說過：「自文成而後，學者盛談玄虛，徧天下皆禪學」㉜。甚至一些學者把明亡的原因說成是王學末流。王夫

㉙〈倣杜少陵文文山作七歌〉，《王船山詩文集》，中華書局1962年版，頁533。

㉚《日知錄》卷18。

㉛〈乾稱篇下〉，《張子正蒙注》卷9，中華書局 1956 年版，頁282。

㉜明萬曆時，王守仁心學末流，空談心性，不尙實務，曾有東林學派的顧憲成、高攀龍與王學末流周汝登（字繼元）、管志道（字登之）就「道性善」與「無善無惡是心之體」的論爭，實質上是對於空談心性的批判。

之（1619-1692）說：

> 王氏之學，一傳而為王畿，再傳而為李贄，無忌憚之教立，而廉恥喪，盜賊興，皆惟怠於明倫察物而求逸獲，故君父可以不恤，名義可以不顧。陸子靜出而宋亡，其流禍一也㉝。

以陸九淵心學出而宋亡，隱喻王守仁心學出，不恤君父，不顧名義，喪廉恥，興盜賊，而導致明亡。至於是否避清政府亡明之諱，而不揭明，據王夫之堅決不與清合作的態度，這個推斷不一定確切。

顧、王把明亡歸咎於王守仁心學的末流，有一定片面性和簡單化，但說明王守仁把心外理變爲心內理的變革，並不能給宋明理學以無限的活力，相反促使了理學的解體㉞。

王夫之對宋明理學作了總結，這個總結是具有批判性的，但是他重哲學的批判，對於宋明理學程朱和陸王兩派以全面批判的，當推戴震。這種社會思想的批判思潮，明末時已釀成高潮，戴震引而深入。明末，社會危機深重，一些官吏和知識分子爲挽救頹勢，便抨擊朝政，改革圖治。顧憲成（1550-1612）、高攀龍（1562-1626）、顧允成（1553-1607）等以東林書院爲陣地，以讀書講學爲形式，團結和聚集了一批關心國事的知識分子，東林書院以「風聲、雨聲、讀書聲，聲聲入耳；家事、國事、天下

㉝ 〈年譜〉，《劉子全書》。

㉞ 參見拙著：《宋明理學研究》第一章、第七章，中國人民大學出版社1985年版。

事，事事關心」爲對聯，表現了其「諷議朝政」[35]的批判精神。他們以「冷風熱血，洗滌乾坤」[36]的氣慨，而成爲當權者的反對派，明王朝的不同政見者。明王朝不僅毀東林書院，而且逮捕東林黨人高攀龍、周順昌、繆昌期、李應升、周宗建、黃尊素、周起元，史稱「七君子」。

東林黨人雖遭陷害，然社會思想的批判思潮，却一浪緊跟一浪。具有憂患意識的知識分子，面對腐敗的明王朝，以結社的活動形式，指陳時弊，抨擊朝政，甚至以振興東林之緒爲己任。張溥（1602-1641）將各地的社團聯合起來，稱爲「復社」。「期與四方多士共興復古學，將使異日者務爲有用，因名曰復社」[37]。「復社」繼承東林黨人的事業，他們裁量人物，譏刺得失[38]，立志改革，救弊除害，而成爲批判思潮的旗手。如果說，這個時候的批判思潮還受宗朱或宗王的牽制的話，那麼，戴震則衝決了這種牽制，而對宋明理學進行了激烈的批判，體現了時代精神。

一個思想家，只有努力捕捉時代精神，才能產生時代的影響，而有功於這個時代。

戴震的批判精神，可以從以下這樣幾個方面去領悟和理解。

二、形而上本體論的批判

---

[35] 〈顧憲成傳〉，《明史》卷231，中華書局1974年版，頁6032。

[36] 〈東林學案〉，《明儒學案》卷58。

[37] 陸世儀：《復社紀略》卷1。

[38] 黃宗羲說：「裁量人物，譏刺得失，執政聞而惡之，以爲東林之嗣續也。」（《南雷文約》卷1）。

戴震說：「今人無論正邪，盡以意見誤名之曰理，而禍斯民」。在《孟子私淑錄》和《緒言》中，均沒有單獨列出「理」，惟《孟子字義疏證》首論「理」十五條，佔卷上整卷的篇幅，足見戴震對「理」（「天理」）的重視。批判者對於所批判對象的把握和選擇，既是對所批判對象的時代精神的理解，亦是對批判者所處時代精神的闡釋。

二程（程顥、程頤）和朱熹哲學邏輯結構的最高範疇是理（「天理」）[39]，戴震對於程朱的哲學批判，並非僅是一種否證方式或對於對立面觀點的批評和抨擊，而是就對象性理論的前提是否成立進行審查。哲學是對於天地萬物的原因或本原的探求，兩千多年來，各國哲學家都在探討事物的終極根據或原因，並宣稱自己找到了答案或尋到了終極解釋，但隨着科學和社會的發展，哲學自身也在不斷變化。因此，哲學上的根據和原因的探討，也不會完結。說實在的，這個探討，時至現代，也不盡令人滿意。

之所以不盡令人滿意，猶如戴震指出：「蓋程子、朱子之學，借階於老、莊、釋氏，故僅以理之一字易其所謂『眞宰』、『眞空』者，而餘無所易」[40]。是說僅以「理」去代替老、釋的「眞宰」、「眞空」而已，沒有就「眞宰」、「眞空」、「理」

---

[39] 參見拙著《朱熹思想研究》，中國社會科學出版社1981年版；《宋明理學研究》，中國人民大學1985年版。

[40] 〈理〉，《孟子字義疏證》卷上，中華書局1961年版，頁19。所謂「眞宰」，戴震自引《莊子·齊物論》：「若有眞宰，而特不得其朕」。眞宰亦卽眞性、眞心（身的主宰），成玄英疏：「似有眞性，竟無主宰，朕迹攸肇，從何而有」。「眞空」與妙有相對，是佛教名詞，「眞空」意謂非空之空，故用而不有；「妙有」意謂非有之有，所以說空而不無。

的前提是否成立進行討論。從這個意義上說，中國兩千多年的哲學，在追求萬物原因和本原所稱謂的根本概念範疇上，可以說沒有太多的變化 。這種情況 ，西方哲學也有相似的地方 。康德（Immanuel Kant, 1724-1804）曾經指出，哲學這門科學儘管鬧哄了很長的時間，却仍舊停留在亞里士多德的時代㊶。康德的說法，雖有片面性，但問題是存在的。

古今中外哲學家（包括中國古代的一些思想家），他們對於事物的終極性解釋：⑴要麼認爲世界萬有是由某個東西構成的，或者由幾個東西組成的，並在某個特殊的東西中去尋找世界的統一性。譬如西方古希臘的泰勒斯（Thales, 624?-546? B.C.）以水爲萬物的基始㊷，赫拉克利特（Heraclitus, 535-475? B.C.）以火爲世界本原㊸，阿那克西米尼（Anaximenes, 588?-524? B.C.）以萬物的本原爲氣㊹，德謨克里特（Democritus, 460-370, B.C.）以萬物爲原子構成㊺。中國先秦時期有以五行（水、火、木、金、土）來解釋世界萬物的構成，《管子・水地篇》認爲「水者，何也？萬物之本原也」㊻。或以氣爲世界萬物的根源。古印度以地、水、火、風爲世界萬物的基始。⑵要麼認爲世界萬有是有意志、有人格的天，「天者，羣物之祖也」㊼。帝，

㊶ 參見《未來形而上學導論》，商務印書館1978年，頁165。
㊷ 《古希臘羅馬哲學》，三聯書店1957年版，頁4。
㊸ 「火產生了一切，一切都復歸於火」。同上書，頁15。
㊹ 參見《古希臘羅馬哲學》頁11。
㊺ 參見上書，頁99。
㊻ 〈水地〉，《管子集校》第14。
㊼ 〈董仲舒傳〉，《漢書》卷56，中華書局標點本。

「我其已穷，乍帝降若。我勿已穷，乍帝降不若」㊽。或上帝，葉里格那（Johannes Scotus Eriugena，810?-880?）以上帝是一切事物的原因，是自無創有的第一原因和一切事或所以生成變化的目的因。⑶要麼把自然和社會現象的具體抽象爲普遍的概念，並使它轉變成客觀獨立存在或唯一存在。運動變化的具體事物，被看做虛幻不眞的。老子（前580-前500）說：「道，可道也，非恒道也」㊾。就從具體可言說的「道」，抽象爲恒常的「道」。恒常的道，「獨立而不改，可以爲天下母，吾未知其名也，字之曰道」㊿。是一個超越一切相對的絕對存在。王弼（226-249）以「無」爲本體，就是從無名、無欲、無形、無聲、無音、無譽等特殊的、個別的、有限的「無」中抽象出來的一般的「無」。宋明理學家的「理」，也是從事理、物理、條理、紋理、腠理、肌理、情理、倫理等個別的、具體的、有限的「理」中抽象出來的普遍的、無限的「理」。這裏道、無、理，都具有形而上的性格。柏拉圖（Plato, 427-347. B. C.）把事物一般的、普遍的規定，卽共相的形相，稱之爲觀念或理念，理念是永恒自存，不生不滅，不動不變，一切特殊的、具體的事物都是理念的摹本和影子。亞里士多德（Aristotle, 384-322, B. C.）在尋求事物原因時，列擧了四種原因：質料因（物質因）、形式因（形相因）、動力因（運動因）、目的因。一切事物由形式和質料構成，形式可離質料而獨立存在，形式高於質料。亞氏的形式卽形相，亦卽理念。最高純粹的形式，形相的形相，便是上帝。黑格爾（G.

㊽《殷虛書契前編》7之8。

㊾《老子》帛書甲本。

㊿《老子》帛書乙本。

W. F. Hegel, 1770-1831）認爲在自然界和人類之前，存在着絕對精神，它是自然、社會、人的思維現象的根據，而一切現象都是它的表現。(4)要麼把主觀意識、主觀觀念看作唯一的源泉。貝克萊（George Berkeley, 1685-1753）的基本命題就是「存在卽是被知覺」，是說事物的存在必須能被知覺，否則事物不可能存在，亦無存在的意義。王守仁游南鎭關於花樹與心的論述，「你未看此花時，此花與汝心同歸於寂。你來看此花時，則此花顏色一時明白起來，便知此花不在你的心外」51。這裏，王守仁與貝克萊有別，知覺看與未看，只是使花樹明白起來，而不問花樹存在不存在的問題52。但「心外無物」、「心外無事」的命題，從認識論角度來看，易理解爲主觀觀念論。

上述四個方面，哲學的尋根究底，都可歸結爲客體與主體的關係，或客觀的物質（水、火、氣、原子）和客觀精神（道、無、理、天、帝、上帝、理念、絕對精神），或主觀觀念（心）和知覺等。建構關於世界終極存在的本體論，解釋一切關於世界本原及原因的尋根究底的問題，作爲他的整個哲學邏輯結構的基礎。

哲學批判的本質在於不斷揚棄和超越已有理論。理學家朱熹哲學發揮了批判性功能，他批判的重點從純粹理性領域而言，是對於釋、老理論前提的考察。「如釋氏便只是說空，老氏便只是說無，却不知道莫實於理」53。釋氏一切皆空，老氏以無爲本。

---

51 〈傳習錄下〉，《王文成公全書》卷3。

52 參見拙著《宋明理學研究》第七章〈王守仁哲學思想研究〉，中國人民大學出版社1985年版。

53 〈程子之書〉，《朱子語類》卷95，中華書局1986年版，頁2436。

「釋氏只要空，聖人只要實」[54]。朱熹指出：「要之，佛氏偏處只是虛其理，理是實理，他却虛了，故於大本不立也」[55]。所謂「大本不立」，就是朱熹對於佛教理論前提的否定批判。他認爲，佛教和老氏理論往往陷入這樣的悖謬：「釋老稱其有見，只是見得箇空虛寂滅。眞是虛，眞是寂，無處不知，他所謂見者見箇甚底？」[56]既然空寂，就不會有見；反之，既然有見，就不是空寂。「有見」與「空寂」包含了矛盾。這個本體論上的悖謬，在朱熹看來是認識所涉及的不同層次的緣故。《語類》記載：

> 問：「釋氏以空寂為本？」曰：「釋氏說空，不是便不是，但空裏面須有道理始得。若只說道我見箇空，而不知有箇實底道理，卻做甚用得？譬如一淵清水，清冷澈底，看來一如無水相似。它便道此淵只空底，不曾將手去探是冷是溫，不知道有水在裏面。佛氏之見正如此。今學者貴於格物、致知，便要見得到底」[57]。

釋氏只認識到空的經驗層次，而沒有認識到理的理性層次。在朱熹看來，釋氏缺乏一種尋根究底的批判精神和對哲學批判的自覺，因而被表象所限制。理學家具有一種可貴的尋根究底的批判精神（格物、致知），而不被空的表現所限定，而見到底，這便是理學家對於佛教理論前提能否成立的審查。正是基於這種哲學

[54] 〈釋氏〉，《朱子語類》卷126，頁3015。
[55] 同上，頁3027。
[56] 同上，頁3014。
[57] 〈釋氏〉，《朱子語類》卷126，頁3015。

批判，而建構了有別於釋、老的新儒學的理學體系。儘管朱熹對已在的釋、老、儒哲學高揚批判精神，但對自身哲學却沒有批判的自覺。在這點上，黑格爾也有相似之處。

正因爲朱熹對自身哲學取非批判的獨斷論方式，所以，儘管建立了新儒學的理學，提出了新哲學體系，但建構新哲學體系的思維方法、模式，以及性質、功能，並沒有創新。這就是說，朱熹並沒有在進行對象性理論前提的思考中，捨棄其理論前提，而進行綜合創造[58]。這個缺點，戴震看到了。他絲毫不含糊地指出：

> 蓋其學（指程、朱之學——引者）借階於老、莊、釋氏，是故失之。凡習於先入之言，往往受其蔽而不自覺。在老、莊、釋氏就一身分言之，有形體，有神識，而以神識為本。推而上之，以神為有天地之本，遂求諸無形無迹者為實有，而視有形有迹為幻。在宋儒以形氣神識同為己之私，而理得於天。推而上之，於理氣截之分明，以理當其無形無迹之實有，而視有形有迹為粗。益就彼之言而轉之，……其以理為氣之主宰，如彼以神為氣之主宰也。以理能生氣，如彼以神能生氣也[59]。

程、朱批判釋、老，而又接受釋、老建構本體論哲學體系的思維方法、模式以及性質、功能。從而陷入釋、老之弊而不自覺：(1)從思維方法而言，釋、老把整體人分爲形體和神識兩部分，以神

---

[58] 參見拙著《傳統學引論——中國傳統文化的多維反思》，中國人民大學出版社1989年版。

[59] 〈天道〉，《孟子字義疏證》卷中，中華書局1961年版，頁24。

識爲根本；程、朱雖以形體與神識爲自己私有，但理是外在的，把理與氣分爲兩部分。這種分二的思維方法，是爲構造超越形體、形氣的神和理的需要。⑵從世界模式來說，釋、老和程、朱都把有形體、有形氣、有迹象的現象界，看成是有變動的、相對的、不眞的，因而是低級的、虛幻的。而把無形體、無迹象的神世界或理世界，看成是不變不動、不生不滅的，因而是眞實存在的。⑶從哲學本質或性質來看，釋、老和程、朱都追求一個脫離和超越現象界的本體世界，並以它爲終極目的。神或理都是一個絕對本體，名雖異而實同。⑷從哲學本身的功能考察，他們都把他們所建構的世界萬物的本體神或理，賦予主宰現象界——有形有迹的形體和氣——的功能，和具有派生現象界的功能。

程、朱以理爲最高範疇的哲學邏輯結構，在思維方法、世界模式、哲學本質、功能等方面與釋、老的相同，戴震就毫不留情地把程、朱理學的基礎或基本點一下子推前了一千五百多年。這就是說，儘管從老子以來，有以道、天、無、理爲本體，或以水、火、物、氣爲本原。但就其基本點來看，還停留在老子的基點上，而沒有根本的改變，只不過是更換一下稱謂（名）而已。這種狀況，戴震是很不滿意的，他「發狂打破宋儒家中《太極圖》」，可見傳統哲學思維方法、世界模式的頑固，需要「發狂」才有打破的可能。周敦頤的《太極圖》來自道士陳摶的《無極圖》，他建構了這樣的世界模式：

無極——→太極——→（動靜）陰陽——→（變合）五行——→（妙凝）男女——→（交感）萬物

在這裏，哲學的基本點是太極，也卽是理、道等。「打破」用現代語言說就是批判。戴震意思是「打破」便蘊含着建構新哲學，這是戴震的目的。

戴震試圖建構的新哲學，是企圖在否定由殊相抽象爲共相，個別昇華爲一般中，把共相、一般脫離殊相和個別，而成爲獨立的唯一存在，也就是要否定古代中外哲學家對於事物終極性的四種解釋。以便建構道爲氣化流行的哲學體系。「道，猶行也；氣化流行，生生不息，是故謂之道」[60]。「古人稱名，道也，行也，路也，三名而一實，惟路字專屬途路。《詩》三百篇多以行字當道字」。「大致道之名義於行尤近」[61]。行卽流行，是一個過程，而不是一種本體的存在，這就把道與中外哲學家對事物終極性的四種解釋區別開來了。「道」之所以「氣化流行，生生不息」，旣是對老子道的先天地生和獨立而不改的否定，也是對程朱「形而上者也，道卽理之謂也」[62]的批判。因爲在程、朱看來「氣化流行，生生不息」是屬於形而下的層次。這就是說，戴震把「所以一陰一陽者」的形而上的道或理轉變爲形而下，而把它看成「一陰一陽之謂道」[63]。這樣道便成爲陰陽兩氣的總名，由於道實質上是陰陽二氣，所以構成流行不已，生生不息的運動變化過程。如果道自身不具有陰陽二氣的對待、交感、衝突的功能，也就不可能構成道的氣化生生。陰陽對待雙方，由於異性、異質，而產生異性相吸的效果，兩者對立統一，而產生變化。「天地之道，動靜也，清濁也，氣形也，明幽也，外內上下尊卑之紀也，明者施而幽者化也」[64]。陰陽的動靜、氣質的清濁，形體的

---

[60] 〈天道〉，《孟子字義疏證》卷中，頁21。
[61] 《緒言》卷上，《孟子字義疏證》頁79。
[62] 《孟子私淑錄》卷上，《孟子字義疏證》頁129。
[63] 朱熹《通書・誠上》注，《周子全書》卷7，《萬有文庫》本。
[64] 〈法象論〉，《孟子字義疏證》，頁175。

聚散，事物的明幽，以及內外上下的紀綱，都是道的使然，道是天地萬物運動變化的總過程。

道這個過程具有兩方面特徵：由其流行，道是自然社會運動變化的過程；由其生生，道是產生萬事萬物的本原。就前者而言，戴震哲學批判的鋒矛所向，是指整個中國古代哲學的世界模式和基本點；就其後者而言，戴震又落入了舊哲學的窠臼。仍然追求一個世界萬物終極的原因或根據，並以此來產生世界萬物。戴震哲學就處在這種自身的矛盾之中，反映了中國社會向新時代轉變的複雜跡象。

道作爲自然社會運動變化的總過程，世界萬物都是在運動變化的過程中形成、產生。這就「打破」了上面所說的古今中外哲學家對於事物終極性的四種解釋，直接否定着哲學本體論的建構。哲學本體論的建構，是對於世界萬物終極原因或本原尋根究底的結果。其實，世界萬物根本不存在什麼本體，所謂世界萬物的本體，只不過是哲學家的虛構而已。事實上道、理、天、帝、氣、物等等，作爲哲學本體，都是一個抽象的概念和範疇，都是沒有被驗證的。如果說肯定某一個哲學本體的存在，這就必然承認世界萬物有一個極限、有一個開端，也就是承認有一個先在的東西或實體的存在。那麼，世界萬物的無限性、無端性就被否定了。實質上追求哲學本體論，必然墜入先在論的陷阱，或者陷入莊子「有始也者，有未始有始也者，有未始有夫未始有始也者。有有也者，有無也者，有未始有無也者，有未始有夫未始有無也者。俄而有無矣，而未始有無之果孰有孰無也」[65]的不知主義困

[65]〈齊物論〉，《莊子集釋》卷1下，中華書局版，頁79。

境。擺脫這種先在論和不知主義困境，就在於承認世界萬物的原因或根源是不同事物在動態中相互作用（對待統一）的結果，它不是唯一存在的道、理、氣、帝等。

世界萬物的形成、產生，都是異質事物矛盾統一、互相作用的過程。之所以把它看成是一個過程，這是因爲異質事物對立統一，互相作用是一個連續的、反復的、不斷的進程，而不是一次或幾次就結束的。即使某一特定事物產生了，該事物自身又有新的矛盾統一，相互作用，而向新質事物轉變，這樣不斷循環，以至無窮的過程。古今中外哲學家，當他建構了自身的哲學邏輯結構，並規定某一理、道、心、氣、物等爲哲學的最高範疇時，這個連續的、反復的、不斷的過程也就終止了、完結了。這個過程也就是有限的，而不是無限的了。

所謂世界萬物形成、產生過程的終止，就是事物自身對立統一、互相作用的消失，只要承認世界萬物的對立統一、互相作用是永遠存在的，那麼這個過程也就不會停止。但是中外許多哲學家所建構的道、理、天、帝、氣、物等，是一個「淨潔空濶底世界，無形迹，他却不會造作」[66]，沒有異質存在的、沒有對立統一的「淨潔空濶」世界，是一個絕對的、單質的、單性的世界。在這個世界中，按照中國原始辯證法思想來看，它是不會產生任何東西的。因爲道、理、天、帝、氣作爲單質、單性的概念範疇，中國古人稱其爲「同」，譬如二女同居，就不能生孩子，異質、異性的男女同居，才能生孩子[67]。所以史伯（周太史）說：

[66] 〈理氣上〉，《朱子語類》卷1，中華書局1986年版，頁3。

[67] 參見拙著〈理氣論〉，《中國哲學範疇發展史》（天道篇），中國人民大學出版社1988年版，頁537-572。

「夫和實生物，同則不繼。以他平他謂之和，故能豐長而物歸之。若以同裨同，盡乃棄矣，故先王以土與金、木、水、火雜以成百物」[68]。晏嬰對「和」有一個解釋：「清濁、大小、短長、疾徐、哀樂、剛柔、遲速、高下、出入、周疏，以相濟也」[69]。由異質、異性相合相濟，而生天地萬物：「天地合氣，萬物自生。猶夫婦合氣，子自生矣」[70]。單質、單性構不成對立面或矛盾，因而也不能和、合相濟而生東西，所以戴震批判朱熹「理生氣」[71]和「神能生氣」之說。

天地萬物的產生是運動變化的過程，是戴震對於道、理、天、帝、神識、眞空、眞宰的考察，是對於對象性理論前提的批判。戴震認爲，既然尋求世界的本原、根據的結果是某種實體，實體是眞實存在的，有形有跡爲虛幻不實的。也就是說實體便是一種已規定了的存在；已規定了的存在，就是一種固化了的存在；固化了的存在，便直接與萬物在運動變化中產生的觀點相矛盾或相悖。

天地萬物的產生是運動變化的過程，是一種動態分析的理論結構，這種理論結構具有相對論和對稱論的方式，也具有和合論和相濟論的方式[72]。道、理、天、帝、神識、眞空、眞宰等本體，是一種靜態分析的理論結構，這種理論結構具有絕對論和單稱論的方式，也具有同等論和片面論的方式。直到中國現代，或

---

[68] 〈鄭語〉，《國語》卷16，《四部叢刊初編》本。

[69] 《左傳》昭公二十年。

[70] 〈自然〉，《論衡校釋》卷18，商務印書館版，頁775。

[71] 朱熹說：「太極生陰陽，理生氣也。」（〈太極圖說注〉，《周子全書》卷1）。

[72] 參見筆者《和合學序論》的建構。

新孔學，或新理學，或新心學，以至新氣學等等，仍然是「接着宋明以來底理學講底」(73)，或接着宋明以來的心學、氣學講的，重復着古代本體論的建構，重復着旣把本體論作爲其哲學邏輯結構的起點，又作爲其哲學邏輯結構終點的佯謬，因爲起點與終點是相互對待排斥的概念，但在中國古代「體用一源，顯微無間」(74)中，這種對立的界限似乎圓通了。朱熹曾經說：「且如這箇扇子，此物也，便有箇扇子底道理。扇子是如此做，合當如此用，此便是形而上之理」(75)。這裏「形而上之理」旣是朱熹哲學邏輯結構的起點，亦是其終點。朱熹之後八百年，馮友蘭在《新理學》中說：「程朱說：理是主宰。說理是主宰者，即是說，理爲事物所必依照而不可逃；某理爲某事物所必依照而不可逃。不依照某理者，不能成爲某事物。不依照任何理者，不但不能成爲任何事物，而且不能成爲事物，簡直是不成東西」(76)。譬如「飛機必依照飛機之理，方可成爲飛機」(77)。造飛機的形而上之理本來卽有，飛機師是發現其理而造一實際的飛機而已。朱熹和馮友蘭一樣，其思辨的方法是把具體的扇子理、飛機理脫離事物本身，抽象爲哲學的本體之理，世界萬物都是形而上之理的變現。這樣看來，從宋明新儒學（「理學」）到近代新儒學以至現代新儒

(73) 馮友蘭：《新理學》，《三松堂全集》第4卷，河南人民出版社1986年版，頁5。

(74) 〈易傳序〉，《二程集》頁689。

(75) 〈中庸一〉，《朱子語類》卷62，頁1496。參見拙著〈理的思辨結構的秘密〉，《朱熹思想研究》，中國社會科學出版社1981年版，頁 188-202。

(76) 《新理學》，《三松堂全集》第4卷，頁88。

(77) 同上。

學[78]，都沒有從根本點上超越宋明理學哲學本體論的框架。戴震的高明之處，就在於「發狂打破」中國從古代以來的傳統哲學本體論框架，而試圖建構不追求世界萬物本原、本體或終極原因的哲學體系，以天地萬物的形成和產生是對立事物矛盾融合、運動變化的過程。但戴震沒有自覺認識到這在哲學上巨大意義，不斷證明、完善他的新哲學體系，相反重新步入宋明理學哲學本體論的覆轍，而不能自拔，所以仍然是死的拖着活的，舊的抓住新的！

三、形上論的道德論批判

哲學批判有助於對象性理論在根本前提上實現突破，一般來說，哲學批判具有多方面的性質和功能，它能突破舊哲學的舊思路、舊思維、舊方法、舊視角，而轉變爲新思路、新思維、新方法、新視角，由理論前提而推及理論自身的各層面、各環節。戴震道爲自然社會運動變化總過程（簡稱過程論）的提出，動搖了中國古代本體論哲學的整個理論基本點，促使理論前提有新的、根本性的轉變。如果說第二節着重於對世界萬物本原、根據的本體論的哲學批判，那麼，在本節將着重於對社會領域對象性理論的前提的批判。

宋明理學家在探討天地萬物本原或根據時，他們把天地自然作爲認識對象或思維客體，把人作爲能認識和改造客體的主體，

---

[78] 爲了區別現代新儒學（唐君毅、牟宗三等），筆者把宋明理學（包括程朱道學、陸王心學、張載到王夫之的氣學）稱爲新儒學，以區別原典意義上的孔孟荀儒學；把五四運動以來到 1949 年前的儒學（梁漱溟、熊十力、馮友蘭、賀麟等），稱爲近代新儒學。

朱熹在《大學格物致知補傳》中，就把人作為能知的主體，「人心之靈，莫不有知」[79]，天地自然作為所知的客體，「而天下之物，莫不有理」[80]。這就是說哲學本體論的建構是一種認識發生過程，即「格物致知」其終極目的在「即物窮理」。戴震的哲學批判從天地萬物本原或根據的終極追求——「立太極」，而轉入人間社會的根據或最高法則的探討——「立人極」[81]。中國哲學家受中國傳統哲學的「天人合一」的影響，認為「天道」與「人道」是可融合的，因此，宋明理學家認為「立太極」與「立人極」是一體的。

「天理」當是程朱等「立人極」的終極要求。戴震對於「天理」的批判是最富個性和最激烈的。他指出宋明理學家在建構理（道、太極）本體論時，把宇宙分為無形無跡的實有世界和有形有跡的虛幻世界，從而推導出「理主宰氣」和「理生氣」的世界圖式，在人間社會則分為善的天理界和惡的人欲界。戴震說：

> 謂「不出於理則出於欲，不出於欲則出於理」，不可也。欲，其物也；理，其則也。不出於邪而出於正，猶往往有意見之偏，未能得理。而宋以來之言理欲也，徒以為正邪之辨而已矣，不出於邪而出於正，則謂以理應事矣。理與事分為二而與意見合為一，是以害事[82]。

[79] 《大學章句》傳五章。

[80] 同上。

[81] 參見拙著〈濂學——周敦頤思想研究〉，《宋明理學研究》，中國人民大學出版社1985年版，頁106-168。

[82] 〈理〉，《孟子字義疏證》卷上，頁8-9。

宋明理學家把辨別理欲的界限，作爲劃分君子與小人的標準，把「天理」與「人欲」對立起來，這種對立是爲了推演出「存天理，滅人欲」，遷善窒惡，揚正滅邪的人間圖式。戴震認爲，講邪與正的對立是可以的，講理與欲的對立是不可以的，理與欲是統一的。事實上天理人欲之分，古已有之。《禮記·樂記》中記載：

> 人生而靜，天之性也。感於物而動，性之欲也。物至知知，然後好惡形焉。好惡無節於內，知誘於外，不能反躬，天理滅矣。夫物之感人無窮，而人之好惡無節，則是物至而人化物也。人化物也者，滅天理而窮人欲者也。於是有悖逆詐僞之心，有淫泆作亂之事，是故強者脅弱，衆者暴寡，知者詐愚，勇者若怯，疾病不養，老幼孤獨不得其所，此大亂之道也[83]。

「人化物」是〈樂記〉提出的重要思想。人之所以異化爲物，是由於人生的天性是靜的，人的欲望是動的，便產生了好惡；對於好惡之心無所節制，人欲的引誘又不能自己反省，天理滅[84]而人化物。人化物就是人喪失了天生淸靜之性，而異化爲窮極人所貪嗜欲的人，這樣的人與禽獸也差不多了。這種人異化爲物的理論基礎是儒家孟子的性善論，其效果是造成社會、道德、人倫的大

[83] 〈樂記〉第十九，《禮記正義》卷37，《十三經注疏本》，中華書局1980年版，頁1529。

[84] 「天理滅」，戴震解釋說：「滅者，滅沒不見也。」（〈理〉，《孟子字義疏證》卷上，頁2）。

亂。

戴震在考察對象性理論前提能否成立的時候，引了上述〈樂記〉的這段話，他解釋說：

> 誠以弱、寡、愚、怯與夫疾病、老幼、孤獨，反躬而思其情，人豈異於我！蓋方其靜也，未感於物，其血氣心知，湛然無有失，故曰「天之性」；及其感而動，則欲出於性。一人之欲，天下人之所同欲也，故曰「性之欲」。好惡既形，遂己之好惡，忘人之好惡，往往賊人以逞欲。反躬者，以人之逞其欲，思身受之之情也。情得其平，是為好惡之節，是為依乎天理。古人所謂天理，未有如後儒之所謂天理者矣(85)。

人異化爲物，可以作兩方面理解：一方面，人的天性自身不能異化爲物，人化物是指滅沒了天性或天理，而放縱發洩人欲的結果。這就是天理存，人欲滅，人欲存，天理滅的思維方式，兩者對立分二；另一方面，人的天性自身存在着異化爲物的內在因素，這些因素、情意，受到外物的不斷地、無窮地誘化，而人的好惡感情又不加節制，人便異化爲物。戴震基本上是採後一種解釋。他認爲只要眞實地去體會弱、寡、愚、怯者與疾病、老幼、孤獨者的情況，反過來對照自己而設身處地想想這些人，他們的情欲和自己的情欲又有什麼區別呢？當人接觸到外物，而產生一定的心理活動，情欲，就從本性中表露出來。這種情欲，一個人

(85) 〈理〉，《孟子字義疏證》卷上，頁2。

與天下千萬人是相同的，所以稱爲人的本性本來就具有情欲。如果人們的情欲能夠得到公平合理的滿足，好惡的感情合乎節度，也就是符合天理了。

這是戴震對〈樂記〉的理解，事實上任何理解和解釋，都是與時代的知識水準，能知主體的教育素質、價值觀念、思維方式、道德水準分不開的。因此，戴震的理解與〈樂記〉的原旨不免有異：譬如「天之性」，〈樂記〉是天賦予人的本性；「人之欲」，《史記·樂書》作「性之頌」，「頌」讀爲「容」，指性的外在表現。戴震是指天然的本性和人性具有的情欲。〈樂記〉「人化物」，有把「天理」與「人欲」對立起來的意思，戴震認爲是統一的。特別是這條問答的最後一句，把〈樂記〉所說的「天理」與後儒（指宋儒）所謂的「天理」區分開來。隱喻自己是照着〈樂記〉講的，而宋明理學家講天理人欲之辨是不符合〈樂記〉意旨的，以此來批判宋明理學家對象性理論前提——「天理」的是否可能成立！

應該說程、朱還是繼承〈樂記〉思想的，他把這個思想加以引伸：

> 孔子所謂「克己復禮」；《中庸》所謂「致中和」，「尊德性」，「道問學」；《大學》所謂「明明德」；《書》曰：「人心惟危，道心惟微，惟精惟一，允執厥中」。聖賢千言萬語，只是教人明天理，滅人欲[86]。

---

[86] 〈持守〉，《朱子語類》卷12，中華書局版，頁207。

考察孔子、《中庸》、《大學》、《尙書》的道德倫理觀，歸結到一點，便是「明天理，滅人欲」，把兩者明顯地對立起來，這較之〈樂記〉要明確和自覺。「天理人欲，不容並立」[87]。「天理人欲之間，每相反而已矣」[88]。《語類》亦載：「或問：『先生言天理人欲，如硯子，上面是天理，下一面是人欲。』曰：『天理人欲常相對。』」[89]兩者互相對立、互相排斥。

天理人欲對立的性質是「公私」、「是非」之分，因此不能模糊而不得不分辨清楚。「是者便是天理，非者便是人欲。如視、聽、言、動，人所同也。非禮勿視、聽、言、動，便是天理；非禮而視、聽、言、動，便是人欲」[90]。「禮卽天之理也，非禮則己之私也」[91]。是與非之分，卽天理人欲之別。兩者的關係猶如「克己復禮」的「己」與「禮」，「己者，人欲之私也；禮者，天理之公也。一心之中，二者不容並立，而其相去之間，不能以毫發出乎此，則入乎彼；出於彼，則入於此矣」[92]。私爲人欲，公爲天理，就一事物來說，都可以分二，「凡一事便有兩端：是底卽天理之公，非底乃人欲之私」[93]。「是非」、「公私」之爭，歸根結底還是一個天理人欲的問題。

天理與人欲的對立，並非沒有關係，其實對立本身就構成一種關係。「有箇天理，便有箇人欲。蓋緣這箇天理須有箇安頓

---

[87] 〈滕文公章句上〉，《孟子集注》卷5。

[88] 〈子路〉第十三，《論語集注》卷7。

[89] 〈力行〉，《朱子語類》卷13，頁224。

[90] 〈論語・先進篇下〉，《朱子語類》卷40，頁1031。

[91] 〈論語或問〉卷12，《朱子四書或問》。

[92] 同上。

[93] 〈力行〉，《朱子語類》卷13，頁225。

處，才安頓得不恰好，便有人欲出來」[94]。天理與人欲的關係猶如理與氣，「理又非別爲一物，卽存乎是氣之中；無是氣，則是理亦無掛搭處」[95]。「天理固浩浩不窮，然非是氣，則雖有是理而無所湊泊。故必二氣交感，凝結生聚，然後是理有所附着」[96]。「須是有此氣，方能承當得此理。若無此氣，則此理如何頓放！」[97]因爲理是一個「淨潔空濶的世界」，所以必須由氣作爲理的掛搭處、湊泊處、附着處、頓放處，若無此安頓處，理便會流入釋、老的虛空，理作爲實理，必須有一個實理的承擔者。這樣天理也需要有一個安頓處，由於安頓得沒有恰到好處，便有人欲出來。從這個意義上看，天理與人欲也有一種相互依存的關係，兩者共同處在一個共同體之中。

天理人欲的這種統一性，是有主次之分，多寡之別的，「天理人欲分數有多少。天理本多，人欲便也是天理裏面做出來」[98]。既然人欲是從天理裏面做出來的，兩者之間便互相滲透，「天理人欲，無硬定底界，此是兩界分上功夫。這邊功夫多，那邊不到占過來。若這邊功夫少，那邊必侵過來」[99]。相互「占過來」、「侵過來」，這就是你中有我，我中有你。「雖是人欲，人欲中自有天理」[100]。這種「理寓於欲中」，「欲中有理」的思想，並

---

[94] 同上，頁223。
[95] 〈理氣上〉，《朱子語類》卷1，頁3。
[96] 〈性理一〉，《朱子語類》卷4，頁65。
[97] 〈性理一〉，《朱子語類》卷4，頁64。
[98] 〈力行〉，《朱子語類》卷13，頁224。
[99] 同上。
[100] 同上。

沒有被朱熹後學所發揮。當時統治者所提倡的、所强調的是「遏人欲而存天理」[101]。要人們「學者須是革盡人欲，復盡天理，方始是學」[102]。宣揚兩者不容並立方面，而忽視兩者統一方面。戴震當時所面對的正是這種社會環境，因而强調天理人欲的統一方面，批判朱熹天理人欲對立方面，使人們的價值觀念有一個激烈地轉變。

戴震對於人間社會的批判，便是從程、朱的理論前提，即「天理」自身開始。假如天理的理論前提不能成立，而整個依天理而建構的人間社會理論大厦，也就不推自倒。戴震在《孟子字義疏證》中有一條記載：

> 問：古人之言天理，何謂也？
>
> 曰：理也者，情之不爽失也；未有情不得而理得者也。凡有所施於人，反躬而靜思之：人以此施於我，能受之乎？凡有所責於人，反躬而靜思之：人以此責於我，能盡之乎？以我絜之人，則理明。天理云者，言乎自然之分理也；自然之分理，以我之情絜人之情，而無不得其平是也[103]。

所謂「天理」，是講自然情欲的具體分理。什麼是自然分理，是指以自己的情欲推度別人的情欲，使其得到公平合理。這就是說，天理的內涵有兩個方面：一是「以情絜情」。情是指人的生

[101] 〈梁惠王章句下〉，《孟子集注》卷2。

[102] 〈力行〉，《朱子語類》卷13，頁225。

[103] 〈理〉，《孟子字義疏證》卷上，頁1-2。

命存在和生活的情感欲望。理寓於情而不離乎情，情欲得到適當的滿足而無差失就是理，沒有在情欲得不到滿足的時候而能夠得到理的。正因為這樣，當有所强加於人或責備人的時候，就應該反過來對照一下自己，冷靜思考一下別人這樣强加於我或責備我，自己能完全接受嗎？只有以自己的情欲比別人的情欲，才合乎天理；如果為滿足自己的情欲，而完全不顧別人接受程度和好惡，那就是侵害別人來滿足自己的情欲，自然不合天理。

二是「情得其平」。平是指公平合理，符合一定的節度。「天理者，節其欲而不窮人欲也。是故欲不可窮，非不可有；有而節之，使無過情，無不及情，可謂之非天理乎！」[104]人的情欲要得到合理的滿足，合理就包含節制情欲的意思，節制並不是不要情欲，而是不要窮奢極欲，窮奢極欲必然賊害別人，這便是「過」。情欲得不到滿足，便是「不及」。情欲無過不及，這便是天理。無過不及，從形式上說，就是符合一定節度，可稱其為中和或中節。「欲不流於私則仁，不溺而為慝則義，情發而中節則和，如是之謂天理」[105]。情欲不流溺於自私和邪惡，便是仁義，情欲發出來恰到好處或符合一定節度，便是和，這就是天理。

天理的這兩方面內涵，都是與情欲相聯繫。這就是說，有主體人的生命存在和生活的情感欲望，方有所謂調節、和諧、中節人的生命存在和生活情感欲望的問題以及處理情感欲望的無過不及的方法。自調節的方法符合一定的節度，就是天理。從這個意

---

[104]〈理〉，《孟子字義疏證》卷上，頁11。

[105]〈答彭進士允初書〉，《孟子字義疏證》頁167。

義上說，情欲是天理的理論前提，無主體人的生命存在和生活情感欲望，也就無所謂天理，即使有什麼天理的存在，又有什麼作用和意義？這樣就直接否定着程、朱用以建構「天理」的理論前提：

第一，戴震指出，程、朱是把善的天理界和惡的人欲界加以分離。這種分離，正是天理論得以建構的前提性的問題。沒有這種分離，那種「不爲堯存，不爲桀亡」[106]的超然的、純粹的、獨立自存的「天理」就不可能得以成立。

第二，程、朱天理論的建構，是爲了解釋人間社會的各種倫理道德所應該遵循的原則、規定，譬如「人倫者，天理也」[107]。「義者，天理之所宜」[108]。「渾然天理，便是仁」[109]。「禮者，天理之節文」[110]。天理旨在尋求可感知事物的原因，它所關心的是現實社會的存在、人的生命存在和生活情感欲望，但由於天理已經從人欲中分離出來，並處在一種完全對立、不容並存的環境之中，便很難再返回具體人的生命存在和生活情欲，實現解釋世界的功能。這也使天理論在解釋人的生命存在和生活情欲時之所以陷入困境的前提。

第三，程、朱天理界與人欲界的分離，本旨是爲了消滅人欲，但事實上人的生命存在和生活情欲又是不可消滅的，如果消滅了，人的生命也就不存在了。這樣，「滅人欲」便是一種佯

[106] 《河南程氏遺書》卷2上，《二程集》頁31。

[107] 《河南程氏外書》卷7，《二程集》頁394。

[108] 〈里仁〉第四，《論語集注》卷2。

[109] 〈論語・公冶長上〉，《朱子語類》卷28，頁719。

[110] 〈性理三〉，《朱子語類》卷6，頁101。

謬。同時亦出現這樣的悖論：既要「滅人欲」，人餓了要不要食，渴了要不要飲，寒了要不要衣。這種饑食渴飲寒衣，便是人欲。假如肯定饑食渴飲的合理性，那麼還要不要「滅人欲」？這就是矛盾。另外，天理人欲之分，便是君子小人之別。但是不僅君子，就連全是天理的聖人，也不能不饑食渴飲寒衣，那麼，聖人有沒有人欲？如果聖人是人，則饑食渴飲寒衣就不可逃；如果聖人不是人，那又是什麼？

這三方面，既是戴震與程、朱之異，亦是戴震對於對象性理論前提的批判，這種批判，也就是哲學的自我批判。哲學就在這種自我批判中建構新思想、新體系，重新解釋世界，規範人間社會的各種關係，這就是本章開頭所引的「正人心之要」。

戴震「發狂打破宋儒家」的批判精神，是對於時代精神的把握。「打破宋儒家」，作爲哲學批判對象的理論，也是時代的選擇，而不僅是戴震個人的才智問題，但不否定與個人的生活環境、文化素養、教育背景、思維方法有關。戴震所體現的時代的批判精神，並不是簡單地、片面地否定一切，而是一種有分析的揚棄。這種分析地揚棄是一很艱苦的科學研究，因此他從《孟子私淑錄》到《緒言》再到《孟子字義疏證》，反覆沈潛、審查自己的理論，達十年之久。戴震所進行的對於對象性理論前提是否可能成立的考察，從理論內容上說，是人類認識不斷深化、不斷發展的過程；從理論形態上講，是理論的新陳代謝，先在的理論不斷被代替、被更新的過程。正因爲文化思想、哲學理論都日新而日日新，因此，當戴震在批判程、朱對象性理論前提時，自身也應該有接受批判的自覺。如果一種理論喪失了接受批判或自我批判的自覺，便會失去其生命的活力，而成爲一種僵死的敎條，即使天天喊堅持，也只是口號而已！所以，筆者對於戴震的理論，也採取一種批判地分析揚棄的態度。

第三章　世界圖式的建構——天道論

在中國哲學思想史上，戴震較好地發揮了哲學批判的功能，促進了理論前提的轉化。這種轉化，往往是理論的一個重大突破，它表現爲對諸多理論的前提性審查和主客體問題的重新理解，以便構築新理論體系。

筆者從戴震對於對象性理論（作爲哲學、思想考察對象的理論）之前提（包括邏輯前提和經驗前提）能否成立的批判性考察，而進入對戴震本身哲學思想進行批判性考察，即對批判進行批判。這裏所謂批判，是指對其邏輯前提作歷史地、具體地審查，包括其作爲哲學邏輯結構❶推演的起點和全過程。這種審查不是簡單地揭露和批評，而首先是對於可能性問題的詮釋和理解。

一、天道——性——人道的邏輯結構

戴震哲學邏輯結構的理論前提是「天道」，「天道」通過

---

❶ 何謂哲學邏輯結構，請參見拙著《中國哲學邏輯結構論——中國文化哲學發微》，中國社會科學出版社1989年版。

「性」這個中介，而過渡到「人道」。構成了「天道」——「性」——「人道」的邏輯結構。戴震的這個哲學邏輯結構，是在《孟子字義疏證》中趨於成熟的，在《緒言》的「道之名義」中，天道與人道合論，而不像《孟子字義疏證》分論。對於這個邏輯結構，戴震有一段表述：

> 人道本於性，而性原於天道❷。
>
> 凡日用事為，皆性為之本，而所謂人道也；上之原於陰陽五行，所謂天道也。言乎天地之化曰天道，言乎天地之中曰天德，耳目百體之所欲，血氣之資以養者，所謂性之欲也，原於天地之化者也。故在天為道，在人為性，而見於日用事為為人道❸。

人道通過日用事爲、道德規範來體現；日用事爲、道德原則的統一的人道本於人性，人性又原於氣化的天道。性作爲天道與人道的中間環節，把天道與人道溝通起來，成爲連接兩者的橋樑。天道、性、人道是事物運動變化的不同形態，具有一定的層次性。

在這個「人道」——「性」——「天道」的宇宙、社會、人生統一的圖式中，可以領悟戴震思想的脈絡和邏輯結構。

第一、「人道」——「性」——「天道」結構模式，是來自兩個方面啓廸和改造：一是孟子的「盡其心者，知其性也；知其性，則知天矣」❹。「存其心，養其性，所以事天也」❺。是一

❷ 〈道〉，《孟子字義疏證》卷下，頁43。

❸ 《緒言》卷上，《孟子字義疏證》頁97。

❹ 〈盡心上〉，《孟子注疏》第十三。

❺ 同上。

個「心」——「性」——「天」的結構模式❻，這個結構模式對於專門研究《孟子》字義的戴震來說，不會不有所思考❼。這裏「天」即「天道」。「性」作爲「心」與「天」的中間環節，亦與「性」作爲「天道」與「人道」的中間環節相似。「人道」與「心」在內涵上有重合之處，儘管「人道」的外延要較「心」大，但這無損於戴震以「人道」代「心」。戴震的改造，主要表現爲，把孟子的由內到外的認知過程，轉化爲由「人道」漸次本原於「天道」的過程。如果說孟子是强調主體自我的認知作用，那麼，戴震是强調客體天道的終極根據。

二是《周易·易傳》的「易之爲書也，廣大悉備，有天道焉，有人道焉，有地道焉。兼三才而兩之故六，六者非它也，三才之道也」❽。「昔者聖人之作易也，將以順性命之理。是以立天之道，曰陰與陽；立地之道，曰柔與剛；立人之道，曰仁與義。兼三才而兩之」❾。是一「天道」——「人道」——「地道」或「天道」——「地道」——「人道」的結構模式。戴震在《緖言》或《孟子字義疏證》中多次引用《易傳》的這幾段話，他在構築自已哲學邏輯結構時，不會不有所領悟。戴震對於《易傳》的改造是不講「地道」，除「人道」自身的涵義外，又引伸出「性」。「仁義之心，原於天地之中者也，故在天爲天德，在人

❻　同上。

❼　「問：孟子言：『盡其心者，知其性也，知其性則知天矣。』所謂心、所謂性、所謂天，其分合之故可言歟？」戴震在回答上述問題中而提出「人道」——「性」——「天道」的模式。

❽　〈繫辭下傳〉，《周易正義》卷8，《十三經注疏》本。

❾　〈說卦傳〉，《周易正義》卷9。

爲性之德。《易》曰：『立人之道，曰仁與義。』此合性之欲、性之德言之」⑩。經此改造而成「人道」——「性」——「天道」。

第二、「天道」是「人道」和「性」的本原。戴震把「道」作爲天地萬物形成產生運動變化的過程，這是對哲學本體論的打破。但他把「天道」作爲「人道」和「性」的「之本」、「之原」時，又落入了哲學本體論的樊籬，可見打破一種先在的模式是多麼艱難！「天道」自身是一個抽象的概念，與程、朱的「理」（「天理」）一樣，但程、朱把「理」從生氣勃勃、能變能動的「氣」中獨立出來，成爲「淨潔空濶」的世界，然後又安頓、附着、掛搭在「氣」上，依「氣」的造作、運動、變化而造作、運動、變化。戴震與程、朱的相異就在於，「道」並不脫離「氣」而獨立存在，道的內涵就是氣化流行，道便與氣化流行融而爲一。如果說在朱熹哲學邏輯結構中「理」與「氣」是一種不離不雜的關係，那麼，在戴震的哲學邏輯結構中，「道」與「氣」則是一種融合不離的關係。這是兩者之異。正是這種差別，道毋需借助氣而掛搭、安頓和附着，便直接表現爲形成、產生世界萬物的過程。

道與氣的融合不離，氣是指陰陽五行。道體現爲性，性作爲中間環節的功能，亦本原於天道，也就是分於陰陽五行以爲血氣、心知、品物。「分於道者，分於陰陽五行也」⑪，這便是性；性作爲人類的特殊本性，《中庸》說「率性之謂道」，以及

---

⑩ 《緒言》卷上，《孟子字義疏證》頁97。

⑪ 〈性〉，《孟子字義疏證》卷中，頁25。

「修身以道」，此所說的道，便是人道。這便是戴震「人道」——「性」——「天道」哲學邏輯結構的內在聯繫。

第三、「性」作爲溝通「天道」與「人道」的中介，具有重要的地位。它自身雖原於「天道」，被「天道」所制約，但又是「人道」之所本，制約「人道」，這種一身二任的兩重性格，在戴震的哲學邏輯結構中扮演着特殊的角色，在這裏「性」不是一個無具體內容的概念，而是有分別、有偏全、有清濁的生動存在。無論是世界事物的本性，還是人類自身的本性，都是性對於道的分別。道，氣化生生，生人生物以後，各以類滋生，既形成類，便有區別。性分而爲二；就世界萬物的各有其性而言：陰陽五行氣化成形，雜糅萬變，品物不同，形態有別，同類之中又有不同。這種不同就是性的不同，無性之不同，卽無品物之不同；就人類自身的本性而言：分形氣於父母，卽分於陰陽五行，人以類滋生，便有昏明、厚薄之不齊，各隨所分而形於一，各成其性。性雖不同，大體上以類來區分，同類比較接近，異類就不相似。所以《論語》講「性相近也」⑫，這是就人與人的相近而言；《孟子》說「凡同類者擧相似也」⑬，是明非同類性相異的意思。儘管物性和人性各有殊相，但都分於共相天道。一旦當人與物分得了性，就過渡到了「人道」。

第四、「人道」是「天道」通過「性」在人類社會與人際關係中的展現，這種展現旣具有觀念性，又具有實證性；旣是身所當行的準則、原則、規範，又是人倫日用的實體。「人道」便是

---

⑫ 〈陽貨〉，《論語注疏》卷17。

⑬ 〈告子上〉，《孟子注疏》卷11。

這兩者的統一體。這就是戴震所說的「人倫日用，其物也；曰仁，曰義，曰禮，其則也」⓮的意思。「人道」在日用方面的體現，就是居處、飲食、言動等，是人生生命的需要，人類自然的欲求；在人倫方面的體現，就是五倫，五倫既是人類道德生活的基本活動範圍，亦是人類道德生活的基本關係的準則、道德行爲的規範。這就是說，即使在人倫日用中亦包含着觀念性的道德原則。然而，人類社會是錯綜複雜的，它必須由一定之規的「人道」來調節，否則就會出現失控現象。戴震的「發狂打破」，是一種非常規、非系統、無控的狂者精神的顯露，又追求一種常規的、系統的、有序的道德原則框架，反對無一定導向、限定、路徑的道，這就是戴震的矛盾性格的展現。

第五、在戴震的「人道」——「性」——「天道」的哲學邏輯結構中，「天道」是作爲世界萬物的終極追求，「人道」是作爲現實人間的終極需要。外在世界的終極超越，其宗旨還是爲了現世人生的終極需要。但在「人道」——「性」——「天道」三環節中，每一個環節，都可橫向地展開和縱向地深入。「天道」與「氣」、「環」、「器」、「化」等範疇相聯繫，構成了其天道觀的基本框架；「性」與「命」、「才」、「善」、「惡」等範疇相聯繫，構成了人性論基本樣式；「人道」與「仁義」、「理欲」、「誠」、「權」等範疇相聯繫，構成了人道觀的基本模式，這是橫向地展開；「人道」、「性」、「天道」又縱向地深入，相互聯結，構成了整體貫通的哲學邏輯結構。揭示戴震哲學範疇間縱橫互補關係，而呈現戴震哲學思想的面貌和特徵。

⓮ 〈道〉，《孟子字義疏證》卷下，頁46。

這是戴震哲學思想的綱領。筆者在以後的各章中，將對戴震哲學邏輯結構及其範疇間的關係，按照拙著《傳統學引論——中國傳統文化的多維反思》⑮中所提出的縱橫互補律、整體貫通律、渾沌對應律作必要的分析。

二、天道與陰陽

「天道」範疇在《緒言》中爲「道」，蘊含「天道」和「人道」。《孟子字義疏證》分爲「天道」和「道」（卽「人道」）。這種分別是對「道」範疇的一種發展，一種哲學的淨化⑯過程。雖然在先秦時期亦分天道、地道和人道，但並沒有哲學的自覺。一般來說，講道卽含天道和人道之義。

(一)天道的演變

縱觀中國哲學的發展，「道」是一個貫通中國哲學始終的核心範疇，今考其原變，「天道」具有這樣一些涵義：

⑴道爲道路，引伸爲原則。道的初義是道路，《說文解字》：「道，所行道也」。《爾雅・釋宮》：「一達謂之道」。是指有一定指向的、把人們的行爲活動導向某一方向的道路，卽人物所必經由的道途。引伸爲人物所必遵從的道理、必恪守的原則，事物運動變化的過程等。老子「反者道之動」⑰，《周易・繫辭》：

---

⑮ 中國人民大學出版社1989年版。另見〈私の宋明理學研究〉，《東洋の思想と宗教》第六號，平成元年（1989）。

⑯ 參見拙著《中國哲學範疇發展史》（天道篇）中的〈中國哲學範疇史的考察〉，中國人民大學出版社1988年版，頁15-25。

⑰ 《老子》第四十章。

「一陰一陽之謂道」。以陰陽的矛盾運動說明道。韓非則說：「道者，萬物之所然也，萬理之所稽也」⑱。是各種具體事物的道理、原則。

⑵道是世界萬物的本體或本原。老子把具體可言說的道和恒常的道加以區分，使道具有形上學的特徵。「道沖而用之或不盈，淵兮似萬物之宗」⑲。爲世界萬物的老祖宗，在注重祖宗崇拜的中國古代，「宗」卽意味着萬物賴以產生和存在的根據。在老子的哲學邏輯結構中，生成論和本體論是統一的。《管子》四篇（包括〈心術〉上下、〈白心〉、〈內業〉）⑳把老子先天地生的虛托之道，拉回到天地之間，與氣、物聯繫起來，認爲以生、以成，都依於道。道作爲宇宙萬物的本質，便是本體；作爲世界萬物的生成者，便是本原。後來，《莊子》着重發展了道的生成論，《荀子》發展了道的本體論，兩者互補互濟。當然，《莊子》之道，也有本體論的意思：「夫道，有情有信，無爲無形；可傳而不可受，可得而不可見；自本自根，未有天地，自古以固存。神鬼神帝，生天生地；在太極之先而不爲高，在六極之

⑱ 〈解老〉，《韓子淺解》中華書局1960年版，頁157。

⑲ 《老子》第四章。

⑳ 《管子》四篇，近人根據《莊子・天下篇》等所記史料，認爲此四篇爲戰國時宋鈃、尹文一派的佚著，見郭沫若：〈宋鈃尹文遺著考〉，《青銅時代》，羣益出版社1947年版，頁210-232。但依現存《莊子・天下篇》、《孟子》、《荀子》、《韓非子》等書中所載，則宋鈃、尹文與《管子》四篇思想不同，恐難以《管子》四篇爲宋鈃、尹文一派著作，以其爲稷下道家一派著作更相近些。宋鈃、尹文則是墨家中一派，兩不相屬。

下而不爲深，先天地生而不爲久，長於上古而不爲老」㉑。這裏道以自己爲根本或所以然者，是一種本體論的表述。然而，有形之物都不能擺脫其具體的實物性，是不得先道而存在的一種有限的事物。只有那個「物物者非物」的道，才能先物而成爲萬物生成的根本。

⑶道爲一。在道與氣、物等相結合的過程中，老子「道生一」的命題得到了改造。《呂氏春秋》和《黃老帛書》㉒撤開了加在混沌太一之上的虛無之道，以道爲一。「道也者，至精也，不可爲形，不可爲名，强爲之（名），謂之太一」㉓。以「太一」或「一」名道，是把道看作「視之不見，聽之不聞，不可爲狀」的混沌未分的狀態。人們往往以宇宙未開，天地未形爲混沌的太一。混沌初開，而出天地、陰陽。《黃老帛書》亦陳述了道爲一的思想，即將太一簡化爲一。「恒無之初，迵同太虛，虛同爲一，恒一而止」㉔。「一者，道其本也」㉕。此「本」是本然的意思。《淮南子》「採儒墨之善，撮名法之要」，它明確道爲一，始於一。「道始於一，一而不生，故分而爲陰陽」㉖。把《老子》的「道生一」，改爲「始於一」，道與一便是同步範疇。一

㉑　〈庚桑楚〉，《莊子集釋》卷8上。

㉒　《黃老帛書》是指1973年12月湖南長沙馬王堆三號漢墓出土的《老子》帛書乙本卷前的〈經法〉、〈十六經〉、〈稱〉、〈道原〉四篇古佚書。〈十六經〉初發表時作〈十大經〉，後訂正爲〈十六經〉。

㉓　〈大樂〉，《呂氏春秋》卷5。

㉔　〈道原〉，《黃老帛書》。

㉕　〈十六經·成法〉，《黃老帛書》。

㉖　〈天文訓〉，《淮南鴻烈》卷3。

是未形的混沌，「夫無形者，物之大祖也，……所謂無形者，一之謂也」㉗。在一之前沒有一個更根本的道，作爲一的派生者。

⑷道爲無。王弼等玄學家否定了秦漢時道爲一，爲原初物質混沌狀態的規定。揚雄（前53-18）以道爲玄，是道向無轉化的中介。王弼以道爲無，「道者，無之稱也，無不通也，無不由也。況之曰道，寂然爲體，不可爲象」㉘。「三無」說明道的性質和功能，是對道的無體的描述。道的無形無名，是相對於有形有名說的。「道以無形無名始成萬物，萬物以始以成而不知其所以然」㉙。無形無名的道是萬物存在的根據，是所以然的本，有形有名的萬物是具體的存在，是末。道無物有，道本形末。道的本質是無，「窮極虛無，得道之常」㉚，實卽「以無爲本」。王弼把無作爲世界萬物的共同本體，這是對《老子》思想的發揮。但與《老子》比較，也有其異：

其一、《老子》把道或無看作天地之先、之上的實體，在時間上和空間上有一個先後上下的問題。王弼把道或無當作存在於天地萬物之中，無之本並不在有之末之先之上，有之末也不在無之本之後之下。「夫無不可以無明，必因於有，故常於有物之極，而必明其所由之宗」㉛。有以無爲根據，無借有來表現。

其二、無與有的關係，不是「有生於無」，王弼在注《老

㉗ 〈原道訓〉，《淮南鴻烈》卷1。

㉘ 〈論語釋疑〉，《王弼集校釋》，中華書局1980年版，頁624。

㉙ 〈老子道德經注〉第一章，《王弼集校釋》，中華書局1980年版，頁1。

㉚ 〈老子道德經注〉第十六章，《王弼集校釋》，頁37。

㉛ 〈繫辭上〉韓康伯注，《王弼集校釋》頁548。有說韓康伯引王弼的《太衍義》。

子》「道生一……三生萬物」[32]時，不提生的問題，避免萬物生成論。「萬物萬形，其歸一也。何由致一？由於無也。由無乃一，一可謂無？已謂之一，豈得無言乎？」[33]世界形形色色的萬物，都可歸爲一，這個統一的共同本體或原則，就是無。從這個意義上說，一也可謂無。但這一並非混沌未分的一，而是指萬物萬形現象背後的統一性，這種統一性便是無。因此，有與無的關係是現象與現象背後的本體或實體的關係，卽體與用、本與末的關係。

⑸道爲理、爲太極。道學家以求道爲自己中心課題。程顥、程頤以道爲理，「此理，天命也。順而循之，則道也」[34]。「上天之載，無聲無臭，其體則謂之易，其理則謂之道」[35]。順理便是道，道無聲無臭之理。此理此道，具有本體論的意義。朱熹繼承二程，道便是理[36]，「道卽理之謂也」[37]。「陰陽迭運者，氣也，其理則所謂道」[38]。道與理不僅同爲形而上，而且與器、氣等形而下相對。從道的宏大來說，道無所不包，無處不在，具有普遍性。道爲理是指未分殊之理或渾然未分的公共之理。

道不僅爲理，而且爲太極。朱熹說：「一陰一陽之謂道，太極也」[39]。「問：『一陰一陽之謂道，是太極否？』曰：『陰陽

---

[32] 《老子》第四十二章。
[33] 〈老子道德經注〉第四十二章，《王弼集校釋》頁117。
[34] 〈河南程氏遺書〉卷1，《二程集》頁11。
[35] 同上書，頁4。
[36] 參見拙著《朱熹思想研究》第五章，中國社會科學出版社，頁222-229。
[37] 〈通書・誠上注〉，《周子全書》卷7。
[38] 〈繫辭上傳〉，《周易本義》卷3。
[39] 〈易〉，《朱子語類》卷74，頁1897。

只是陰陽，道是太極』」[40]。道便自我確定爲總天地萬物之理的太極。陳淳解釋說：「謂道爲太極者，言道卽太極，無二理也」[41]。道爲理、爲太極。理與道、太極，三者在朱熹哲學邏輯結構中均爲最高範疇，是天地萬物最終的根據。

(6)道爲心。以心言道，陸九淵曾提出：「道未有外乎其心者」[42]。直把程、朱本體道融於主體心之中。象山弟子楊簡發揮說：「道在人心，人心卽道」[43]。把道與心統一起來，「非心外復有道」[44]。明代湛若水繼承陳獻章的心學傳統，提出「道本於心」[45]，主張「道心事合一」[46]，道與心合一。王守仁集心學之大成，倡導「心體卽所謂道，心體明卽是道明，更無二」[47]，心與道無二。因此，「要實見此道，須從自己心上體認」[48]，不需向外求索。以心言道的主觀理派，與當時以理言道的絕對理派，以及以氣言道的客觀理派構成了鼎足之勢。

(7)道爲氣。如果說二程不同意以陰陽之氣爲道，而以所以陰陽之氣爲道的話，那麼，張載（1020-1077）有以氣爲道的意思。「一陰一陽不可以形器拘，故謂之道」[49]。不要拘泥於「形

---

[40] 〈周子之書〉，《朱子語類》卷94，頁2390。
[41] 〈太極〉，《北溪字義》卷下，中華書局1983年版，頁45。
[42] 〈敬齋記〉，《陸九淵集》卷19，中華書局1980年版，頁228。
[43] 〈大雅一〉，《慈湖詩傳》卷16。
[44] 〈臨安府學記〉，《慈湖遺書》卷 2 。
[45] 〈學校五〉，《格物通》卷62。
[46] 〈答歐陽崇一〉，《文集》卷 7 ，見《甘泉全集》。
[47] 〈傳習錄・上〉，《王文成公全書》卷 1 。
[48] 同上。
[49] 〈橫渠易說・繫辭上〉，《張載集》中華書局1978年版，頁 206。

而上者謂之道，形而下者謂之器」的分別，天地萬物都統一於氣。道是氣運動變化的過程，「由氣化，有道之名」㊿。氣化，卽陰陽之氣的變化，無陰陽兩者的對立矛盾，也就無所謂道。所以，「一陰一陽是道也」[51]，是形而上者和形而下者的統一。這與二程所說「有形總是氣，無形只是道」[52]有異。王廷相(1474-1544)否定作爲精神本體的道。老、莊以道生天地，宋儒程、朱等以理在天地之先。王廷相主張只有元氣，元氣之上「無道、無理」，道與理在元氣之中。「有形亦是氣，無形亦是氣，道寓其中矣」[53]。王廷相認爲，太極、元氣、陰陽三者雖表現形式不同，但其實是一個東西，「三者，一物也，亦一道也」[54]。王夫之雖「希張橫渠之正學」，繼承張載、王廷相以來道爲氣的思想，但對道的解釋上，也有區別。「道者，天地人物之通理，卽所謂太極也」[55]。這裏所說的「太極」，是陰陽之氣未分的原體，「陰陽之本體，絪縕相得，和同而化，充塞於兩間，此所謂太極也」[56]。陰陽之氣，絪縕變化，交感相應，而成萬事萬物，太極卽是本體。太極作爲本體，出生萬物，成萬理起萬事，就是道。在這裏，道是一個本體或實體範疇，「陰陽與道爲體，道掩

[50] 〈正蒙・太和〉，《張載集》頁9。
[51] 〈橫渠易說・繫辭上〉，《張載集》頁187。
[52] 〈河南程氏遺書〉卷6，《二程集》頁83。
[53] 〈愼言・道體篇〉，《王廷相集》，中華書局1989年版，頁751。
[54] 〈太極辯〉，《王氏家藏集》卷33。《王廷相集》頁597。
[55] 〈太和篇〉，《張子正蒙注》卷1，古籍出版社1956年版，頁1。
[56] 〈繫辭下傳〉，《周易內傳》卷5下，《船山全書》(一)，頁561。

陰陽以居」[57]。道是運動變化的實體，物是運動變化的作用，「道者化之實，物者化之用」[58]本體化生現象，一切現象都是本體的表現形式。

道之七義，僅是大概。或以道爲天地萬物的本原和本體、根源和依據；或以道爲自然界事物發展變化的過程，即氣化的進程；或以道無所不包，無處不在，其大無外，其小無內，其自身蘊含着陰陽、有無、理氣、道器等矛盾對待統一。天道的演變，體現了邏輯與歷史的統一。

(二)何謂天道

戴震儘管「發狂打破宋儒家」，但並不是徹底與中國傳統文化決裂，完全擯棄中國傳統文化。其實，徹底決裂、完全擯棄傳統文化是不可能的，完全照搬外來文化亦做不到。事實上，戴震當時的中國是傳統中國的沿續，當時的人亦是傳統人的延傳。因此，一個完全否定自己民族傳統文化的民族，是沒有前途的民族；一個完全拒斥外來民族傳統文化的民族，是不能發展的民族。戴震當時雖沒有嚴重意識到這個問題，但問題是存在的。戴震按照自己對傳統文化的解釋，作出了抉擇。事實上，不管是「六經皆史」也好，「我注六經」也好，還是「六經注我」也好，都是一定時代的人對於傳統的解釋和理解。在這個解釋和理解中，主體我不可逃地滲入了客體──傳統文化，對傳統文化作出選擇；發揮適用於當代的傳統文化中的某些要素、因素，包括

[57] 〈繫辭上傳〉，《周易外傳》卷5，《船山全書》(一)，頁 992。

[58] 《讀四書大全說》卷3。

作者未認識到的義蘊、胚胎和萌芽，拋棄不適用於當代的傳統文化中的某些部分、方面。因此，傳統文化猶如滾滾向前的洪流，水和泥沙一瀉而下，這就需要文化選擇。戴震選擇了道的一些傳統涵義，並加以新的發揮，作爲「天道」的規定：

1. 天道的實體即陰陽五行

以道爲天地萬物的本體或世界萬物的本原，在先秦老、莊思想中便已提出，宋代道學家在建構理學哲學本體論時，綜合儒、釋、道三家之說，而進行創造性地轉變。當他們建構了理學哲學本體論以後，又對釋、道本體論結構進行了批判：

> 吾儒心雖虛而理則實。若釋氏則一向歸空寂去了[59]。
>
> 釋言無，儒言有[60]。
>
> 謙之問：「今皆以佛之說為空，老氏之說為無，空與無不同如何？」曰：「空是兼有無之名。道家說半截有，半截無，以前都是無，如今眼下却是有，故謂之無。若佛家之說都是無，以前也是無，如今眼下也是無，『色卽是空，空卽是色』。大而萬事萬物，細而百骸九竅，一齊都歸於無。終日喫飯，却道不曾咬着一粒米；滿身著衣，却道不曾掛著一條絲」[61]。

以「實其理」與「虛其理」、無與有、實理與空寂之別，爲釋、老與儒家之異。道家講半截有，半截無，亦與儒家相異。朱熹把

[59] 〈釋氏〉，《朱子語類》卷126，頁3015。

[60] 同上。

[61] 〈釋氏〉，《朱子語類》卷126，頁3012。

自己的哲學本體論與釋、老作這樣的區別，是他建構哲學邏輯結構的需要。但朱熹在對於對象性理論前提（釋、老的空、無以及道、神識等）進行批判時，自己亦陷入了釋、老理論前提的思維理路之中。因爲釋、老的空、無、道、神識與道學家的理名雖異，而實相同。所以，當朱熹說：

> 儒者以理為不生不滅，釋者以神識為不生不滅[62]。

作爲儒釋區別的標誌。在戴震看來，這恰恰是道學家與釋氏的相同之處，只不過「改其所指神識者以指理」[63]而已。戴震認爲，既然程、朱的理學本體論在批判釋、老理論前提的基礎上建構起來，到頭來自己又重履釋、老的覆轍，其失比釋、老更爲嚴重。

戴震有鑒於此，試圖從理論前提和思維方式上超越程、朱、釋、老，直探天道的實體，並把這個實體規定爲陰陽五行：

> 陰陽五行，道之實體也[64]。
>
> 陰陽五行，天道之實體也[65]。
>
> 故《易》曰：「一陰一陽之謂道」，此言天道也[66]。

所謂「實體」，近代是作爲希臘文 ousia 和拉丁文 substantia

---

[62] 〈釋氏〉，《朱子語類》卷126，頁3016。

[63] 〈天道〉，《孟子字義疏證》卷中，頁24。

[64] 〈天道〉，《孟子字義疏證》卷中，頁21。

[65] 《緒言》卷上，《孟子字義疏證》頁85。

[66] 《緒言》卷上，《孟子字義疏證》頁79。

的意譯。在西方哲學中是指世界萬物的基礎，亞里士多德稱爲形式。中國已有之。王廷相說：「天內外皆氣，地中亦氣，物虛實皆氣，通極上下造化之實體也」[67]。實體是指天地萬物中普遍存在的，造化天地萬物的最一般的基礎。戴震這裏所說的實體，即採王廷相實體之意，亦具有客觀事物存在之義。

> 故語道於天地，舉其實體實事而道自見[68]。
>
> 曰道，指其實體實事之名[69]。

這樣，道就不是超乎客觀事物之上幻相，而是一個實事實體的範疇。程、朱之失，就在於把道或理當作超越客觀事物的所謂「當然之理」，以爲「陰陽不得謂之道」，脫離陰陽實體實事，而成爲「所以一陰一陽者」的道。這個道（或「理」）便如王夫之所說的，是一個虛托空懸的道（或「理」）。

戴震所說的道，繼承張載「一陰一陽是道也」的思想，並有所發揮。他旣以陰陽爲道的實體，陰陽作爲道的內涵，道即是陰陽，「『一陰一陽之謂道』，『立天之道曰陰與陽，立地之道曰柔與剛』是也」[70]。在這裏陰陽之氣並不是道的載體或屬性，而是陰陽之氣的總名或指稱，就是「氣其體，道其名」的意思。

戴震對於張載「一陰一陽是道」的豐富和補充是，以陰陽五行爲道：

---

[67] 〈愼言・道體篇〉，《王廷相集》頁753。

[68] 〈道〉，《孟子字義疏證》卷下，頁43。

[69] 同上。

[70] 〈道〉，《孟子字義疏證》卷下，頁43-44。

天道，陰陽五行而已矣[71]。

上之原於陰陽五行，所謂天道也[72]。

天道，陰陽五行是也[73]。

之所以增加五行，是因爲陰陽五行的不可分性。「擧陰陽則賅五行，陰陽各具五行也；擧五行卽賅陰陽，五行各有陰陽也」[74]。「擧陰陽卽該五行，該鬼神；擧五行則亦該陰陽，該鬼神」[75]。賅音該，亦作該，《說文》：「該，軍中約也」。有兼（包括）和備（完備、全備）的意思。例擧陰陽卽包括五行，陰陽之中各具有五行，反之亦然。陰陽與五行的這種相互滲透，不可分割性，旣不能單擧陰陽，而撇開五行；亦不能單擧五行，而不講陰陽。天地萬物都不能離陰陽五行而成形質，「卽物之不離陰陽五行以成形質也。」倘若離了其中任何一面，則都不能構成形質，構不成形質，也就無所謂天地萬物，以及千差萬別的人物的性質和功能。

把陰陽五行作爲天道的實體，就意味着形形色色的事物現象背後，有一個最基本、最一般的實體或實有，一切事物都從這裏分有。這就是對於天地萬物終極原因或本原的追索。戴震在《緒言》中自設賓主，對此作了精彩的論述：

---

[71] 〈性〉，《孟子字義疏證》卷中，頁25。

[72] 《緒言》卷上，《孟子字義疏證》頁97。

[73] 同上，頁98。

[74] 〈天道〉，《孟子字義疏證》卷中，頁21。

[75] 《緒言》卷上，《孟子字義疏證》頁80。

> 問：宋儒嘗反覆推究先有理抑先有氣，又譬之「二物渾淪，不害其各為一物」，及「主宰」、「樞紐」、「根柢」之說，目陰陽五行為空氣，以理為之「主宰」，（陳安卿云：「二氣流行萬古，生生不息，不成只是空氣，必有主宰之者，理是也。」）為「男女萬物生生之本」，抑似實有見者非歟[76]？

從宋儒程、朱的立場、視角來審察理與氣的孰先孰後，便以陰陽五行爲空氣，理爲陰陽五行之「主宰」和「生生之本」。戴震回答說：

> 語陰陽而精言其理，猶語人而精言之於聖人也。期於無憾無失之為必然，乃要其後，非原其先，乃就一物而語其不可譏議，奈何以虛語不可譏議指為一物，與氣渾淪而成，主宰樞紐其中也？況氣之流行既為生氣，則生氣之靈乃其主宰，如人之一身，心君乎耳目百體是也，豈待別求一物為陰陽五行之主宰樞紐！下而就男女萬物言之，則陰陽五行乃其根柢，乃其生生之本，亦豈待別求一物為之根柢，而陰陽五行不足生生哉[77]！

這段話有這樣幾層意思：其一，陰陽與理渾淪而成，主宰和樞紐便寓於其中；其二，氣作爲變化流行的生氣，主宰者就是氣自

[76] 《緒言》卷上，《孟子字義疏證》頁82。
[77] 同上。

身，不能在氣之外或陰陽五行之外，去尋找一個別的東西作爲陰陽五行之氣的主宰樞紐。但戴震在生氣中分出靈者，恐有其失，究竟「生氣之靈」是什麼？主宰耳目百體的心，是指器官的心臟之心，抑是精神的心思之心[78]，不很明確；其三，從天地男女萬物來考察其主宰、樞紐、根柢，戴震認爲是陰陽五行之氣自身，萬物生生的本原、根本，亦是陰陽五行之氣的功能，不需要「別求」理作爲天地萬物的根柢和生生之本。

「別求」與不別求的分別，是承認事物自己動態的發展，抑還以事物爲靜態，而別求第一推動者；是承認事物自身的客觀實存，抑還別求一個先在者的創造、生生；是承認事物自身爲根柢、樞紐，卽自身爲自身的根據和生生者，抑還別求一主宰者，造物主。總之，脫離事物自身去「別求」，就只能是哲學家自己虛構的先在先知者，這便是釋、老和程、朱的神識和理。「別求」與不別求，旣是戴震對程、朱對象性理論的前提的構成的否定，亦是對於程、朱對象性理論前提建構思維方法的否定。戴震在批判中，建構了陰陽五行爲天道之實體的本體論哲學。

2. 天道爲氣化流行不已

以天道爲氣化流行不已的過程，是對於張載「由氣化，有道之名」的發揮，亦是對於王夫之「氣化者，氣之化也。陰陽具於太虛絪緼之中，其一陰一陽，或動或靜，相與摩盪，乘其時位以著其功能，五行萬物之融結流止，飛潛動植各自成其條理而不妄，則物有物之道，鬼神有鬼神之道，而知之必明，處之必當，

---

[78] 參見拙著《中國哲學範疇發展史》(天道篇)第十六章〈心物論〉，中國人民大學出版社1988年版，頁578-620。

皆循此以爲當然之則，於此言之則謂之道」[79]的改造，戴震曾表明：「獨張子之說，可以分別錄之，如言『由氣化，有道之名』，言『化，天道』，言『推行有漸爲化，合一不測爲神』，此數語者，聖人復起，無以易也」[80]。說明戴震氣化流行思想與張載的關係。

氣化流行，卽道是動態的運動變化的過程。戴震說：

> 道，卽陰陽氣化[81]。
>
> 氣化流行，生生不息，是故謂之道。《易》曰：「一陰一陽之謂道」。〈洪範〉：「五行：一曰水，二曰火，三曰木，四曰金，五曰土」。行亦道之通稱[82]。

「行」，《說文》：「人之步趨也」。段玉裁注：「步，行也；趨，走也。二者一徐一疾，皆謂之行，統言之也」。行就字義說，是步與趨、徐與疾的對立統一，是主體的步趨運動導向。因此，行作爲道的通稱，蘊含着陰與陽的對立統一，由陰陽的對立統一，而有氣化運動的過程。

道作爲氣化流行的過程，是一個屬性範疇，「謂之氣者，指其實體之名；謂之道者，指其流行之名」[83]。氣是實體，道指流行，就此而言道，道不是一個實體範疇，而是氣流行的屬性。這

---

[79] 〈太和篇〉，《張子正蒙注》卷1，頁15-16。
[80] 〈理〉，《孟子字義疏證》卷上，頁17-18。
[81] 〈答彭進士允初書〉，《孟子字義疏證》頁164。
[82] 〈天道〉，《孟子字義疏證》卷中，頁21。
[83] 《孟子私淑錄》卷上，《孟子字義疏證》頁129。

在形式上說，與「陰陽五行，道之實體」，「天道，陰陽五行是也」相矛盾。如果說上句話，還可以理解爲陰陽五行是道的實體，而道自身不是實體的話，那麼，下一句話，道就是陰陽五行，則道亦是實體，道是實體與屬性的統一。若以陰陽五行爲質料，道爲形式，也可以說是質料與形式的統一。當戴震强調其實體一面時，道不是離陰陽五行虛托空懸之理，而與釋、老、程、朱相區別；當戴震强調其氣化流行一面時，道旣不是無造作、無運動的理，避免了朱熹以人爲理，以氣爲馬，人騎在馬上，馬之一出一入，人亦隨之一出一入，理自身無運動，理搭在氣上而運動的困境；道亦不是離陰陽五行而存在的絕對本體，避免陷入中外哲學家對世界終極性的四種解釋之失。因此，把道作氣化流行，生生不息來理解，包含着新思想的火花。

天道爲氣化流行不已，蘊含這樣幾層意思：

一是，天道作爲世界萬物流行運動變化的過程，它有兩方面的內涵：旣是這個過程的實體，又是實體的運動變化。它是實體與實體運動的統一，又是實體與屬性的統一。就天道是陰陽五行的運動變化過程而言，它是趨向於某一結果的有序運動或運動序列。戴震把這種有序運動或運動序列，稱爲「條理」。「語大極於至鉅，語小極於至細，莫不顯呈其條理」[84]。無論是至巨的事物，還是至細的東西，都是有條理的有序運動。道貫串氣化運動變化的全過程，也是對這個過程的賅括。

二是，道的陰陽氣化的運動過程是永恒的、連續的、不間斷的。「道，言乎化之不已也」[85]。「道之實體，一陰一陽，流行

[84]《緒言》卷上，《孟子字義疏證》頁83。

[85]〈原善上〉，《孟子字義疏證》頁176。

不已，生生不息，是矣」[86]。陰陽氣化是天地間一種永恒的運動過程，之所以流行不已，是由於陰陽五行內在的矛盾性和相互間的作用，而不是外在的因素。「陰陽流行，其自然也」[87]。自然卽自然而然，而非「別求」一物爲陰陽流行不已的主宰。倘若「別求」一物爲之主宰，便是有爲，而非自然；主宰便是有極限，而非無限；流行便是有已，而非不已。戴震以道爲氣化流行不已，突出了道的流行的功能和性格。「主其流行言，則曰道」[88]。一切事物都在氣化運動變化中產生和形成。

3. 天道爲氣化生生不息

「流行不已」是從氣化運動變化的無限性角度，對天道的規定；「生生不息」是從產生萬事萬物的根源或本原的角度，對天道的規定。這種從不同角度對天道的規定，凸現了天道內涵的層次性。

爲了區別「流行不已」和「生生不息」，戴震把前者稱爲「天道」，後者稱爲「天德」。「主其生生言，則曰德。道其實體也，德卽於道見之者也」[89]。道作爲實體，生生之德是道的體現。中國古代思想家，往往賦予實體生生的功能，如《周易・繫辭上傳》講「生生之謂易」，不僅重視生命的存在，而且關懷生命的產生。所以說「『天地之大德曰生』，天德不於此見乎」[90]？氣化生生而永不止息，才能構成天地萬物的連續性，而不致於中

---

[86] 《緒言》卷上，《孟子字義疏證》頁83。

[87] 同上書，頁82。

[88] 同上書，頁83。

[89] 《緒言》卷上，《孟子字義疏證》頁83。

[90] 同上。「天地之大德曰生」引自《周易・繫辭下傳》。

斷。不斷地產生萬事萬物，這就是天地的根本特性。

當戴震在批判程、朱對象性理論前提理、道時，把道作爲世界萬物形成、產生的流行過程，而不作爲實體性的本體。但當他把道作爲生生不息的根源或本原時，道就成爲實體性的本體。這種思想在〈法象論〉或《緒言》中較爲明顯：

> 盈天地之間，道，其體也；陰陽，其徒也；日月星，其運行而寒暑晝夜也；山川原隰，丘陵谿谷，其相得而終始也。生生者，化之原，生生而條理者，化之流[91]。

道與陰陽做爲本體與從屬關係，在《孟子字義疏證》中已不提倡，而把陰陽五行作爲道自身的實體。但道爲生生的規定，是戴震一貫的思想。「人與百物各以類滋生，皆氣化之自然。《大戴禮記》曰：『分於道謂之命，形於一謂之性。』分於道者，分於陰陽五行也」[92]。人類和萬物的產生，是陰陽五行的衍化，是氣化的自然。

事實上，既然承認道的陰陽五行實體能生萬事萬物，無論採取氣化的形式，還是流行的形式，就不能否定道的本體性格和它作爲天地間最高、最本質的存在。

> 陰陽五行，氣化之實也，鬼神卽以名其精氣，為品物流行

[91] 〈法象論〉，《孟子字義疏證》頁175。

[92] 《中庸補注》，《戴東原先生全集》，載《安徽叢書》第六期，胡樸安等輯（1936年）。

之本。故曰：「體物而不可遺」[93]。

陰陽五行，通過氣化的形式，而爲形形色色事物的根本依據。「體物而不可遺」的本體，就是道。「道言乎體物而不可遺」[94]，「其體物者，道也」[95]。道不能脫離具體事物而存在。道作爲天地萬物的本體，它是萬物本質的概括；道又通過天地萬物，來表現自己，不存在超越物質之上的「理」、「眞如」本體。

道以陰陽五行爲實體，作爲天地萬物存在的基礎；天道爲氣化流行不已，是萬物運動變化的過程；天道爲生生不息，是天地萬物產生的根源。如果說第一方面的規定是從內容來看，那麼後兩方面的規定是從形式來看。在這三方面規定中有自相矛盾之處，但也可以把這種矛盾看成是實體與屬性、形式與質料的統一。

(三)氣的規定

在戴震的哲學邏輯結構中，道作爲本體，它以陰陽五行爲實體；道作爲運動變化的過程，是陰陽五行的氣化流行，生生不息。無論從那個方面來考察，都離不開陰陽五行之氣。那麼，究竟陰陽五行之氣是什麼呢？戴震曾作這樣的規定：

1. 陰陽五行之氣是物質存在的形態

陰陽五行並非精神或抽象的存在，而是一種物質存在的形態，它們可以說是一種「品物」。所謂「形而上」與「形而下」

---

[93] 同上。「體物而不可遺」引自《中庸章句》第十六章。

[94] 〈天道〉，《孟子字義疏證》卷中，頁22。

[95] 〈原善〉卷上，《孟子字義疏證》頁62。

的「形」，是指已成形質而言。簡言之形而上是指陰陽五行之氣未形成具體的形質；形而下，是指已形成具體的形質。他說：

> 陰陽之未成形質，是謂形而上者也，非形而下明矣。器言乎一成而不變，道言乎體物而不可遺。不徒陰陽非形而下，如五行水火木金土，有質可見，固形而下也，器也；其五行之氣，人物咸稟受於此，則形而上者也[96]。

陰陽五行之氣作爲物質存在，具有已成形質與未成形質兩種形態。但無論是那種形態，都不能否定陰陽五行之氣的客觀實在性。這就是說天地間的萬事萬物無形跡可見，是陰陽五行之氣的未成形質形態；反之，有形跡可見，是陰陽五行之氣的已成形質形態，這兩種形態便可以涵賅天地萬物的一切形態。戴震由此出發，認爲天地萬物都根源於陰陽五行之氣。

陰陽五行之氣，作爲形成事物存在形態的實體，它具有物質性，這可以從戴震精於天文學和自然科學的著作中得到驗證：

> 日循黃道右旋，斜絡乎赤道而南北者，寒暑之故也。其隨大氣而左，準赤道爲出沒者，晝夜之故[97]。

自漢以來，右旋說與左旋說便有論爭，此兩說都以地球爲中心

[96] 〈天道〉，《孟子字義疏證》卷中，頁22。

[97] 〈原象〉，《戴震文集》卷 4，頁93。黃道是地球上每個年份中所看到的太陽所走的軌道。赤道，是地球上每個月份中所看到的月球所走的軌道。

（靜態），日月星辰圍繞地球旋轉。此種假設雖然不合現代天文學，但在古代具有一定的合理性和實用價值。左旋說以日月每天運行一周，解釋太陽周日視運動；右旋說除能解釋太陽的周日視運動外，還能解釋太陽周年視運動，以及對冬夏太陽的出沒、晝長夜短、運行快慢等問題作出說明，對製訂曆法、預報日、月蝕有一定價值。由於右旋說較左旋說具有較大的實用價值，漢以後天文學家、曆法家都持右旋說。北宋時，張載既論說過左旋說，也敍述過右旋說，爭議是日月五星向哪一個方向旋轉的問題。張載對左右旋似都不贊同，他說：「古今謂天左旋，此直至粗之論爾，不考日月出沒、恒星昏曉之變」[98]。既為粗，精到之見是什麼？他說：

> 愚謂在天而運者，惟七曜而已。恒星所以為晝夜者，直以地氣乘機左旋於中，故使恒星、河漢因北為南，日月因天隱見，太虛無體，則無以驗其遷動於外也[99]。

恒星所以有晝與夜，人看恒星、銀河的轉動，日月隨天現與隱，都是由於地在中間乘着氣機旋轉的緣故。天是太虛，太虛卽氣，無形體，不能驗證天在外面移動。張載在這裏突出了地氣乘機左旋的問題。王夫之在作《張子正蒙注》時，認為「左，當作右」[100]，「此直謂天體不動，地自內圜轉而見其差，於理未安」[101]。不同

---

[98] 〈正蒙・參兩篇〉，《張載集》頁11。
[99] 同上。
[100] 〈參兩篇〉，《張子正蒙注》卷1，頁30。
[101] 同上，頁29。

意張載的地動說。儘管王夫之不同意，但指出張載主張地球自轉運動，這種理解是符合張載原意的。

後來，朱熹不同意張載「地自內圜轉」說，繼承倡導左旋說，並把渾天儀放在自家樓上，對天文進行研究[102]。他說：「天道與日月五星皆是左旋。天道日一周天而常過一度。日亦日一周天，起度端，終度端，故比天道常不及一度。月行不及十三度四分度之一。今人却云月行速，日行遲，此錯說也。但曆家以右旋爲說，取其易見日月之度耳」[103]。並稱讚張載天日月皆左旋的說法，這是對張載的片面理解。

戴震繼承張載，不同意朱熹的左旋說。並强調太虛（宇宙空間）是氣，隨大氣而轉的思想，此氣即是空氣。「地在天之中央，水附於地而行，皆氣之鼓蕩。……天爲大圜，以地爲大圜之中心。大圜自周之中心，則六合皆上；地在中心，則中心爲下。以氣固而內行，故終古不墜。凡自上而墜於下者，隨大氣下行，遇地之實體乃止」[104]。宇宙虛空間充滿氣，氣是天體運行的動力。氣是物質存在的一種形態，而運動變化。

2. 陰陽五行之氣是構成天地萬物的質料

天地間形形色色的萬物怎樣產生，中國古代有比較精密的宇宙生成論[105]。張載既把氣作爲萬物存在的根據，也把氣作爲構成萬物的質料。朱熹不同意張載「太虛卽氣」說，認爲形而上的太

---

[102] 參見拙作〈朱熹哲學與自然科學〉，載《孔子研究》1988年第二期。
[103] 〈理氣下〉，《朱子語類》卷2，頁14。
[104] 〈晷影長短〉，《續天文略》。
[105] 參見拙著《中國哲學範疇發展史》（天道篇）第五章〈氣論〉，中國人民大學出版社1988年版，頁136-176。

虛不能與形而下的氣混在一起，但亦不否認陰陽五行之氣是構成萬物質料，只不過在陰陽五行之氣的質料之上，有一個脫離陰陽五行而又能支配陰陽五行的理而已。戴震不在陰陽五行之外「別求」理，而以陰陽五行之氣所固有的氣化運動，生成萬物。他說：

> 陰陽五行之運而不已，天地之氣化也，人物之生生本乎是[106]。
>
> 天地間百物生生，無非推本陰陽[107]。

「本乎」、「推本」，《說文》：「推，排也。」引伸有推究，推求或推而上之的意思，卽萬物生生的本原、根源。這就是說，陰陽五行在氣化的時空序列上，萬物生生旣是陰陽五行物質存在形態的延續又是陰陽五行之氣質料結構的不斷組合。

世界萬物不僅是陰陽五行之氣的質料構成，而且萬物的千差萬別，也是由陰陽五行之氣的質料使然。「是以人物生生，本五行陰陽，徵爲形色。其得之也，偏全厚薄，勝負雜糅，能否精粗，淸濁昏明，煩煩員員，氣衍類滋，廣博襲僢，閎鉅瑣微，形以是形，色以是色，成分於道」[108]。是說人物的偏薄、昏濁、粗否與全厚、淸明、精能的差異，形與色的分別，都是本於陰陽五行之氣。

陰陽五行之氣作爲質料構成具體萬物，具體萬物是有形色

---

[106] 〈性〉，《孟子字義疏證》卷中，頁28。
[107] 〈理〉，《孟子字義疏證》卷上，頁17。
[108] 《原善》卷中，《孟子字義疏證》頁68。

的，既有形色，亦具有形質。因而，形色或形質也本之於氣。「論形氣，則氣爲形之本」⑲。由此反觀氣，氣自身並沒有固定的形狀，而是由於稟氣清濁厚薄的不同，而有形色的差別。從氣沒有固定形狀來看，它是無處不有，無所不在的，充塞宇宙，滲透世界，是萬物生生的基礎。

3. **陰陽五行之氣是動態結構**

戴震强調氣化，是他的哲學邏輯結構的特徵。動態是指陰陽五行之氣自我運動變化，而不是「別求」一物爲之第一推動力。中國古代以陰陽爲事物的兩種對立因素⑩，「陽伏而不能出，陰迫而不能烝，於是有地震」⑪。五行爲構成具體事物的要素。戴震把陰陽五行都作爲氣，氣運動變化，永不止息；氣化流行，就是天地萬物運動的過程。

陰陽五行之氣之所以是一個動態結構，是由氣自身內在結構決定的。戴震以爲，陰陽是說氣有矛盾對立的關係，五行是說氣有相生相剋的關係。陰陽有動靜，「五行有生剋，遇其剋之者則傷。」⑫是陰陽五行之氣內部的矛盾作用。

戴震把陰陽五行之氣的動態結構稱爲「生氣」，「氣之流行既爲生氣，則出氣之靈乃其主宰」⑬。「生氣」意謂富於生命力和創造力功能的氣，以及具有生氣蓬勃和活活潑潑的特點。因此氣

⑲　《緒言》卷上，《孟子字義疏證》頁90。

⑩　參見拙著《中國哲學範疇發展史》(天道篇)，第八章〈陰陽論〉，頁261-318。

⑪　〈周語上〉，《國語》卷1。

⑫　〈性〉，《孟子字義疏證》卷中，頁28。

⑬　《孟子私淑錄》卷上，《孟子字義疏證》頁135。

自能主宰自己，而毋需別物爲之主宰。倘若別求外物爲之主宰，那麼，生氣就變成別物主宰的死氣。只有生氣，才能自己掌握自己的命運。在氣化流行中，運動變化的實體由自身承擔和負荷，動因與取向由自身決定和選擇。也只有生氣，才能生生天地萬物，而表現於萬事萬物之中，生氣既是萬物存在的根據，又是天地萬物性質的來源，並左右萬物發展變化的趨勢。這樣，生氣就成爲形形色色世界萬物的統一性。

陰陽五行之氣作爲物質存在的形態，是一種客觀實在；作爲構成天地萬物的質料，是產生、形成萬物的基礎和來源；作爲動態結構，其根源是自身的對立矛盾關係，是自己主宰自己。這樣陰陽五行之氣便不是如宋儒那樣目爲空的氣，而是一種物質存在，具有實體的特性。

(四)理的內涵

戴震對「理」十分重視，皮錫瑞曾經說：「戴震作《原善》、《孟子字義疏證》，雖與朱子說牴牾，亦只是爭辯一個理字」[114]。對理的不同理解，是朱熹與戴震分歧的根本所在。何謂理，戴震作了這樣的規定：

1. 理爲分理

理在朱熹哲學邏輯結構中是一個最高範疇，它是天地萬物終極的根據或本體，是天地萬物的邏輯產生者。「太極生陰陽，理生氣也。陰陽既生，則太極在其中，理復在氣之內也」[115]。理是

[114] 《經學歷史》，中華書局1959年版，頁313。

[115] 〈太極圖說解·集說〉，《周子全書》卷1，《萬有文庫》本。

天地萬物的主宰者或支配，它在萬事萬物之內，又超越於萬事萬物之上，「且如萬一山河大地都陷了，畢竟理卻只在這裏」[116]。理是一個永恒存在的超時空的絕對[117]。戴震一反朱熹對理的規定，理不是一個共相，而是一個殊相，是事物自身的特殊的規定性。他說：

理者，察之而幾微必區以別之名也，是故謂之分理[118]。

主體對於客體的考察和認定，是對於某些具體事物個性的認識和把握。事物的個性就是該事物的特殊本質，它既是對於自身性質的確定，如貓是貓，而不是老鼠；也是區別於其他事物的規定性。戴震認爲，理就是人們觀察事物到了非常細微的階段，而能對事物加以區別的名稱。這就是說，對某一事物具體的、獨特的內在規定的把握，就叫做分理，這是該事物區別於其他事物的根據和標誌。因此，不同的事物，便有不同的特殊的規定：「在物之質，曰肌理，曰腠理，曰文理（亦曰文縷。理、縷，語之轉耳。）」[119]。理在事物的形質上，如玉石的紋理、皮膚的肌理、皮膚和肌肉間的腠理等。這種紋理、肌理、腠理，都是事物的殊相。這是事物「委曲條分」的根據。

理的不同，體現了事物之間質的分別。戴震引經據典說：

---

[116] 〈理氣上〉，《朱子語類》卷1，頁4。

[117] 參見拙著《朱熹思想研究》第五章〈朱熹哲學的邏輯結構〉，中國社會科學出版社1981年版。

[118] 〈理〉，《孟子字義疏證》卷上，頁1。

[119] 同上。

「《中庸》曰：『文理密察，足以有別也』。〈樂記〉曰：『樂者，通倫理者也』。鄭康成注云：『理，分也』。許叔重〈說文解字序〉曰：『知分理之可相別異也』。古人所謂理，未有如後儒之所謂理者矣」[120]。戴震解釋理爲「分理」，是有經典依據的，而非杜撰。後儒（指宋儒）把理看作世界萬物最高的本體或共相，是對於經典著作的背離，暗喩不符合聖人之言。這也是戴震借古代經典來批判宋儒的方法。不過，在這點上，程顥並沒有隱晦，他一開始就宣稱，天理二字是自家體貼出來的，自然與古人所說的不同，否則就沒有獨立創見了。所以，戴震的這個批判，是無力的。只能說戴震與程、朱對理的解釋和理解各有自己的見地而已。

事物千差萬別，只有認識了事物各自的理，才能細細地、明確地把事物區別開來。「是故明理者，明其區分也」[121]。倘若不明理，往往陷於猶豫不定的狀態而產生迷亂。「不明，往往界於疑似而生惑」[122]。但理是講某種不亂的秩序，「凡物之質，皆有文理，粲然昭著曰文，循而分之、端緒不亂曰理。故理又訓分，而言治亦通曰理」[123]。混亂就失掉理，理是在氣化流行生物，融而成質中，就具有了。「理字偏旁從玉，玉之文理也。蓋氣初生物，順而融之以成質，莫不具有分理」[124]。分理是事物固有的特殊本質。

[120] 同上。
[121] 〈理〉，《孟子字義疏證》卷上，頁3。
[122] 同上。
[123] 《緒言》卷上，《孟子字義疏證》頁84。
[124] 同上。

2. 理爲條理

人們認識和把握了各個事物的殊相，便要進而考察各個事物的殊相及殊相間有否一定的次序、系統和必然的聯繫。戴震把事物內部與事物間存在的這種次序、系統和必然聯繫，稱之爲條理。他說：

> 得其分則有條而不紊，謂之條理。孟子稱「孔子之謂集大成」。曰：「始條理者，智之事也；終條理者，聖之事也。」聖智至孔子而極其盛，不過舉條理以言之而已矣[125]。
>
> 問：理之名起於條理歟？曰：……有條而不紊，是以謂之條理[126]。

孟子在〈萬章下〉以奏樂爲喻，認爲條理是奏樂的節奏，朱熹注爲：「條理，猶言脈絡，指衆音而言也」[127]。指衆音在演奏時的一定節奏。成爲樂之一終，集大成是指各種樂器合奏，先敲鐏鐘，最後用特磬收尾。這便是始條理和終條理，兩者之間，脈絡通貫。孟子認爲孔子是精通條理始與終的智者聖人。戴震引以說明懂得或掌握條理，是最高的智者聖人，達到了最高的境界。

對事物內部和事物間存在的次序、系統和必然聯繫，作脈絡貫通的理解和把握，是揭示事物本質聯繫及事物本質特性的有效方法。戴震舉例證明：

---

[125] 〈理〉，《孟子字義疏證》卷上，頁1。

[126] 《緒言》卷上，《孟子字義疏證》，頁84。

[127] 〈萬章章句下〉，《孟子集注》卷10。

例證一，植物從其自身以及與土壤、氣候、環境的聯繫中來考察：「以植物言，其理自根而達末，又別於榦爲枝，綴於枝成葉，根接土壤肥沃以通地氣，葉受風日雨露以通天氣，地氣上接乎葉，天氣必下返諸根，上下相貫，榮而不瘁者，循之於其理也」[128]。植物的根吸收地下土壤中的水分和養料，它的最活躍部位是根毛區的細胞。植物細胞在形成液泡以後，依靠滲透作用吸水。水分通過根部的導管運輸到莖，由莖到葉，由葉的氣孔以水蒸氣的形成散失到大氣中。這種蒸騰作用，不僅喪失水分，而且促進礦質養料在植物體的運輸。植物的葉綠體是進行光合作用的細胞器，葉綠體中色素利用所吸收的光能，將水分解成氧和氫，氧以分子狀態釋放出去，氫是活潑的還原劑，能參加暗反應中的化學反應。光合作用的反應式是：

$$6CO_2 + 12H_2O \xrightarrow[\text{葉綠體}]{\text{光能}} C_6H_{12}O_6 + 6H_2O + 6O_2$$

植物的光合作用製造巨大的有機物和吸收二氧化碳，放出氧氣。植物根的滲透作用和葉的光合作用，上下貫通，使植物繁榮，而不枯瘁。植物根和葉自身及兩者關係中都是有秩序、有必然聯繫。這種必然聯繫，亦叫做「條理」。

例證二，動物從其自身以及與自然環境、飲食的聯繫中來考察：「以動物言，呼吸通天氣，飲食通地氣，皆循經脈散布，周

[128] 《緒言》卷上，《孟子字義疏證》頁 84。另見〈答彭進士允初書〉：「以植物言，葉受風日雨露以通天氣，根接土壤肥沃以通地氣。」（《孟子字義疏證》頁166）。

溉一身，血氣之所循，流轉不阻者，亦於其理也」[129]。動物在新陳代謝中，不能像綠色植物進行光合作用，把從外界環境中攝取到體內的無機物，製造成糖類、脂類和蛋白質等有機養營物。這樣動物必須直接或間接地以綠色植物爲食物，這是動植物新陳代謝的顯著差別。這就是戴震所說的「飲食通地氣」。動物所攝取的食物中，水和無機鹽等化合物可以直接吸收，另如糖類、脂類、蛋白質等，一般都是大分子有機物，它們結構複雜，需經過消化變成結構簡單的小分子有機物，才能被動物吸收和利用。食物的消化，主要在小腸內進行，食物從口腔進到小腸後，大分子有機物在各種消化酶作用下，分解成各種小分子有機物：如

$$\text{澱粉}\xrightarrow[\text{胰、腸澱粉酶}]{\text{唾液澱粉酶}}\text{麥芽糖}\xrightarrow[\text{腸麥芽糖酶}]{\text{胰麥芽糖酶}}\text{葡萄糖}$$

$$\text{脂肪}\xrightarrow[\text{乳化作用}]{\text{膽汁}}\text{脂肪微粒}\xrightarrow[\text{腸脂肪酶}]{\text{胰脂肪酶}}\text{甘油和脂肪酸}$$

$$\text{蛋白質}\xrightarrow[\text{胰蛋白酶}]{\text{胃蛋白酶}}\text{多肽}\xrightarrow{\text{腸肽酶}}\text{氨基酸}$$

糖類、脂類、蛋白質經上述消化過程，而被動物所吸收。

營養物質絕大部份是在小腸內被吸收的。在小腸內，表面上具有許多環形皺襞和小腸絨毛，小腸絨毛的上皮細胞吸收營養物質，一部分如水、膽固醇通過滲透、擴散作用來吸收；另外如 $Na^{+}K^{+}$、葡萄糖、氨基酸通過主動運輸來吸收，除脂類物質的一部分被吸收到小腸絨毛的毛細淋巴管，由淋巴循環再進入血液循環外，其他營養物質全部被吸收到小腸絨毛內的毛細血管中，

---

[129] 《緒言》卷上，《孟子字義疏證》頁 84。另見〈答彭進士允初書〉：「以動物言，呼吸通天氣，飲食通地氣，人物於天地，猶然合如一體也。」（《孟子字義疏證》頁166）。

直接進入血液循環。這就是戴震所說的「皆循經脈散布，周溉一身，血氣之所循」的意思。

然而，在物質代謝中伴隨着能量代謝，即能量的釋放、轉移和利用。如果說營養物質的吸收和利用，主要是同化作用的話，那麼，能量的釋放和利用主要是異化作用。異化作用需要在有氧的條件下進行。高等動物包括人類通過呼吸運動和血液循環系統進行氣體交換。肺泡內的空氣與肺部毛細血管內的靜脈血之間，如靜脈血吸入氧，排出二氧化碳，變成含氧豐富的動脈血，進行肺泡內的氣體交換，稱外呼吸。內呼吸是肺部血管中的動脈血通過血液循環，不斷把氧輸送到全身的各種組織。組織細胞從內環境吸入氧和排出二氧化碳，組織細胞與組織液之間不斷進行氣體交換，便可以進行有機物的氧化分解，這就是戴震所謂的「呼吸通天氣」。動物的物質代謝和能量代謝過程，構成了動物內在流轉不阻的條理。

儘管戴震對動植物內部新陳代謝過程缺乏現代科學知識，敍述粗糙而不精密，但他的本意是想通過動植物的新陳代謝過程，說明有條不紊的條理，即一種次序、系統和必然聯繫。

3. 理爲不易之則

認識和把握事物內在有條不紊的條理，就可以進一步探索事物不變的、固有的法則或規律。他說：

> 分之，各有其不易之則，名曰理[130]。
>
> 天地、人物、事為，不聞無可言之理者也，《詩》曰：

[130] 〈理〉，《孟子字義疏證》卷上，頁3。

「有物有則」是也。物者，指其實體實事之名；則者，稱其純粹中正之名。實體實事，罔非自然，而歸於必然，天地、人物、事為之理得矣[131]。

理是事物各有不可改變的法則。這種法則是普遍存在於天地、人物、事爲之中的，正如《詩經・大雅・烝民》中所說的，萬物以及萬物的行爲方式中，都蘊含着法則。這裏所謂「則」，就是一種美好而中正的尺度、標準和法則。天地、人物、事爲是客觀存在的實體實事，人們必須從實體實事的客觀存在中，去探求其必然的法則。這樣，不易之則的理，便可以把握或獲得了。「就天地、人物、事爲求其不易之則，是謂理。後儒尊大之，不徒曰『天地、人物、事爲之理』，而轉其語曰『理無不在』，以與氣分本末，視之如一物然，豈理也哉！就天地、人物、事爲求其不易之則，以歸於必然，理至明顯也」[132]。宋儒程、朱等以爲理氣渾淪，使學者皓首茫然，求物不得。求物不得，便不能從客觀事物中尋求理。這就是說，不易之則的理是事物之理，離事物而求不易之則的理，必陷入宋儒程、朱之失。

天地、人物、事爲中所普遍存在的不易之則的理，是一種客觀實在，而非主觀意志和主體的杜撰。他說：

舉凡天地、人物、事為，虛以明夫不易之則曰理。所謂則者，匪自我為之，求諸其物而已矣[133]。

---

[131] 〈性〉，《孟子字義疏證》卷上，頁12。

[132] 《緒言》卷上，《孟子字義疏證》頁83。

[133] 《緒言》卷上，《孟子字義疏證》頁84。

這就是說，不易之則的理，旣非心爲之或自我爲之，亦非離物而外求。離物而外求，便無不易之則的理。「是故就事物言，非事物之外別有理義也。『有物必有則』，以其則正其物，如是而已矣。就人心言，非別有理以予之而具於心也；心之神明，於事物咸足以知其不易之則，譬如光皆能照，而中理者，乃其光盛，其照不謬也」[134]。事物在不斷運動變化中，有一種穩定的聯繫，這種穩定的聯繫，便是固定的秩序、法則或規律。每一事物都有這種法則，不是事物外別有什麼理，但事物的法則、規律並不是實體實事本身，而是客觀反映於主觀。從主體心來說，不是別有一個理安置在心中，而是心自身便具有思維能力和認識能力，譬如光能照亮物體一樣，心能認識不易之則的理，理是主觀對於客觀的攝影。因此，不易之則的理，其內容是客觀的，其形式是主觀，它是主觀與客觀、主體與客體的統一。

理是分理，指每個事物之所以相區分的特殊本質；理爲條理，是事物內部與事物彼此間普遍存在的次序和系統；理爲不易之則，是事物內在不變的、固有的法則、規律。戴震對理的這些規定既有別於程、朱的絕對理派，又有別於陸、王主觀理派，即使繼承張載客觀理派，也有其異。特別是戴震運用當時自然科學知識的成就，驗證理的規定性，具有實證的意義。就此而言，戴震的思想具有中國古代重體驗的直覺思維的哲學，向近代重實證的經驗思維的哲學的轉化的契機。

---

[134] 〈理〉，《孟子字義疏證》卷上，頁7。

三、形而上與形而下

戴震哲學的重要範疇——天道、陰陽五行之氣、理的規定既明，便可進而探求三者之間的關係。筆者對此具有更大的興趣，因爲探討它們內涵的規定，是爲了明確其關係，只有明確其關係，才能確定該範疇在其哲學邏輯結構中的地位和作用，而求得對戴震哲學的整體理解。

天道與理、氣（陰陽五行之氣）的關係，究竟如何？戴震有這樣一段自設賓主的問答：

> 問：道之實體，一陰一陽，流行不已，生生不息，是矣。理即於道見之歟？
>
> 曰：然。古人言道，恒該理氣；理乃專屬不易之則，不該道之實體。而道理二字對舉，或以道屬動，理屬靜，……此皆虛以會之於事為，而非言乎實體也[135]。

道永遠地兼備理、氣，是理與氣（陰陽五行之氣）的賅括。道的實體是陰陽五行之氣，陰陽五行之氣是說明道的內容的；因此，道包括陰陽五行之氣；理是陰陽五行之氣內部運動變化的法則或規律，是陰陽五行之氣存在形式的表現，因而，道包括理，而非理包括道或道與理同屬相類範疇；理既爲陰陽五行之氣固有不變的法則或規律，就不能像程、朱那樣以理包括陰陽五行之氣，作

---

[135] 《緒言》卷上，《孟子字義疏證》頁83。

爲道的實體的陰陽五行之氣，具有氣化生物的功能，而非理的功能。在道「恒該理氣」的哲學邏輯結構中，道是比理與氣高一層次的範疇。當然，這種道賅括理、氣或高一層次，不是道生理與氣的關係，而是一種邏輯聯繫中的層次之別。儘管如此，三者之間的關係也十分複雜。

（一）道與氣（陰陽五行）的關係

天道與陰陽五行之氣的關係，戴震多處論述，兩者構成了錯綜的關係。天道在戴震的哲學邏輯結構中，既是天地萬物的實體，又是萬物產生、形成的總過程；氣既是物質存在的形態，又是化生萬物的質料。兩者既有相似的內涵，又互相區別，不可混淆。

1. 天道卽陰陽五行之氣

陰陽五行之氣作爲道的實體，兩相重合，天道本身就是陰陽五行之氣。這是從道卽未成形質的意義上說的，此道是陰陽五行的統一體。若要確定道卽陰陽五行之氣，必須辯白宋以來關於《周易·繫辭傳》中「一陰一陽之謂道」和「形而上者謂之道，形而下者謂之器」這兩個命題之間一場論爭。

這場論爭由朱熹與陸九淵開其端，而延續到淸。在朱熹的哲學邏輯結構中，陰陽之氣與器相當，是屬於與形而上之道（或理」）相對待的形而下之器（或陰陽之氣）範疇，而有道器、理氣的形而上下之分。陸九淵不同意朱熹的觀點，認爲「《易》之〈大傳〉曰『形而上者謂之道』，又曰『一陰一陽之謂道』，一陰一陽，已是形而上者，況太極乎？」[136]陸氏根據《繫辭傳》的

---

[136] 〈與朱元晦〉，《陸九淵集》卷3，中華書局1980年版，頁23。

「一陰一陽之謂道」，認爲陰陽卽道，爲形而上者。朱熹在給陸九淵信中反駁說：

> 至於〈大傳〉既曰「形而上者謂之道」矣，而又曰「一陰一陽之謂道」，此豈眞以陰陽爲形而上者哉！正所以見一陰一陽雖屬形器，然其所以一陰而一陽者，是乃道體之所爲也。……直以陰陽爲形而上者，則又昧於道器之分矣[137]。

道不是陰陽，是所以陰陽者。所以陰陽，是指陰陽之氣背後支配陰陽的所以然者，堅持了道（理）爲形而上，陰陽之氣（器）爲形而下的觀點。陸九淵又詰難說：「至如直以陰陽爲形器而不得爲道，此尤不敢聞命。《易》之爲道，一陰一陽而已」[138]。接着陸氏引《周易・說卦傳》和〈繫辭下傳〉說：「『是以立天之道，曰陰與陽；立地之道，曰柔與剛；立人之道，曰仁與義。』〈下繫〉亦曰：『《易》之爲書也，廣大悉備；有天道焉，有人道焉，有地道焉。兼三才而兩之，故六，六者非它也，三才之道也。』今顧以陰陽爲非道而直謂之形器，其孰爲昧於道器之分哉？」[139]朱熹回答說：「若以陰陽爲形而上者，則形而下者復是何物？更請見教。若熹愚見與其所聞，則曰：『凡有形有象者，皆器也；其所以爲是器之理者，則道也』」[140]。道所以爲器（氣）

---

[137] 〈答陸子靜〉，《朱文公文集》卷36。
[138] 〈與朱元晦（二）〉，《陸九淵集》卷2，頁29。
[139] 同上。
[140] 〈答陸子靜〉，《朱文公文集》卷36。

之理。朱、陸道（理）氣（器）形而上與形而下的分二和合一，是兩人哲學思維方法的主要特徵。

與陸九淵同時代的葉適（1150-1223）認爲形而上與形而下是對待統一。「『形而上者謂之道』，按『一陰一陽之謂道』，兼陰說雖差，猶可也；若夫言形上則無下，而道愈隱矣」[141]。講形而上而不講形而下未妥，因爲以陰陽爲形而上，道便愈隱了；同時形而上下的道器互相聯繫，交錯統一。

明代思想家吳廷翰（1490-1559）認爲形而上之道與形而下之器互相滲透。他說：「一氣爲形，形而上無象，有象則皆謂之道矣。道者，物有所由之名也。形而下、流形、成形，則皆謂之器矣。器者，物有所受之名也。由爲道，而所由者非器乎？受爲器，而所受者非道乎？故曰：『器亦道，道亦器』。」[142]道是物所由的名稱或概念，器是道所名的物。從這個意義上說，器亦道，道亦器。這是因爲「何謂道？『一陰一陽之謂道』。何謂氣？一陰一陽之謂氣？然則陰陽何物乎？曰氣。然則何以謂道？曰：氣卽道，道卽氣」[143]。道氣相互滲透、相互融合。

王夫之批評朱熹以「形而上底虛，渾是道理」及「形器之本體，而離乎形器，則謂之道」的思想。認爲形而上之所以爲實而非虛，是因爲有形而後才有形而上，否則便無所謂形而上或形而下。「形而上者，非無形之謂。旣有形矣，有形而後有形而上。無形之上，亙古今，通萬變，窮天窮地，窮人窮物，皆所未有者

---

[141] 〈繫辭上〉，〈周易四〉，《習學記言序目》卷4，中華書局1977年版，頁47-48。

[142] 《吉齋漫錄》卷上，《吳廷翰集》中華書局1984年版，頁18。

[143] 同上書，頁5。

也」[144]。又說：「『謂之』者，從其謂而立之名也。『上下』者，初無定界，從乎所擬議而施之謂也。然則上下無殊畛，而道器無異體，明矣。天下惟器而已矣。道者器道，器者不可謂之道之器也」[145]。形而上並非無形，有事物（器）而後有形，有形而後才有形而上。形而上不能脫離形而孤立存在，形而上只能寓於形而下的器之中。無形，沒有事物的形器，便無所謂形上、形下。從這個意義上說，「形而上者爲形之所自生」[146]。肯定了以形作爲形而上、下的統一基礎。

戴震批判朱熹以形而上下爲道與陰陽之氣的區分，改造和發展了王夫之以形釋形而上下。戴震對朱熹賴以區分形而上之道與形而下之器的《周易·繫辭傳》的話，做了重新解釋。戴震在《孟子字義疏證》中有一段全面而完整的論述：

> 問：《易》曰：「形而上者謂之道，形而下者謂之器。」程子云：「惟此語截得上下最分明，元來止此是道，要在人默而識之。」後儒言道，多得之此。朱子云：「陰陽，氣也，形而下者也；所以一陰一陽者，理也，形而上者也；道卽理之謂也。」朱子此言，以道之稱惟理足以當之。今但曰「氣化流行，生生不息」，乃程、朱所目爲形而下者；其說據《易》之言以爲言，是以學者信之。然則

[144] 〈繫辭上傳〉，《周易外傳》卷5，《船山全集》第一册，嶽麓書社1988年版，頁1028。

[145] 同上書，頁1027。

[146] 〈誠明篇〉，《張子正蒙注》卷3，頁91。

《易》之解可得聞歟[147]？

戴震對此詰難，作了多方面、多層次的分析和回答：

第一、所以陰陽爲道，不符合聖人原意。戴震說：

> 氣化之於品物，則形而上下之分也。形乃品物之謂，非氣化之謂。《易》又有之：「立天之道，曰陰與陽。」直舉陰陽，不聞辨別所以陰陽而始可當道之稱，豈聖人立言皆辭不備哉？一陰一陽，流行不已，夫是之謂道而已[148]。

《說文》：「品，衆庶也」。「品物」，就是指萬物；形，是指有形質的萬物。陰陽五行之氣在形成有形質萬物的運動變化過程中，而有形而上與形而下的區分。《周易·說卦傳》直接明確提出陰陽就是道，沒有說所以陰陽才叫做道，這不是聖人的疏忽或不完備，而是說陰陽互相交感，不停地運動，就叫做道。這就是說，形而上下之分，並非作爲本體的道與作爲道的表現的器（陰陽五行之氣）的區別，而是有形事物與其自身運動變化的分別，卽品物與品物自身氣化的分別。氣化流行是品物的固有屬性，是品物這種形態的存在形式。

第二、「之謂」、「謂之」兩者有異。戴震說：

> 古人言辭，「之謂」、「謂之」有異：凡曰「之謂」，以

---

[147] 〈天道〉，《孟子字義疏證》卷中，頁21。

[148] 同上書，頁22。

> 上所稱解下，如《中庸》「天命之謂性，率性之謂道，修道之謂教」，此為性、道、教言之，若曰性也者天命之謂也，道也者率性之謂也，教也者修道之謂也；《易》「一陰一陽之謂道」，則為天道言之，若曰道也者一陰一陽之謂也[149]。

從語法的角度來解釋，「之謂」是指以上面的詞句解釋下面的詞句，卽以陰陽給道下定義，陰陽卽是道。譬如《中庸》第一章是說，天賦的忠、孝、仁、義、禮、智、信等就是人的本性，順着本性去做事就是道，按道進行修養就是教。由此，便可證明陰陽就是道，卽陰陽五行之氣是道的實體或內涵。

至於「謂之」，戴震說：

> 凡曰「謂之」者，以下所稱之名辨上之實，如《中庸》「自誠明謂之性，自明誠謂之教」，此非為性教言之，以性教區別「自誠明」、「自明誠」二者耳。《易》「形而上者謂之道，形而下者謂之器」，本非為道器言之，以道器區別其形而上形而下耳[150]。

「謂之」是指以下面的詞句說明上面的實際內容，卽以道與器給形而上與形而下下定義。譬如《中庸》第二十一章是說性叫做「自誠明」，教叫做「自明誠」，卽人的天性由至誠而明德，後天的教化由明德而實現誠的道德理念，並不是以形而上與形而下

---

[149] 同上。

[150] 同上。

來區別道與器，而是以道器來區別形而上、形而下。

第三、形而上下卽形之前後。戴震說：

> 形謂已成形質，形而上猶曰形以前，形而下猶曰形以後。陰陽之未成形質，是謂形而上者也，非形而下明矣。器言乎一成而不變，道言乎體物而不可遺。不徒陰陽非形而下，如五行水火木金土，有質可見，固形而下也，器也；其五行之氣，人物咸禀受於此，則形而上者也[151]。

如果說「之謂」、「謂之」之別，是就上對下或下對上的空間角度而言，那麼，形之前後，是就時間角度而言的。戴震在文內注形之前後時引「如言千載而上，千載而下」，就是從時間意義上運用的。形而上下之別卽成形質之前、之後的區別。戴震的思維邏輯是這樣的：有質可見——器——形而下——成而不變；陰陽五行之氣——鬼神——形而上——體物而不遺。這就是說形而上並非超越形質，而是成形質以前；形而下是已成形質，卽成形質以後。陰陽五行之氣化生萬物之前，未成具體形質，屬形而上，當其凝聚成有形質的事物，便是形而上。

戴震通過此三層次的分析，論證了不是以形而上下來區分道器，證明了「一陰一陽之謂道」的命題。因此，天道卽陰陽五行之氣。批評後儒（指宋儒程、朱等）「以陰陽屬形而下，實失道之名義也」[152]。

---

[151] 同上。

[152] 同上。

2.「氣」體「道」化

戴震以道卽氣，是從本體論意義上說的；「氣言其體，道言其化」，是從實體與實體的運動意義上講的。道作爲陰陽五行之氣氣化的過程，與陰陽五行之氣有着雙層的關係。從一個層次來說，陰陽五行之氣是道的實體，道是陰陽五行之氣的過程屬性。「天道，以天地之化言也」[153]。又說：「謂之氣者，指其實體之名；謂之道者，指其流行之名」[154]。陰陽五行之氣是最生動活潑的實體。它運動變化，永不停息，道是對陰陽五行之氣運動變化過程的概括，是陰陽五行之氣本身所固有的根本屬性。兩者不可分割，道作爲陰陽五行之氣存在的形式和根本屬性來說，它包括宇宙間發生的一切運動變化和過程。陰陽五行之氣是道的運動和過程的載體或擔當者，是一切運動變化和過程的實在基礎。沒有運動變化和過程的陰陽五行之氣和沒有陰陽五行之氣的運動變化和過程，都是不可設想和不存在的。

從另一個層次來說，陰陽五行之氣是道的內涵的一個部分，道作爲運動變化的過程，是對氣及其運動規律的規定。戴震指出，道「合物與則」，「賅理氣」。陰陽五行之氣和理都爲道所包括，沒有理，則「生生之道絕」[155]。道的運動變化的過程是一種有序的運動，這種有序的運動或規律，是陰陽五行之氣的本質聯繫，它體現了陰陽五行之氣本身所固有的內在根本性質和發展過程。道也是陰陽五行之氣的穩定的聯繫，它是變動不居現象中相對穩定的東西，是一切運動變化和過程的共相，是普遍存在的。

---

[153] 《孟子私淑錄》卷上，《孟子字義疏證》頁129。

[154] 同上。

[155] 〈仁義禮智〉，《孟子字義疏證》卷下，頁48。

3. 道與器

天道即陰陽五行之氣，是從未成形質的陰陽五行之氣的存在形式說的。在這種狀態下，道與陰陽五行之氣統一，以致等同，同爲形而上。已成形質的陰陽五行之氣稱爲器，在這種狀態，道乃作爲形而上的存在方式，而器却是形而下。因此，天道與陰陽五行之氣並不完全等同。兩者旣同一，又相異。即使相異，也還互相聯繫，互相依賴，不雜而不離。

這樣，便構成了道與陰陽五行之氣已成形質的器的關係：其一、「道」是氣沒有具體形態的統一體，「器」是陰陽五行之氣氣化凝聚成形質的可感物；「道」是以陰陽五行之氣爲實體的本體之氣，「器」是氣化運動的結果。「形而下者，成形質以往者也。形而上者，陰陽鬼神胥是也，體物者也。……五行之成形質者，則器也；其體物者，道也」[156]。道是具有實體的，是氣化成形質運動過程中的本體或基礎，器是各有其殊相的具體事物，是道的體現或在事物中的具體表現。道與器的關係，即本體與本體的體現。

其二、道作爲陰陽五行之氣化運動未成形質的形而上階段，器作爲陰陽五行之氣氣化運動的已成形質的形而下階段，其實，都是陰陽五行之氣氣化運動同一過程的不同階段，同一實體的不同存在形態。兩者有同有異，異是同中之異。由其是同中之異，所以，在陰陽五行之氣氣化運動已成形質以後，作爲運動變化和過程的道，仍然存在於器之中。這就是說，道並不脫離器，器的運動變化和過程，是道的體現。而這個體現並不是外在的道加給

[156] 《原善》卷上，《孟子字義疏證》頁62。

的或賜予的，而是器自身固有的本質屬性。道無論在陰陽五行之氣氣化成質以前還是氣化成質（器）以後，都貫通始終。

（二）道與理的關係

在戴震哲學邏輯結構中，天道與陰陽五行之氣的關係是基本的，因而貫串其哲學的全過程。道與理的關係，不像在程、朱哲學邏輯結構中是同等範疇的關係，「形而上者，道即理之謂也」[157]，「陰陽迭運者氣也，其理則所謂道」[158]。道和理同為形而上者，與形而下的陰陽和氣構成了相對立範疇。因此，戴震多處批判程、朱等把道改換成理，「朱子於其指神為道，指神為性者，若轉以言夫理」[159]。道和理在其哲學邏輯結構中的地位和作用相似。戴震改造了程、朱的理範疇，把理從最高範疇的地位上拉下來，成為分理、條理和物則。所以道與理的關係，實質上是實體與屬性、整體與部分、過程和其規律之間的關係。

1. 道主統，理主分

戴震認為，道與理既構成一種關係，便是雙方面的，而不是單方面的。兩者既有相互依存的關係，亦有互相差異的關係。從依存中見其差異，也可從差異中探其依存。戴震首先把兩者關係概括為「道主統，理主分」[160]。

所謂「道主統」。統，《說文》：「紀也」。引伸為總論其

---

[157] 《通書・誠上注》，《周子全書》卷7。
[158] 〈繫辭傳上〉第五，《周易本義》卷3。
[159] 〈理〉，《孟子字義疏證》卷上，頁17。
[160] 《緒言》卷上，《孟子字義疏證》頁83。另見《孟子私淑錄》卷上，《孟子字義疏證》頁134。

事或本的意思，《周易・乾彖》：「萬物資始，乃統天。」陸德明《經典釋文》引鄭玄注：「統，本也。」「道主統」，是指道作爲陰陽五行之氣氣化運動過程，它統括一切事物運動，這裏既包括氣化流行的實體——陰陽五行之氣，也包含氣化生生的條理、分理的理。「道，言乎化之不已也；德，言乎不可渝也；理，言乎其詳緻也」[161]。又說：「道，言乎化之不已也；理，言乎其詳至也」[162]。道是講陰陽五行之氣不斷氣化運動和過程，理是講陰陽五行之氣氣化運動中所表現的詳細的規律或法則。道統括理。因爲法則或規律是陰陽五行之氣氣化之流行中固有的必然和穩定的聯繫，是道運動變化總過程一個階段或環節。

所謂「理主分」，是指理作爲陰陽五行之氣氣化流行、運動變化的分理，是每個具體事物的特殊本質，是該事物之所以區別其他事物的殊相和個性。道作爲形成、產生具體事物氣化運動的總過程，理就是分於道的條理或分理。「分也者，道之條理也」[163]。每一具體的萬事萬物都各有其不同的運動變化的形式，以及各不相同的法則和規律。「分之，各有其不易之則，名曰理」[164]。又說：「天理云者，言乎自然之分理也」[165]。分理，對於道即陰陽五行之氣實體來說，是分有的一部分或一個方面、層次，是整體與部分的關係；條理，對於道作爲陰陽五行之氣氣化的總過程，是這個總過程的一個階段或環節，是總過程的子過程，總規律的

---

[161] 《原善》卷上，《孟子字義疏證》頁61。

[162] 《原善上》，《孟子字義疏證》頁176。

[163] 〈法象論〉，《孟子字義疏證》頁175。

[164] 〈理〉，《孟子字義疏證》卷上，頁3。

[165] 〈理〉，《孟子字義疏證》卷上，頁2。

子規律。

因此，統是分之統，分是統之分；道是理之道，理是道之理，兩者互滲相分。

2. **道該變，理主常**

常與變範疇，是指事物的常住性和變動性。《孫子・虛實篇》曾說：「兵無常勢，水無常形，能因敵變化而取勝者，謂之神」。敵有變化，兵勢隨之變化而無常；若守常勢，不應敵勢而變化，便不能克敵致勝。戴震用常變來說明道與理的關係。他說：「道該變，理主常」[166]。

所謂「道該變」，是指道兼備陰陽五行之氣的變化過程。運動變化是道的根本屬性，因此，戴震講道，總是與氣化流行，生生不息相聯繫，又往往以行規定道。行甲骨文作卄，本義是四通的道路，人循一定指向的道路行走。《說文》以行爲步趨，都是處在運動變化的過程之中。如果說氣化生生的結果器，具有相對的穩定性，戴震把它叫做「一成而不變」的話，那麼，對於未成形質的陰陽五行之氣氣化流行的道來說，是不斷變化的。所以稱「陰陽五行之成化也，雜糅萬變」[167]。道之所以萬變，是因爲作爲道的實體的陰陽五行之氣，都具有對待矛盾的性質。由於對立面的相互衝突、交感，如一陰一陽，一水一火，促使事物的不斷變化發展。道既是各種事物變化發展的統一基礎，又該括變化發展的總過程。

所謂「理主常」。常是與變對言，變是變更的意思，《詩・

---

[166] 《緒言》卷上，《孟子字義疏證》頁 83。另見《孟子私淑錄》卷上，《孟子字義疏證》頁134，「該」作「賅」。

[167] 〈性〉，《孟子字義疏證》卷中，頁25。

七月》孔穎達疏：「變者，改常之名。」常是下身的裙子，段玉裁《說文解字注》認爲可「引申爲經常」，《玉篇》：「常，恒也。」卽恒常、不變的意思。戴震解釋說：「千古不易者，常也」[168]。理是一種穩定的、不易的法則或規律。因此，戴震多次論述「不易之則曰理」，「求不易之則」，「理至明顯」等，都說明理的「至當不易」的屬性。在陰陽五行之氣的氣化流行過程中，也存在理，卽法則或規律，「循之而得其分理，是謂常」[169]。這是說，道是描述其自然流變的過程，理是描述流變中的恒常的、穩固的聯繫。道賅變，理是變中之不變。

3. 道屬動，理屬靜

動與靜範疇與上述常變範疇相聯繫，說明道與理的存在形式。戴震說：

> 道理二字對擧，或以道屬動，理屬靜，如《大戴禮記》孔子之言曰「君子動必以道，靜必以理」是也[170]。

動與靜，是指事物的運動和靜止狀態，是對待範疇。戴震對孔子的話解釋說：「道，謂用其心知之明，行之乎人倫日用而不失；理，謂雖不見諸行事，湛然存其心而不放」[171]。行之人倫日用，故道動；存心而不放，故理靜。

---

[168] 〈權〉，《孟子字義疏證》卷下，頁52。

[169] 《原善》卷上，《孟子字義疏證》頁61。

[170] 《緖言》卷上，《孟子字義疏證》頁 83。另見《孟子私淑錄》卷上，《孟子字義疏證》頁134。

[171] 《孟子私淑錄》卷上，《孟子字義疏證》頁134。

所謂「道屬動」，是指陰陽五行之氣作爲道的實體是一動態形式；所謂「理屬靜」，是指法則和規律是一種靜態形式。戴震說：「是故生生者，化之原；生生而條理者，化之流。動而輸者，立天下之博；靜而藏者，立天下之約。博者其生，約者其息；生者動而時出，息者靜而自正」[172]。道是氣化不已的運動，是氣化生生的原始，因而輸而博，博生而動而時出；理是氣化生生的流出，是生生中穩固的聯繫，因而藏而約，約息而靜而自正。博生需要不停地運動，運動生出事物；約息需要淸心寡欲，寡欲以致無欲，就像周敦頤所說的，「無欲故靜」。卽掃除一切雜念，心淸而正，以致心如死水，就能止息而靜。

這樣道動理靜與自然社會、心性修養相聯繫。「是故天地之化，呈其能，曰鬼神；其生生也，殊其用，曰魂魄。魂以明而從天，魄以幽而從地；魂官乎動，魄官乎靜；精能之至也。官乎動者，其用施；官乎靜者，其用也受」[173]。陰陽五行之氣在天地間氣化所體現的功能，是屈和伸；陰陽五行之氣不斷運動過程中所表現的不同作用，是魂和魄。魂主管動，魄主管靜，這是陰陽五行之氣氣化過程中所表現的最高功能。在這裏陰陽五行之氣作爲道的實體和作爲氣化流行，生生不息的過程，它賅括動與靜，動是道之動，靜亦是道動中之理靜。這就是動中有靜，靜中有動。靜不是絕對的靜，而是運動一種特殊狀態。

道與理的關係，在戴震的哲學邏輯結構中，構成了道主統、該變、屬動，理主分、主常、屬靜的性質，這種旣對待又統一的

[172] 《原善》卷上，《孟子字義疏證》頁61-62。

[173] 《原善》卷中，《孟子字義疏證》頁68。

關係，使戴震哲學閃爍出智慧的光輝。

（三）理與氣（陰陽五行之氣）的關係

理與氣對舉雖在漢代王充等人的著作已述及，如他認爲自然的運動變化並非天意，而是陰陽二氣互相作用的結果，從而提出「物氣之理」的命題[174]。但未使之成爲一對哲學範疇，作爲哲學意義上的理氣範疇，是宋完成的[175]。戴震在《孟子字義疏證》中設問：「宋儒之言形而上下，言道器，言太極兩儀，今據孔子贊《易》本文疏通證明之，洵於文義未協。其見於理氣之辨也，求之《六經》中無其文，故借太極、兩儀、形而上下之語以飾其說，以取信學者歟？」[176]戴震此說大體是正確的，《六經》中並沒有理氣之辨，它是人類理論思維長期發展的成果。戴氏批判理學有它時代的重要意義，但在今天來總結中國的理論思維的歷史經驗，應該看到宋明理學理氣之辨的貢獻。理學在超越感性直觀思維的同時，亦不停留在純粹抽象思維的階段，而是對個別與一般、殊相與共相、具體與抽象、現象與本質、作用與本體等作綜合分析的思考，對自然、社會、人生作統一的解釋，使理性思維得到顯著地發展，並把純粹理性和實踐理性、哲學與道德倫理結

---

[174] 王充說：「故人在天地之間，猶蚤虱之在衣裳之內，螻蟻之在穴隙之中；蚤虱螻蟻爲順逆橫從，能令衣裳穴隙之間氣變動乎？蚤虱螻蟻不能，而獨謂人能，不達物氣之理也。」（〈變動篇〉，《論衡校釋》卷15，商務印書館版，頁650）。

[175] 參見拙著《中國哲學範疇發展史》(天道篇)第十五章〈理氣論〉，中國人民大學出版社1988年版，頁537-577。

[176] 〈天道〉，《孟子字義疏證》卷中，頁23。

合起來，形成了別具特點的理學哲學形態。在這裏，筆者順着戴震的思維理路，繼續進行理氣之辨。

1. 理爲氣之理

戴震認為，事物都有自己特殊的本質和屬性，因而使得大千世界千差萬別；千差萬別的事物都在不斷地運動變化之中，各自具有自己的運動變化的法則或規律，由此構成世界萬物的和諧和秩序。宋代道學家在探討世界萬物的和諧、秩序及其所以然時，涉及到道與器、太極與陰陽的形而上下的關係，其實質是理與氣的關係問題。但由於《六經》未提到理氣之辨，所以道學家就變着法兒「借太極、兩儀、形而上下之語以飾其說」。在道學家的哲學邏輯結構中，理與氣，即相當於道與器，太極與陰陽的關係。於是，戴震論述了太極與陰陽之辨。

戴震自我設問：「後儒論陰陽，必推本太極。云：『無極而太極，太極動而生陽；動極而靜，靜而生陰；靜極復動。一動一靜，互為其根；分陰分陽，兩儀立焉』[177]。朱子釋之云：『太極生陰陽，理生氣也。……』[178]又云：『太極，形上之道也；陰陽，形而下之器也。』今既辨明形乃品物，非氣化，然則太極、兩儀，後儒據以論道者，亦必傅合失之矣。自宋以來，學者惑之已久，將何以解其惑歟？」[179]按照道學家周敦頤《太極圖說》的框架是太極 $\xrightarrow{\text{動靜而生}}$ 陰陽(兩儀)，朱熹根據周敦頤太極生陰陽，而

---

[177] 《太極圖說》，《周子全書》卷1。

[178] 朱熹這句話不見於《朱文公文集》和《朱子語類》，其出處考證見《中國哲學範疇發展史》(天道篇)頁566。

[179] 〈天道〉，《孟子字義疏證》卷中，頁22-23。

解釋爲理生氣；並把太極與陰陽納入形而上之道與形而下之器。戴震認爲，必須解此之惑。

第一，宋代道學家講太極陰陽非孔子之本指。戴震說：

> 後世儒者紛紛言太極，言兩儀，非孔子贊《易》太極兩儀之本指也。孔子曰：「《易》有太極，是生兩儀，兩儀生四象，四象生八卦。」曰儀、曰象、曰卦，皆據作《易》言之耳，非氣化之陰陽得兩儀四象之名。《易》備於六十四，自八卦重之，故八卦者，《易》之小成，有天、地、山、澤、雷、風、水、火之義焉[180]。

孔子講儀、象、卦，是根據作《易》的需要所使用的概念，並不是從運動變化着的陰陽之氣而得到兩儀、四象的名稱，兩儀四象亦非太極所由生。八卦即乾（☰）、坤（☷）、震（☳）、離（☲）、巽（☴）、兌（☱）、坎（☵）、艮（☶），分別象徵天、地、雷、火、風、澤、水、山等現象。八卦是重疊成六十四的基礎，所以講「八卦而小成」[181]，並不是說四象生八卦。

其實，八卦只是一種由符號組成的卦畫，用奇數（—）象徵陽，用偶數（--）象徵陰，便稱爲兩儀，奇遇到奇，說明陽已成長，用以象徵太陽（⚌）；奇遇到偶，陰開始出現，用以象徵少陰（⚍）；偶碰到偶，陰已成長，用來象徵太陰（⚏）；偶碰到奇，陽開始出現，用來象徵少陽（⚎），這便是四象。它並非兩

---

[180] 同上書，頁23。

[181] 〈繫辭上傳〉，《周易正義》卷7。

儀生出四象，而是奇偶符號的不同組合（這種組合只有四種可能性），用來象徵四種狀態。伏羲看到陰陽二氣的運動變化，用奇（—）偶（--）象徵陰與陽的符號。孔子陳述《易》，以《易》這本書起於卦畫符號，是因爲看到天道陰陽交感變化貫穿於事物發展的終始，於是畫奇和偶兩種符號作爲象徵，所以有「《易》有太極，是生兩儀」，又生四象、八卦之說。

由此可知，孔子解釋《易》的本指是，「孔子以太極指氣化之陰陽，承上文『明於天之道』言之，卽所云『一陰一陽之謂道』，以兩儀四象、八卦指《易》畫」[182]。太極是指運動變化着的陰陽二氣，也就是一陰一陽變化的道。太極和道既不是形而上，也不是太極生陰陽或陰陽之氣爲形而下。這就是說，孔子並沒有太極生陰陽，理生氣，或太極和理爲形而上之道，陰陽和氣爲形而下之器的意思。「後世儒者以兩儀爲陰陽，而求太極於陰陽之所由生，豈孔子之言乎！」[183]程、朱等以兩儀就是陰陽，把太極看成陰陽所以產生的根源，是違背孔子的原意的。

第二、道學家太極生陰陽，理生氣的理論，是借階於老、莊、釋氏而建構的。戴震認爲，太極就是氣化的陰陽，理就是變化的氣。有些人擯棄聖人的原意，把自己的意思作爲聖人的話，來粉飾自己的學說。既歪曲了聖人原意，又欺騙了學者，像程、朱這樣的賢人是不會做的。只是他們以老、莊、釋氏先入的言論來建構自己的學說，往往受蒙蔽而不自覺，所以失去了孔孟的本指。戴震進而通過老、釋在形神問題與道學家在理氣問題上的比

---

[182] 〈天道〉，《孟子字義疏證》卷中，頁23。

[183] 同上。

較，揭露了兩者在理論結構、思維模式、思想本質上的同一性。在思維方法上，他們都是把無形無跡的神或理與有形有跡的形或氣分開，並把它們看成各自獨立的東西，然後說神生形，理生氣，「以理能生氣，如彼以神能生氣也」[184]。在思想本質上，程、朱僅把老、釋所講的神識改爲理，援老、釋來比附孔、孟，實際上不是從孔孟那裏直接得來的，以後代代相傳，「適所以誣聖亂經」[185]。這裏，戴震儼然以衞道者的面目出現，追根溯源，揭穿道學家理生氣的謬誤本質。戴震假借聖人和經言，來論證自己理爲氣之理，太極爲氣化的陰陽的思想。在清代文網森嚴、文字獄駭人聽聞的劣境中，戴震對於「非朱子之傳義不敢道也」，「非朱子之家禮弗敢行也」[186]的程、朱官方哲學，也只能借經言以批判程、朱思想的方式出現，將心比心，也不能做更高的要求了。但戴震的批判精神，確實反映了中國知識分子的陽剛之氣和以天下爲己任的大丈夫氣概。

2. 氣爲自然，理爲必然

戴震對理與氣關係，曾運用自然與必然這對關係範疇加以說明，使理氣之辨更爲深化。他認爲陰陽二氣的氣化運動是一個自然而然的過程，理是這一氣化運動過程中的不可變易的必然趨勢或必然規律。戴震說：

陰陽流行，其自然也；精言之，通乎其必然不可易，所謂

---

[184] 〈天道〉，《孟子字義疏證》卷中，頁24。
[185] 同上，頁25。
[186] 〈道傳錄序〉，《曝書亭集》卷35。

理也[187]。

陰陽流行，其自然也；精言之，期於無憾，所謂理也。理非他，蓋其必然也[188]。

所謂「精言之」的「精」，戴震解釋爲「猶語人而精言之曰聖人」[189]，卽人中之精粹者或精英者；講陰陽氣化而精言之理，此理就是陰陽氣化中必然規律。其所以爲精者，是因爲陰陽二氣氣化自然運動變化是理的必然規律或必然發展趨勢的實體，或承擔者、乘載者；必然之理是陰陽二氣氣化自然運動變化的內在穩定的、必然的聯繫。所謂「期於無憾」，「猶人之期於無失」，卽人無過失、無差錯。這是說必然之理是陰陽二氣氣化運動變化中固有的、無偏差的內在聯繫或規則。

陰陽二氣的氣化，自然而然地運動變化，這裏的「自然」具有自我運動、自我主宰、自我規定的涵義，它旣不「別求」自我之外的推動者、主宰者和規定者，也不「別求」改變自然自然氣化運動變化的導向。自我主宰的形式，卽陰陽二氣氣化運動必須遵循自身內在的客觀規律，而必然之理是氣化運動的內在聯繫，不可違背的規律。就這個意義上說，必然的量度愈大，自然的程度便愈高，必然的實現是自然本身的昇華，而不是對自然的外在强制。

必然之理離不開自然之氣，自然之氣也離不開必然之理。任

---

[187] 《孟子私淑錄》卷上，《孟子字義疏證》頁135。

[188] 《緒言》卷上，《孟子字義疏證》頁82。

[189] 《孟子私淑錄》卷上，《孟子字義疏證〉頁 135。《緒言》卷上作「猶語人而精言之至於聖人也」(《孟子字義疏證》頁82)，意同。

何必然之理都是區別事物差異的特殊本質，是其生長、形成、運動、變化的特殊規律，整個陰陽氣化流行，就是這些特殊規律的抽象和概括。因此離開了必然之理的自然之氣，也要喪失其自身的本性。

> 若任其自然而流於失，轉喪其自然，而非自然也[190]。

必然之理作爲自然之氣化運動的本質聯繫，也是自然的自我完善過程，自然之氣的氣化運動才得以「端緒不亂」和「有條而不紊」。從這個意義上說，沒有必然之理的陰陽二氣的氣化運動，既不能導向正確的方向，也不能克服混亂而建構正常的秩序和諧調的規則或規律。因此，自然之氣和必然之理是統一的。

> 自然之與必然，非二事也。就其自然，明之盡而無幾微之失焉，是其必然也。如是而後無憾，如是而後安，是乃自然之極則[191]。

沒有自然之氣的必然之理，也就無借以安頓、掛搭和附着的實體或基礎。反之，在陰陽二氣氣化自然運動中，都符合必然之理，而無毫釐差錯，也就是自然之氣的最高準則。因此，理與氣雖有差別，但是統一的。理與氣的必然與自然的關係，實質上是陰陽二氣氣化自然運動其變化發展的必然規律之間的關係。

---

[190] 〈理〉，《孟子字義疏證》卷上，頁19。
[191] 〈理〉，《孟子字義疏證》卷上，頁18-19。

四、分化與整合

道作爲天地、萬物形成、產生的運動變化的過程，而在對象性理論前提能否成立的批判中，否定了程、朱、陸、王哲學的理或心的本體論。但當他建構自己哲學邏輯結構時，也遇到了產生形形色色天地萬物統一性的基礎問題。這個統一性基礎既不是超然性的理或心，也不能僅是運動變化的過程，使戴震陷入了矛盾。戴震之所以是戴震，就在於能自拔於矛盾或困境。這種自拔的氣概，就是他的「發狂」精神。因而，他把道作爲氣化流行的過程的同時，又把陰陽五行規定爲道的實體。在當時戴震的觀念裏，實體就是一種非抽象概念的實際存在的東西，即有或質料。正由此，才能在運動變化過程中形成具體形形色色事物。戴震說：

> 有實體，故可分；惟分也，故不齊。古人言性惟本於天道如是[192]。

這就是說，道在氣化流行、生生不息的過程中，分化道的陰陽五行的實體，而形成、產生天地萬物。

戴震的「分於道」[193]，不同於程、朱的「理一分殊」，但他在批判「理一分殊」中，得到啓廸，而對於「理一分殊」作了改

[192] 〈天道〉，《孟子字義疏證》卷中，頁21。
[193] 《緒言》卷上，《孟子字義疏證》頁86。

造性的轉化。

(一) 理一分殊

「理一分殊」是宋明理學中一個重要而又複雜的問題，理學家幾乎沒有不涉及到它的。戴震在批判地改造程、朱思想時，亦不能不作出自己的解釋。他說：

> 宋儒亦知就事物求理也，特因先入於釋氏，轉其所指為神識者以指理，故視理「如有物焉」，不徒曰「事物之理」，而曰「理散在事物」。事物之理，必就事物剖析至微而後理得；理散在事物，於是冥心求理，謂「一本萬殊」，謂「放之則彌六合，卷之則退藏於密」，實從釋氏所云「徧見俱該法界，收攝在一微塵」者比類得之。既冥心求理，以為得其體之一矣；……徒以理為「如有物焉」，則不以為一理而不可；而事必有理，隨事不同，故又言「心具衆理，應萬事」；心具之而出之，非意見固無可以當此者耳。況衆理畢具於心，則一事之來，心出一理應之；易一事焉，又必易一理應之；至百千萬億，莫知紀極。心既畢具，宜可指數；其為一，為不勝指數，必又有說，故云「理一分殊」[194]。

所謂「理一分殊」，一般是指一與多的關係。它有兩種含義：一是講一般、普遍與個別、特殊的關係。一般、普遍指理，「殊」

---

[194] 〈權〉，《孟子字義疏證》卷下，頁54。

指與「理一」相對的個別、特殊的理或物。也有普遍的道德原則與具體的道德規範。二是講本體論上的本原與派生的關係。

「理一分殊」這個命題是程頤在〈答楊時論西銘書〉中提出;「〈西銘〉之爲書，推理以存義，擴前聖所未發，與孟子性善養氣之論同功，豈墨氏之比哉?〈西銘〉明理一而分殊，墨氏則二本而無分」[195]。楊時問〈西銘〉講天父地母、「民吾同胞，物吾與也」的萬物一體，是否同於墨子兼愛。程頤認爲仁愛是普遍的道德原則，但仁愛的具體實踐，由於對象和義務的不同而有差別。朱熹在乾道壬辰(1172)年的〈西銘解〉[196]中說:「天地之間，理一而已。然乾道成男，坤道成女，二氣交感，化生萬物，則其大小之分，親疏之等，至於十百千萬，而不能齊也。不有聖賢者出，孰能合其異而反其同哉?〈西銘〉之作，意蓋如此。程子以爲明理一而分殊，可謂一言以蔽之矣」[197]。這裏的主旨與程頤意思同，是從倫理角度理解「理一分殊」的，「分」是指本分、等分、等級的差別。「〈西銘〉大綱是理一而分自爾殊。然有二說:自天地言之，其中固自有分別;自萬殊觀之，其中亦自有分別。不可認是一理了，只滾做一看，這裏各自有等級

[195] 《河南程氏文集》卷9，《二程集》頁609。

[196] 〈西銘解〉，《朱文公文集》、《續集》、《別集》均未收。據朱熹在淳熙戊申二月(1188)題記:「始予作〈太極〉、〈西銘〉二解，未嘗敢出以示人也。近見儒者多議兩書之失，或乃未嘗通其文義，而妄肆詆訶，予竊悼焉，因出此解，以示學徒，使廣其傳，庶幾讀者，由辭而得意，而知其未可以輕議也。」(《張子全書》卷1)。

[197] 《張子全書》卷1，《國學基本叢書》本，商務印書館出版。

差別。且如人之一家，自有等級之別」[198]。個人對家庭、社會、國家各有不同的業務和責任，即使就人與人之間來說，也有親屬、朋友、外人的分別，個人對家庭，也有父子、兄弟、夫婦之分。這裏的分，就是親疎、等級、等分的分。

當然，朱熹有的地方不與程頤同，「分」是指分散、分開講。因而闡發爲本末卽本原與派生的關係。朱熹說：「太極如一木生上，分而爲枝榦，又分而生花生葉，生生不窮。到得成果子，裏面又有生生不窮之理，生將出去，又是無限箇太極，更無停息。只是到成果實時，又却少歇，不是止」[199]。太極卽理，理（太極）作爲萬物的本原，猶如樹木的本根，由本根而上，分出很多枝榦，又分生花生葉，這就是殊。從本根「理一」，分生出枝、花、葉的殊，是一分散、分開的過程，不是禀受的同一過程，或本分、等分的現象。又譬如：「然總又只是一箇理，此理處處皆渾淪，如一粒粟生爲苗，苗便生花，花便結實，又成粟，還復本形。一穗有百粒，每粒箇箇完全；又將這百粒去種，又各成百粒。生生只管不已，初間只是這一粒分去。物物各有理，總只是一箇理」[200]。總的一箇理（「理一」）與派生後「物物各有理」（「萬理」），猶如一粒粟生苗生花結實，實又結出更多的實。雖然種子粟與結出的粟形狀一樣，但這個分，意味着分開、分二、分散的義蘊。

朱熹「理一分殊」，還包含一理與萬理、種子與萬實、天上月與河中月的同一性關係；理一是體，分殊是用；以及普通規律

---

[198] 〈張子之書〉，《朱子語類》卷98，頁2524。

[199] 〈易〉，《朱子語類》卷75，頁1931。

[200] 〈周子之書〉，《朱子語類》卷94，頁2374。

與具體規律、理與事物的關係等等[201]。戴震對於程、朱「理一分殊」的批判，是從揭露其思想淵源着手，認爲程、朱「理散在事物」[202]、「一本萬殊」[203]、和「放之則彌六合，卷之則退藏於密」，都來自釋氏。這個說法有一定根據，如抱「理一分殊」比喻「月印萬川」：「行夫問：『萬物各具一理，而萬理同出一源，此所以可推而無不通也。』曰：『近而一身之中，遠而八荒之外，微而一草一木之衆，莫不各具此理。……然雖各自有一箇理，又却同出於一箇理爾。如排數器水相似；這盂也是這樣水，那盂也是這樣水，各各滿足，不待求假於外。然打破放裏，却也只是箇水。……釋氏云：一月普現一切水，一切水月一月攝。這是那釋氏也窺見得這些道理』」[204]。「各自有一箇理」是指「殊」，卽特殊、個別、差異。「同出一箇理」，是指「理一」，是普遍、一般。各個盂裏的水，都是一樣的水，水在本質上沒有差別，差異只是盂而已。

水月之喻，見於禪宗的永嘉玄覺（665-713）的《永嘉證道

---

[201] 參見拙著《朱熹思想研究》第五章第五節〈理一分殊說〉，中國社會科學出版社1981年版，頁273-279。

[202] 問：《或問》云：「心雖主乎一身，而其體之虛靈，足以管乎天下之理；理雖散在萬物，而其用之微妙，實不外乎一人之心。」不知用是心之用否？曰：理必有用，何必又說是心之用！夫心之體具乎是理，而理則無所不該，而無一物不在，然其用實不外乎人心。蓋理雖在物，而用實在心也。（《朱子語類》卷18，頁146）。

[203] 天地之性，則太極本然之妙，萬殊而一本也；氣質之性，則二氣交運而生，一本而萬殊也。（《正蒙・誠明注》，《張子全書》卷2）。

[204] 《大學》，《朱子語類》卷18，頁398-399。

歌》[205]。那麼，水中月是否分裂天上月？朱熹有一個解釋。《語類》載：

> 問：「『理性命』章注云：『自其本而之末，則一理之實，而萬物分之以為體，故萬物各有一太極。』如此，則是太極有分裂乎？」曰：「本只是一太極，而萬物各有稟受，又各自全具一太極爾。如月在天，只一而已；及散在江湖，則隨處而見，不可謂月已分也」[206]。

《通書・理性命》章講「理一分殊」，萬物各有一太極是「殊」，它不是宇宙本體太極（「理一」）的分裂或分割，而是「稟受」，這裏所謂「稟受」的「理一分殊」，「理一」或「統體一太極」與「萬物各具一太極」或萬理是完全相同的，沒有絲毫欠缺。「不是割成片去，只如月映萬川相似」[207]。不是整體與部分的關係。

這裏所說的相同，是就實質上說，而不是從數量上說。從數量上看，分殊是多，是無差別的多，它與有差別的多是不同的。進而釋氏認爲，在數量上也是相同的。正如戴震批判的那樣，「一本而萬殊」，「萬殊而一本」。一與萬的關係，就是朱熹所說的：「言萬箇是一箇，一箇是萬箇。蓋體統是一太極，然又一物各具一太極。所謂『萬一各正』猶言『各正性命』也」[208]。把

[205] 據北京刻經處本。

[206] 〈周子之書〉，《朱子語類》卷94，頁2409。

[207] 同上。

[208] 同上。

朱熹的一與萬看成同佛教禪宗的「一性圓通一切性，一法徧含一切法」[209]，或「徧見俱該法界，收攝在一微塵」[210]相似。從形式上看，朱熹與佛教禪宗有相同之處，但細究起來，兩者有異：其一，統體一太極是一，各具一太極是萬。强調一與萬在質上的同一性，而非量上的同一性；其二，佛教「一切性」、「一切法」的「一」，是個別、特殊的「一」，不是整體的「一」，朱熹所說的「一」是整體的「理一」，萬指個別，兩者異趣。然而戴震未見其異，只見其同。這是他的理解和未精微之處，不可過多指摘。

戴震認為，理只有事物之理，它是主體對於客體事物剖析得非常細緻而後得到的。如果把理看作獨立存在的，那麼，就以為世界上只有一理了。實際上事必有理，它隨事物的不同而異。這就是說，理一與分殊、普遍、一般與特殊、個別的關係，既統一而又有差異。

（二）分的涵義

在戴震的哲學邏輯結構中，天道氣化流行，生生不息。如何生人生物，而構成現實的人類社會及供人類食用的事物，這是人的生命存在和繼續生生不息的條件和前提。如果沒有主體人的生命存在，那麼戴震所說的天道、理、氣化等等，也就喪失它的現實合理性和價值。因此，戴震必須完成生人生物這一步。在他看來，生人生物就是分的過程，分始於道而後有千差萬別之性，是

---

[209] 《永嘉證道歌》，北京刻經處本。

[210] 《景德傳燈錄》卷3。

對於程、朱「理一分殊」的改造。

分必須具備二個條件：一是被分之對象或分的根源，必須是一個實體。戴震認爲，實體才能可分，由於原子可分或中國古代講的「一尺之棰」的棰，才能「日取其半，萬世不竭」。這個「取」，就是分的意思；二是必須在氣化運動變化過程中才能分，「道，卽陰陽氣化，故可言分」[211]。沒有運動變化的死物，是不可分的。不可分，也就不能生人生物。生生是最具生命力的活動，是人物生成的重要因素。

天地人物的形體產生和生命存在，是分於天道、陰陽五行而成：

> 氣化生人生物以後，各以類孳生久矣；然類之區別，千古如是也，循其故而已矣。在氣化，分言之曰陰陽，又分之曰五行，又分之，則陰陽五行雜糅萬變，是以及其流形，不特品類不同，而一類之中又復不同[212]。
>
> 《大戴禮記》曰：「分於道謂之命，形於一謂之性。」分於道者，分於陰陽五行也。一言乎分，則其所受有偏全、厚薄、清濁、昏明之不齊，不特品類不同，而一類之中又復不同是也，各隨所分而形而一，各成其性也[213]。

這裏所說的「分」，既有分開的意思，戴震稱爲「分化」；也有稟受的意思，是指性而言。「分於道」之後的萬殊品類，既不是

[211]　〈答彭進士允初書〉，《孟子字義疏證》頁164。

[212]　《緒言》卷上，《孟子字義疏證》頁85。

[213]　《孟子私淑錄》卷中，《孟子字義疏證》頁138-139。

萬殊即道，萬個即一個；也不是「一法徧含一切法」，「一切水月一月攝」。它同老子的「道生一，一生二，二生三，三生萬物」亦不一樣。「分於道」實際上是分於道的陰陽五行實體，由於道的內部矛盾衝突，氣化流行而分陰陽；陰陽自身內在的矛盾衝突，交感回應而分五行；陰陽五行的矛盾分化，而又化合，因而雜糅萬變，終於產生、形成有形質的品物；由於形形色色品物，在氣化生生、運動萬變中，各自稟受的不同，而形成各具特性的不同事物。這就是說，從形成人物的形體上看，分是分化的過程；從稟性上看，分是稟受的厚薄、清濁的不同。這樣，戴震就把程、朱「理一分殊」中「分」的幾種含義的不同運用，加以改造，在道的陰陽五行氣化流行、生生不息的過程中，把兩者結合起來，統一到生人生物的身上。

「人物之生，分於陰陽氣化，據其限以所分謂之命，據其爲人物之本始謂之性」[214]。所謂「限以所分謂之命」，是指局限於所分得的厚薄、清濁的多少、偏全，而有不同，因而叫做命。「《中庸》首言『天命之謂性』，不曰天道而曰天命者，人物咸本於天道，而成性不同，由分於道不能齊也，以限於所分，故云天命」[215]。這種「限於所分」，倒不是別有一物的主宰或意志，或有人格的天的命令，而是指自然（天）的使然，是人物之性的自我主宰。所謂「據其爲人物之本始謂之性」，是指生人生物的陰陽五行之氣爲本始。「人物分於陰陽五行以成性，舍氣類更無性之名」[216]。「咸就其分於陰陽五行以成性爲言」[217]。這就是說，

---

[214] 《孟子私淑錄》卷上，《孟子字義疏證》頁129。
[215] 《緒言》卷上，《孟子字義疏證》頁86。
[216] 《孟子私淑錄》卷中，《孟子字義疏證》頁142。
[217] 〈性〉，《孟子字義疏證》卷中，頁27。

人與物的本質是分（稟受）於陰陽五行之氣的結果。

戴震對於人物之生，咸分於陰陽五行之氣的「分」，有一具體的描述。

> 譬天地於大樹，有華、有實、有葉之不同，而華、實、葉皆分於樹；形之鉅細，色臭之濃淡，味之厚薄，又華與華不同，實與實不同，葉與葉不同；一言乎分，則各限於所分。取水於川，盈罍、盈瓶、盈缶，凝而成冰，其大如罍、如瓶、如缶，或不盈而各如其淺深；水雖取諸一川，隨時與地，味殊，而清濁亦異，由分於川，則各限於所分[218]。

以生物和非生物比喻天地自然，樹的華、實、葉分於樹，分的結果有形的巨細、色臭的濃淡、味的厚薄之間及華、實、葉自身的不同，它們雖限於所分，若以大樹喻「理一」，其分殊並非性同而形異，或質同而數異。正如水都取於一川，即「理一」，但由於時與地的不同，即環境或外部條件的變化，水味就不同了，清濁也有異別。這就是說，樹、水雖一（「理一」），但在分的過程中，由於客觀條件、時空的變化，形、色、味、臭等亦發生變異，而與程、朱所說的種子粟與分殊後的百粒粟之間的質同數異有別。

然而，人與生物、非生物有異。人是萬物之靈，除形體的不同之外，還有思想、心知。戴震說：

---

[218] 〈答彭進士允初書〉，《孟子字義疏證》頁165。

> 人之得於天也，雖亦限於所分，而人人能全乎天德。以一身譬之，有心，有耳目鼻口手足，鬚眉毛髮，惟心統其全[219]。

人和物雖都限於所分，但人有特殊的功能，即能全乎天德。「人有天德之知，有耳目百體之欲，皆生而見乎材者也，天也，是故謂之性。耳知聲也，目知色也，鼻知臭也，口知味也，與夫天德之根於心也」[220]。天德是道在氣化流行過程中，體現道的生生不息的功能[221]。這種功能具體於人，便是耳、目、鼻、口的知聲、色、臭、味的能力。在這裏，戴震所說的「分」，也就是「化」。因此，他在講聲、色、臭、味的形成時說：「人之血氣心知，原於天地之化者也。有血氣，則所資以養其血氣者，聲、色、臭、味是也」[222]。所謂「原於天地之化」，就是本原於陰陽五行的氣化。因而，氣化的過程，就是分而生生的過程。「就天地言，化，其生生也」。「就人言之，有血氣，則有心知；有心知，雖自聖人而下，明昧各殊，皆可學以牖其昧而進於明」[223]。分就是化，化亦是分。道的陰陽五行之氣的氣化生生的過程，也就是分化而形成、產生天地人物的過程。具體表述爲：

---

[219] 同上。

[220] 〈原善下〉，《孟子字義疏證》頁178。

[221] 「一陰一陽，流行不已，生生不息。主其流行言，則曰道；主其生生言，則曰德。道其實體也，德卽於道見之者也。『天地之大德曰生』，天德不於此見乎？」（《孟子私淑錄》卷上，《孟子字義疏證》頁136）。

[222] 〈性〉，《孟子字義疏證》卷中，頁37。

[223] 〈理〉，《孟子字義疏證》卷上，頁18。

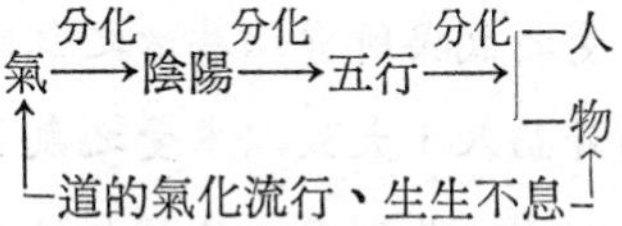

（三）整合與超越

分化是爲了整合，分化是在氣化流行中不斷分解已在的實體和選擇優秀適用的要素。成份的過程，也是不斷在優秀要素、成份基礎上的整合過程，兩者互相滲透，互爲前提。

其實分化並不能在氣化流行中產生、形成人物。戴震強調分化的作用，其實是一種誤解。他在批判程、朱的「理一分殊」中，自己也陷入了「分殊」之弊。然而，程、朱講「理一分殊」，並不是講天地萬物產生、形成的過程，而是着眼於普遍、一般與個別、特殊的關係。戴震用來說明天地萬物的產生、以及其不同的性質都分於陰陽五行之氣，就有許多不完善的地方。因爲分化是對於整體（「實體」）的分裂、割碎、分解、拆開等等，是將整體（「實體」）簡化或抽象化，撇開其次要的、非優秀的、無關的要素、方面和關係，抓住主要的、優秀的、適用的要素、方面和關係。但這並不是新事物的整體的形成和產生，而只能說爲事物的形成、產生準備了必要的條件。只有把分化所得到的諸多的要素、方面、關係加以去粗取精，去僞存眞的選擇，然後將選擇的要素、方面聯結組合起來，而產生、形成一新事物，這便是整合，簡稱合，這便是筆者所說的「和合學哲學」。

戴震雖强調分化，但亦沒有忽視合。他說：

> 氣之自然潛運，飛潛動植皆同，此生生之機原於天地者

> 世，而其本受之氣與所資以養者之氣則不同。所資以養者之氣，雖由外而入，大致以本受之氣召之。五行有生克，遇其克之者則傷，甚則死，此可知性之各殊矣。本受之氣及所資以養者之氣，必相得而不相逆，斯外內為一；其得於天地之氣本一，然後相得不相逆也[224]。

凡天之文，地之義，人之紀，分則得其專，合則得其和。分也者，道之條理也；合也者，道之統會也[225]。天、地、人的分解是專，專是單獨[226]的意思，即現在所說一個方面、一個因素，是道在氣化流行中的特殊法則或規律；合是天、地、人之和，和是各種不同要素、方面的組合，是道在氣化流行中的統一和會歸。只有這種組合、統一和會歸，才能生物生人。

氣化流行，生生不息，對於動物植物都是一樣的、平等的。而任何飛潛動植的產生，也是「本受之氣」和「所資以養者之氣」的結合。所謂「本受之氣」，是指分於陰陽五行而形成形體的氣，它是內在的；「資以養者之氣」，是指用來維持生存和繁殖的氣，即滿足人與生物生命需要的養分等，這是外在的。在氣的自然而然的內在運動，與維持生存、繁殖生命力的自然界的運動是一致的，「本受之氣」和「資以養者之氣」雖內外有別，功能有異，先後有差，但兩者互相需要，而相互吸收，而不是相逆

---

[224] 《孟子私淑錄》卷中，《孟子字義疏證》頁143-144。

[225] 〈法象論〉，《孟子字義疏證》頁175。

[226] 專，《左傳》襄公十九年：「是專黜諸侯服。」杜預注：「專，獨也。」《禮記．曲禮上》：「有喪者專席而坐。」鄭玄注：「專猶單也」。

而相背，只有兩者統一或和合，才能眞正整合成人成物。「斯外內為一，其分於天地之氣化以生，本相得，不相逆也」[227]。當然，這兩種有內外之分的，都是天地氣化運動變化過程中分出來的，兩者本就相矛盾又相和合。

天地之間，「分」與「合」是一普遍存在的現象。「夫天地間有陰陽期有人物，於其推行謂之化，於其合一謂之神，天道之自然也；於其分用為耳目百體，於其合一則為心，生物之自然也」[228]。物是陰陽之氣的分化，此物就是陰陽五行之氣客觀存在的不同種類，或氣本身具體不同的表現形式，合是構成百體的統一性、同一性。因此，分與合也可做矛盾性與統一性，差別性與同一性解釋。

戴震哲學的整合，是對於程、朱理學的超越。程、朱哲學邏輯結構，建構了理為最高範疇的形而上學本體論。他們認為「理」是通過對客觀世界的窮盡得到的，就叫做「格物窮理」，一旦窮盡了天地萬物之理，這個理就是客觀眞理、絕對眞理，天地自然、人類社會以致人生生命都無可逃於理。這樣，一切符合天理的都是合理的，不符合理的都是異端，具有強烈的排他性、獨裁性。這就是為什麼中國封建君主專制主義者把程、朱哲學擡為官方哲學，戴震却批判程、朱理學演變成「以理殺人」的癥結所在。就此而言，戴震對於程、朱理學的理論前提——理的考察和批判，在中國哲學發展史上具有重要的理論意義和現實意義。

戴震從其主觀願望而言，並不想建構一個形而上學本體論，

[227] 〈性〉，《孟子字義疏證》卷中，頁28。

[228] 《緒言》卷下，《孟子字義疏證》頁117。

哲學邏輯結構。因此，他在解釋作爲「人道」和「性」的根據的「天道」時，把它描述爲天地萬物形成、產生的運動變化的過程，蘊含着從舊的形而上學本體論中超越出來的努力，預示着新理論體系的出現。但在具體範疇的論述中，往往又自覺不自覺地流露出以「天道」爲形而上學的本體，只規定「天道」是什麼，而不深入考察「天道」爲什麼，在其哲學邏輯結構中顯出矛盾，然這個矛盾又融合在整個哲學思想體系中。因而，對於戴震哲學邏輯結構，仍然有一個批判的問題，通過批判促使新理論體系的建構。這樣，才使戴震對於對象性理論前提的批判性考察的努力，不致於白費，而創造出新體系、新格局、新路向。

第四章　自然生命的關懷——天性論

由「天道」而進入「性」，即由客體進入主體。「性」是連結「天道」與「人道」的中介。戴震哲學批判從形而上本體論——道、理、氣等範疇理論前提的考察，而深入到宋明理學理論思維的中心環節——性的審視。所謂「性」，是指人的本質、本性以及人的價值，即「人是什麼」和「爲什麼活着」的問題。人不僅是理學家探討的中心課題，也是中國儒家所一貫重視的問題，而形成了「人學」❶。因爲天地無人，便無所謂天地；人是天地的中心，有人，天地的存在才有價值和意義，否則便是死物。所以，戴震的哲學批判，便選擇最能體現人的本質和本性的「性」這個範疇，而開始了對人的自我批判。

一、人是感性的理性動物

人是什麼？歷來是中國思想家、哲學家、文學家以至宗教家所探討、關注的重要問題。中國先秦時期，便曾出現與天的思潮相對應的人的思潮，天在中國甲骨文和金文中，都特別凸現人的

---

❶　參見拙作〈儒家人學探析〉，載《孔孟學報》第59期。

頭部，本義是人的頭。許愼《說文解字》：「天，顚也。」段玉裁注：「顚者，人之頂也。」天由人而衍生❷，是人自身虛構的超自然的力量。如無人，天地何由生，天又何在？人對人的自我發現，經歷了漫長的歲月：

首先，中國古人善於直觀的觀察，他們把自己從天的奴役下脫離出來，不去與自己虛構的超自然的力量作不公平的比較，而是與自己的同類——動物作平等的衡量，發現了人與動物在形體上的差異，提出了人是「二足而無毛」的動物。這是從動物中分離出來的自我意識的萌芽，這種自別於動物的觀念，對於人獸不分來說，是一巨大的進步。因爲本能的人或野蠻的人，儘管已具備了人的外在特徵，但他們並沒有自覺地把自己當作人。然而，「二足無毛」並不是人與動物的根本區別，所以，荀子說：「人之所以爲人者，非特以二足而無毛也，以其有辨也。今夫狌狌形笑，亦二足而無毛也，然而君子啜其羹，食其胾。故人之所以爲人者，非特以其二足而無毛也，以其有辨也。夫禽獸有父子而無父子之親，有牝牡而無男女之別。故人道莫不有辨」❸。從形體上來認識人獸之別，並不是人之所以爲人的要旨所在，其要害就在於有「辨」，即人與人之間的上下、貴賤、長幼、親疏、男女的分別，這就是說，人類社會的人際關係的原則、規範、倫理、秩序，是人之所以爲人的標誌。儘管後來又有人從人的動物性方面認識人：「人者，裸蟲也，與夫鱗毛羽甲蟲俱焉，同生天地，

❷ 參見陳柱：〈釋天〉，《說文解字詁林》一上，一部。

❸ 〈非相〉，《荀子新注》，中華書局 1979 年版，頁 55-56。「形笑」，俞樾曰，楊倞注「形笑」爲「能言笑也」，是望文生義，「笑疑當作狀」，今從俞樾。

交烝而已，無所異也」❹。人與動物一樣，一氣所生，但很多人還是從「夫婦之別，父子兄弟之序，爲棺槨衣衾以瘞藏其死，於是有喪葬之儀。……有羣臣之分，尊卑之節」❺。認爲人是社會的動物，「人謂朋友九族也」❻，是合羣的、有社會組織的動物。這種觀點與亞里士多德認爲人是社會的動物有相似之處。把人看作有「人道」的動物，這是人從自然中發現了自我，把人從動物中解放出來，是人的第一次覺醒。這是中西首次人的自我發現。

其次，人是能「智慮」的動物，卽會思想的動物，這是就人與動物在功能上的區別而言的。在遠古時代，人與禽獸沒有區別，人還是本能的人。「太古時，裸蟲與鱗毛羽甲雜處，雌雄牝牡，自然相合，無男女夫婦之別，父子兄弟之序。夏巢多穴，無宮室之制。茹毛飲血，無百穀之食，生自馳，死自仆，無奪害之心，無瘞藏之事，任其自然，遂其天眞，無所司牧，濛濛淳淳，其理也居且久矣」❼。儘管人還具有一定的動物性，但已與動物有根本的區別，這就是人有聰明思慮。因此在《大戴禮記・曾子天圓》中說：「裸蟲之精者曰聖人」。王充（27-100）與《大戴禮記》有別，認爲裸蟲「之精」、「之長」是人，「夫倮蟲三百六十，人爲之長。人，物也，萬物之中有智慧者也」❽。把聖人

❹ 〈聖過〉，《無能子》卷上，中華書局 1981 年版，頁 1。《無能子》爲晚唐無名氏所著。

❺ 同上，頁2。

❻ 〈憲問〉，《論語集解》引孔注。

❼ 〈聖過〉，《無能子》卷上，頁2。

❽ 〈辯祟篇〉，《論衡校釋》卷24，商務印書館版，頁1007。

降爲人，人是萬物中有智慧、有思想的動物。後來，唐代王眞說：「靈於萬物者謂之最靈，靈於最靈者謂之聖人」❾。聖人具有超人的智慧，劉禹錫仍認爲：「人，動物之尤者也」，「動類曰蟲，裸蟲之長，爲智最大」❿。人是動物中最高級的動物，與裸蟲比較，能感覺、能思維，智慧最發達。

中國古人認爲人是有「智慧」的動物，一是指人具有認識客觀事物的功能，「人是有識之目」⓫；二是指「以法限鱗毛羽甲諸蟲，又相教播種以食百穀，於是有耒耜之用，搆木合土以建宮室，於是有斤斧之功」⓬。有計劃、有智慮地去創造事物，改造自然，改善人的生活條件，使人的智慧、智慮對象化、物化；三是指「繁其智慮者，又於其中擇一以統衆，名一爲君，名衆爲臣」⓭，構成了人類社會的等級秩序、政治結構。這就是說，人不僅是會思想的動物，而且是政治的動物，與亞里士多德相近。

再次，人是會「言語」的動物，這也是從功能上區別人與動物。語言是人交換思想、情感、信息的工具，是人與動物區別的根據。《無能子》從自然主義出發，認爲言語並非人所獨有。人與動物都有感受系統和反應系統，羣居動物之間不僅有交際，而且有與機體相適應的交際工具，這就是信號，動物能對細緻的信號變化作出反應，但不能發出有意義的分音節有聲語言。即使是學會了說話的鸚鵡，也僅是牠的發音器官無意識的重複，並不知

❾ 《道德經論兵要義述》第一章。
❿ 〈天論〉上、下，《劉賓客文集》卷5。
⓫ 〈學而〉，《論語》皇侃疏。
⓬ 〈聖過〉，《無能子》卷上，頁2。
⓭ 同上。

所學語言的意義和運用語言進行交際。人與動物的根本區別，並非是「形質」，而是只有人才能把信號改造成有意義的符號。提出把語言作爲人與動物區別的標誌，「人以不喻其音，而謂其不能言。又安知乎鳥獸不喻人言，亦謂人不能語言耶？則其號鳴啅噪之音必語言爾。又何可謂之不能語言耶？智慮語言，人與蟲一也」⓮。人與禽獸有同必有異。人是會「言語」的動物，是對人的理性解釋，具有歷史的意義。

第四，人是社會的動物，這是從人與動物在社會交往中的各種關係的總和來考察其區別。荀子認爲，人之所以區別於動物，是因爲人是合羣的動物。然而，動物也羣居，如螞蟻、蜜蜂等等。人是按一定的「禮義」的原則，卽等級和分工關係組織起來的社會動物。他說：「力不若牛，走不若馬，而牛馬爲用，何也？曰：人能羣，彼不能羣也。人何以能羣？曰：分。分何以能行？曰：義。故義以分則和，和則一，一則多力，多力則强，强則勝物」⓯。人能「勝物」，是因爲人是按上下、貴賤、長幼、親疏關係組織起來的統一的社會的人，倘若不按照「禮義」之分來組織社會，人就不能「勝物」。「故人生不能無羣，羣而無分則爭，爭則亂，亂則離，離則弱，弱則不能勝物」⓰。羣而無分，就沒有區別；沒有差別，就沒有等級；沒有等級，就沒有秩序；沒有秩序，就會發生混亂；發生混亂，就產生離散和衰弱。人的羣體意識的自覺，是基於人的自我覺醒。

第五，人是能勞動的動物，這是就人的特徵說的。人的「二

⓮ 〈聖過〉，《無能子》卷上，頁1。

⓯ 〈王制〉，《荀子新注》頁127。

⓰ 同上。

足無毛」形體的改變，以致王夫之所說的人是「直立」的動物；人的智慮和語言能力的發展，都是與人的實踐活動、勞動緊密聯繫的。墨子認識到這一點，提出了「力」（勞動）是人之所以爲人的本質因素。「今人固與禽獸麋鹿蜚鳥貞蟲異者也。今之禽獸麋鹿蜚鳥貞蟲，因其羽毛，以爲衣裘；因其蹄蚤，以爲絝屨；因其水草，以爲飲食。故唯使雄不耕稼樹藝，雌亦不紡績織紝，衣食之財，固已具矣。今人與此異者也，賴其力者生，不賴其力者不生」⑰。「力」是指農民的「耕稼樹藝，多聚叔粟」，農婦的「紡績織紝，多治麻絲葛緒綑布縿」等體力勞動，即「以筋力用者謂之人」⑱。當然體力勞動也不是不用腦思考，而是主要從事體力而已；也指王公大人的「聽獄治政」，士君子的「亶其思慮之智，內治官府，外收斂關市山林澤梁之利，以實倉廩府庫」的腦力勞動。人依靠自己有計劃、有目的的實踐活動，而獲得人類生存和發展所需要的生活資料。動物沒有計劃和目的，而依賴其本能，這是人之所以爲人的根本特徵。

第六，人是有道德理性的動物。理性是指人所特有的一種本質力量或主體能力，是一種人類本性或人類要求。它與人的自我意識相聯繫，是對外部世界的合理性、眞理性、完美性以及平等、正義、人權等的要求。用道德來界定理性，是指理性的道德內涵。中國先秦時的孔子認爲，人與禽獸的區別就在於人具有道德理性。譬如拿「孝」來說，「今之孝者，是謂能養，至於犬

⑰〈非樂上〉，《墨子閒詁》卷 8。「蚤」，畢沅注：「蚤即爪假音」。「唯」，舊本作「惟」，蘇時學注：「惟當作雖」。今從畢、蘇說。

⑱〈仲長統傳〉，《後漢書》卷49。

馬，皆能有養；不敬，何以別乎？」⑲孝的最基本的道德要求是奉養父母，這是連禽獸也能做到的。人之所以爲人，不僅能奉養，而且能尊敬父母。「敬」作爲人類獨有的本性或要求，便是一種道德理性的動物。後來王夫之在批判宋明時的一些哲學家（主要指程、朱等）把動物（蜂、蟻、羊等）社會化或道德理性化時說：「人之所以異於禽獸者，其本在性，而其灼然終始不相假借者，則才也。故惻隱、羞惡、恭敬、是非，唯人有之，而禽獸所無也。人之形色足以率其仁義理智之性者，亦唯人則然，而禽獸不然也」⑳。道德理性是人區別於禽獸的標誌。把惻隱、羞惡、恭敬、是非四端與仁、義、禮、智四德聯繫起來，對人作價值評價，古已有之，孟子說：「仁也者，人也」㉑。人、仁相互規定而不離，卽人是人的喜、怒、哀、樂、愛、惡、欲之情，如細察之，人亦自殊於禽獸。

中國古人對人的種種規定，是中國人對人的自我發現、自我認識的結果；是中國人把自身從自然的奴役下解放出來和從人獸不別的野蠻原始狀態下超越出來的歷程。它是人的覺醒。這個覺醒不僅推進了先秦人的思潮的發展，而且影響整個中國文化思想的進程，成爲中國人深層的心理結構、價值取向、思維方式、行爲規範等。

當儒家强調「人之所以異於禽獸者幾希」的「幾希」時，便突出了人的本質的道德理性。儒家以人的道德價値來揭示、肯定

⑲〈爲政〉，《論語集注》卷1。
⑳《孟子・告子上篇》，《讀四書大全說》卷 10，中華書局 1975 年版，頁680。
㉑〈盡心下〉，《孟子》卷7。

人的價值，表現爲道德價值中心論，宋明理學家以繼孔孟「往聖之絕學」自詡，高揚儒家仁學，是對於唐末五代仁學淪喪的復興；倡導人學，是對於人的價值和人格的重新肯定。但是，理學家把形而上學本體論與道德論、價值論統一起來，世界本體——「理」，也就是道德原則——「天理」，即是人的本質——「天命之性」（「義理之性」）。因此，「窮理」就是「盡性」，「當然」即是「所以然」。本體論的「眞」，就是道德論的「善」和價值論的「義」。人之所以爲人的根本標誌和人的價值的最高原則，就是純粹至善的「天理」，而與人的需要和欲望無緣。這樣，「天理」（「理」）旣是世界本體，又是道德本體和價值本體；它旣是「所當然」之理，也是「所以然」之理。形而上學的本體論對現實世界是玄遠的，形而上學道德論和價值論對現實人同樣是渺茫的。抽象的道德理想與世俗的情感欲望，是相互脫離的。一個「存天理，滅人欲」的模式，蘊含着分裂「天理」與「人欲」的契機。圍繞着理與氣的分二，便有「天命之性」和「氣質之性」的差別。從發生學的視角來看，「論天地之性，則專指理言」；「論氣質之性，則以理與氣雜而言之」㉒。專指理言的「天地之性」是善的，理氣雜的「氣質之性」有善有惡。理學家的這種分別，自以爲解決了道德理想與現實人性，道德境界與感性欲求的問題，但由於他們重道德理想，加上後來統治者的提倡，便片面發展爲道德理想主義。把可望而不可及，甚至望而不見，及而不到的虛幻的設想，作爲即可實現的、或金科玉律來頂禮膜拜。雖然這種虛幻的美好設想，可一時鼓動起人們的

㉒ 〈答鄭子上〉，《朱文公文集》卷56。

狂熱，人們以十二分的虔誠想望着美好理想帶給他們以實惠和幸福，但現實每次總是構成了對美好理想的諷刺。理學家所說的光明的、至善的、天理流行的三代王道之治，恐怕連理學家自己內心世界中，也還是一個問號？可是他們却要人民堅定不移地去相信、崇拜這個問號。明亡，理學家這個美好設想以及他們的道德理想主義，實際上已破產。清統治者儘管力挽狂瀾，企圖恢復對這種美好設想和道德理想的信仰，但其效果是微乎其微的。如果沒有駭人聽聞的文字獄的文化專制主義，造成像戴震那樣筆書與口談的分裂，人性和人格的分化，這樣一種特殊的知識之士的心理狀態和徬徨精神，情況也許會好一些。

戴震的哲學批判，就是在考察儒家以至理學家講人之所以爲人的理論前提時，揭示人的本有的面貌。戴震自己設問：

> 朱子云：孟子言「人所以異於禽獸者幾希」，不知人何故與禽獸異；又言「犬之性猶牛之性，牛之性猶人之性與」，不知人何故與牛犬異。此兩處似欠中間一轉語，須著說是「形氣不同，故性亦少異」始得。恐孟子見得人性同處，自是分曉直截，却於這些子未甚察㉓。

「未甚察」，指出孟子雖在人性相同方面講得明確和直接了當，但有些方面沒有深入研究。這包括兩個方面：一是人爲什麼與禽獸不同；二是人爲什麼與狗和牛的性有差異。人性與禽獸的性，人性與狗牛的性，這兩者之間怎樣聯繫起來，總覺到缺少一個中

㉓ 〈性〉，《孟子字義疏證》卷中，頁 26。引文見《朱子語類》卷4。

間環節。對於這個理論前提，從孟子以致程、朱，都沒有自覺地進行仔細的考察。

正是這種沒有自覺的考察，恰是中國哲學中所缺少的追根求底、批判理論前提的精神，戴震自設賓主的詰難，彌補了中國哲學中這方面的不足。他提出程、朱講性即理，與孟子講性善，尙且不能相通，則必然與《周易》、《論語》不通。孟子聽到告子講「生之謂性」，就責問告子，程、朱講「氣質之性」，豈不是幫助告子反對孟子？人之所以爲人，人與禽獸之異究竟在那裏？戴震認爲，這樣兩種說法，都沒有抓住人異於禽獸的本質：

其一，「凡血氣之屬，皆知懷生畏死，因而趨利避害；雖明暗不同，不出乎懷生畏死者同也。人之異於禽獸不在是」㉔。人與動物的知覺能力有高低，但懷生畏死，趨利避害，却是人和動物的共同特性。這就是說動物也有生的欲望，死的畏懼；對於利的選擇，害的躲避。這裏生死觀念、利害意識，人與動物有相同的地方。

其二，「禽獸知母而不知父，限於知覺也；然愛其生之者及愛其所生，與雌雄牝牡之相愛，同類之不相噬，習處之不相齧，進乎懷生畏死矣。一私於身，一及於身之所親，皆仁之屬也。私於身者，仁其身也；及於身之所親也；心知之發乎自然有如是。人之異於禽獸亦不在是」㉕。愛自己的父母和自己的子女，以及同類、雌雄之間的相愛而不噬殺，是對於自身的仁和親人的仁，這是愛的自然而然的表現和流露。仁作爲一種思想情感，來自人

㉔　〈性〉，《孟子字義疏證》卷中，頁26-27。

㉕　同上，頁27。

與動物的共同生理欲求，而非人異於禽獸的道德意識。在這裏，戴震沒有强調仁的道德先驗性，而是講仁的情感自然性。正是在這種自然性的基礎上，視人與動物爲共性。

朱熹在解釋《孟子·告子上》時說，告子不懂得性就是理，而用所謂氣來代替理，這是由於告子只知人和物在知覺運動上的相同，而不知仁、義、禮、智道德理性方面的相異。朱熹批評告子不懂「性之爲理」，這是根據自己的認識水平和對人的本質的理解出發的，並不符合告子的實際。事實上，先秦時代《易經》、《尙書》、《論語》、《老子》等書還不見「理」字㉖，《孟子》理字四見，加上重複的「始條理」和「終條理」爲六見。「理」作爲具體直觀的特稱概念，還剛剛出現。「理」不可能以自己的形而上學本體論的性格與性相結合，而以「性卽理」。所以，朱熹的批評意在發揮自己的思想，而不在乎告子懂與不懂。

戴震認爲，孟子之批判告子，猶批判朱熹只把仁、義、禮、智等道德屬性作爲人與物區別的標誌，而應該知道人與物的區別不在乎此，它首先是分於陰陽五行所形成的形質不同；知覺運動不是人與物相同的根據，也不能概括人性和物性。「知覺運動者，統乎生之全言之也，由其成性各殊，是以本之以生，見乎知覺運動也亦殊」㉗。氣的固有的潛在運動，動植物都一樣，但植物只有運動而無知覺，動物有知覺運動而無「神明」，唯人有氣、有知覺運動，並發展知覺而進於「神明」，具有道德理性。戴震說：

㉖ 參見拙著《中國哲學範疇發展史》（天道篇），中國人民大學出版社1988年版，頁539-542。

㉗ 〈性〉，《孟子字義疏證》卷中，頁28。

> 人則能擴充其知性至於神明，仁義禮智無不全也。仁義禮智非他，心之明之所止也，知之極其量也㉘。

人之所以爲人，就在於「神明」。所謂「神明」，是指心的思維活動能達到最高的境界，認知能力能發揮到最大的極限，這是禽獸所不可能達到的。「人之異於禽獸者，雖同有精爽，而人能進於神明也」㉙。因此，它能涵賅仁義禮智，但仁義禮智不就是「神明」。理學家把仁義禮智看作先驗的道德本體，而非外鑠，或人心固有的道德「良知」，離感性而存在。戴震所說的「神明」，是對於先驗本體的否定。仁義禮智無不具備的「神明」，是知覺的擴充。這就是說「神明」的基礎是「知覺」，而不離「知覺」；理性的基礎是感性，而不離感性。這兩個不離，就是先驗道德本體的現實化，道德理性的情感化，即由形而上者的「所以然」，轉化成形而下的「血氣心知」的人。雖然理學家和戴震都以人是理性動物，但就兩者之別來說，理學家是把人看成抽象理性動物，戴震則把人看成具體理性動物。

戴震論人之所以爲人，其出發點或歸結點是把人作爲有情感、有欲望、有生命的現實人，他既不是道德理性的外化，也不是超理性本體的存在。這就是說，人首先是物質的、感性的存在。「使飲食男女與夫感於物而動者脫然無之，以歸於靜，歸於一，又焉有羞惡，有辭讓，有是非？此可以明仁義禮智非他，不過懷生畏死，飲食男女，與夫感於物而動者之皆不可脫然無之，

㉘ 〈性〉，《孟子字義疏證》卷中，頁28。

㉙ 〈理〉，《孟子字義疏證》卷上，頁6。

以歸於靜，歸於一，而恃人之心知異於禽獸，能不惑乎所行，即爲懿德耳」㉚。每一個具體的、現實的人，都有感情欲望，如果人在與外物的接觸中不產生任何情欲，而歸於無欲，那麼，羞惡、辭讓、是非的觀念也不能產生。因此，所謂仁義禮智，是指存在於懷生畏死、飲食男女等情欲之中的道德理性。「古聖賢所謂仁義禮智，不求於所謂欲之外，不離乎血氣心知」㉛。這就是說，人不能超越自然的情感活動、心理活動和生理活動，但人又是社會的理性動物，與禽獸有異，這就是「人之心知」能「不惑乎所行」，即心知和行動不受外界的引誘和迷惑，這就是一種美德。這種美德是禽獸所不具備的，可稱爲「善」，「孟子言『人無有不善』，以人之心知異於禽獸，能不惑乎所行之爲善」㉜。「懿德」和「善」，便是人與禽獸所以區別的標誌。

戴震論人之所以爲人，不否定前輩以人爲社會的動物、理性的動物，有道德的動物等等。他與理學家之異，不在於人之異於禽獸者，是人有道德理性，而在於主張人是一個活生生的現實的人，而不是一個抽象的、理想的化身，是一個具體理性動物；他與告子之異，不在於以人是有懷生畏死、飲食男女、情感欲望的感性存在，而在於認爲人具有「不惑乎所行」的道德理性的自

㉚〈性〉，《孟子字義疏證》卷中，頁 29。「歸於一」的「一」與《老子》「抱一」的「一」相似。「靜」，周敦頤《太極圖說》：「無欲故靜」，靜，一都有「無欲」之義。戴震說：「周子以一爲學聖之要，且明之曰：『一者，無欲也』。」（〈權〉，《孟子字義疏證》卷下，頁58）。

㉛同上。

㉜同上。孟子言見《孟子・告子上》。

覺。這樣，戴震既批判了程、朱人學本體論，亦批判了告子人學自然論；同時，既吸收了程、朱的道德理性論，亦吸取了告子情欲自然論，以及吸收其他各家優秀思想理論，而進行綜合創造，把人的理性與感性、抽象與具體、「自然」與「必然」統一起來，認爲人是感性的理性動物。

二、性的生成和結構

人之所以與禽獸異，是人的本質、本性的體現。人性是對於獸性和物性的超越、淨化和排除，它是指人以情感爲紐結的社會關係，是人的情感欲望、飲食生命、愛美自主的要求，是人的本質、價值和地位的定位。

理學家形而上的道德中心論的人性論，是對於隋、唐五代以來佛性論的批判和吸收，他們從形而上學本體的高度審視人的本質、價值，而不是從人的本身來解釋人；但理學家在否定佛教脫離塵世的出世論時，主張進入現實世界，從現實人生中恢復人的道德本性。儘管理學家並不否定人的自然性，但他們所關注的是人的道德理性，所謂自然法則只是用來說明道德法則的一種方法。因此，當人成爲抽象理性動物的時候，人性也就是一種形上論的人性論，所以，戴震對於理學家人性論的理論前提的考察，便自然地與釋、老聯繫起來，「後儒以爲別如有物湊泊附著以爲性，由雜乎老、莊、釋氏之言，終昧於六經、孔、孟之言故也」[33]。後儒即指宋儒或理學家，由於主張形上論的人性論，因此把仁義

---

[33] 〈性〉，《孟子字義疏證》卷中，頁29。

禮智等道德原則，看成外在於主體，而「別如有物」附着於人而爲性，這就與老、莊、釋氏相混雜了。

戴震所謂性，有這樣幾層涵義：

第一，性是此物區別於彼物的本質屬性。戴震論〈性〉開章就規定：「性者，分別於陰陽五行以爲血氣。心知、品物，區以別焉」㉞。「性者，血氣心知本乎陰陽五行，人物莫不區以別焉是也」㉟。性是表示天地間形形色色人與物相區別的稱謂，能標誌人與物相互區別的，是指每類或每個事物所具有的特殊性或個性，而非其普遍性或共性。人與物相互區別的這種特殊性，卽人性或物性，既不是先驗理性決定的，也不是生理環境決定的，而是「分」有。若是「分」有，必須有一個可分的實體的存在，否則就不能「分」，戴震說：

> 血氣心知，性之實體也。有實體，故可分㊱。

性的實體是血氣心知，人物之性，就是「分」有這個實體。戴震的分有說，就是性的生成論或本原論，這與理學家「性卽理」，把天理作爲性的根據，大相逕庭。這是因爲戴震所說的「血氣心知」，並不是形而上的潔淨空闊的理世界，而是現實人的情感欲望和認知理性。他解釋說：

> 有血氣，則所資以養其血氣者，聲、色、臭、味是也。有

㉞　同上，頁25。

㉟　同上，頁28。

㊱　〈天道〉，《孟子字義疏證》卷中，頁21。

心知，則知有父子、有昆弟、有夫婦，而不止於一家之親也，於是又知有君臣、有朋友；五者之倫，相親相治，則隨感而應為喜、怒、哀、樂。合聲、色、臭、味之欲，喜、怒、哀、樂之情，而人道備㊲。

血氣心知的內容，都是活生生的人的情欲需求，倫理道德關係。當性分有血氣心知的實體時，由於分有的偏全、厚薄、清濁、昏明的不同，「惟分也，故不齊」㊳，「由其分而有之不齊，是以成性各殊」，「由其成性各殊，故形質各殊；則其形質之動而爲百體之用者，利用不利用亦殊」㊴，所形成各類事物的性也各各不同，這樣人物的形質便千差萬別，作爲形質生存的依據的表現，也各不相同。人與物便分有了相互區別的性。

戴震認爲，作爲性的實體的血氣心知，自身亦是對於陰陽五行的分有，「性者，分於陰陽五行，品物區以別焉」㊵。分於陰陽五行而爲血氣心知，「《易》、《論語》、《孟子》之書，其言性也，咸就其分於陰陽五行以成性爲言」㊶。陰陽五行的氣化流行又是道（「天道」），道以陰陽五行爲實體，因此，分爲陰陽五行，即分爲天道。「人物咸本於天道，而成性不同，由分於道不能齊也」㊷。從性的發生學的角度來看，天道（陰陽五行）

㊲ 〈性〉，《孟子字義疏證》卷中，頁37。

㊳ 〈天道〉，《孟子字義疏證》卷中，頁21。

㊴ 〈性〉，《孟子字義疏證》卷中，頁28。

㊵ 《緒言》卷下，《孟子字義疏證》，頁120。

㊶ 〈性〉，《孟子字義疏證》卷中，頁27。

㊷ 《孟子私淑錄》卷中，《孟子字義疏證》，頁139。

分有　分有
—→血氣心知—→成性各殊。合聲、色、臭、味的欲望，和喜、怒、哀、樂之情感，便是人道，因此，性是連接天道與人道的中間環節。

第二，性是氣質之性，氣質之性，卽人的本質、本性。朱熹曾對中國歷史上關於性的論爭加以評論㊸，他認爲自從張載和二程把性分爲「天命之性」（又稱「天地之性」、「義理之性」、「本然之性」）和「氣質之性」，便完滿地解決了以往性善論、性惡論、性無善惡、善惡混、性三品種種論爭，「張、程之說立，則諸子之說泯矣」㊹，因此，朱熹稱揚張、程「極有功於聖門，有補於後學，讀之使人深有感於張、程，前此未曾有人說到此」㊺，以張、程的人性二元論爲最高理論成果。

然而，張、程、朱等道學家的人性論，强調形而上的道德理性，而對人的感性存在有所忽略；雖講氣質之性，而將它說成惡的來源。戴震性論的貢獻，就在於否定理學家絕對超越的道德理性，把人的情欲、生理需要作爲人性的出發點。戴震明確提出：「人之爲人，舍氣稟氣質，將以何者謂之人哉？」㊻人稟受陰陽五行之氣而形成形體爲氣稟，已形成形體而言爲氣質。如果不講具體的有形體，有生命的人，和人所具有的氣質之性，怎麼叫做人呢？可是朱熹認爲，「人生而靜以上是人物未生時，止可謂之理，未可名爲性，所謂『在天曰命』也。才說性時便是人生以

㊸ 參見拙著《朱熹思想研究》第九章〈性、心、情的學說〉，中國社會科學出版社，頁475-482。

㊹ 〈性理一〉，《朱子語類》卷4，頁70。

㊺ 同上。

㊻ 〈性〉，《孟子字義疏證》卷中，頁34。

後，此理已墮在形氣中，不全是性之本體矣」㊼。把「人生而靜」作爲區分天命之性和氣質之性的時間界限。「人生而靜」以上，卽人未形成形體，只能稱理，不能叫性，這就是在天叫做命的「天命之性」；人生以後叫做性，理已滲入形氣中了。戴震不同意把「人生而靜」作爲人的來生與已生，「天命之性」與「氣質之性」的分界限。孟子的性善論，却追溯到人未生時，按朱熹的說法卽不可叫性只能稱理的時候，才是「性之本體」；人出生以後，可稱性時，理便掉入形氣之中，就不能斷定性是善的了。這樣，天下的人都是有形體的已生之人，豈不是「皆失其性之本體」。其實，孟子並沒離開現實的人來講性善，相反是程、朱離開人的形體而空談來自理的「天命之性」，才是善的，把人出生後的「氣質之性」說成無有不惡，這與孟子論性並不一致。「究之孟子就人言之者，程、朱乃離人而空論夫理，故謂孟子『論性不論氣不備』。若不視理如有物，而其見於氣質不善，卒難通於孟子之直斷曰善。宋儒立說，似同於孟子而實異，似異於荀子而實同」㊽。戴震採取揚孟貶荀的方法，以便假借孟子來批判程、朱的「天命之性」。

戴震肯定人性就是出生以後的「氣質之性」，這是對被理學家扭曲了的人的本質、價値和地位的重新估定。他說：

> 性者，飛潛動植之通名；性善者，論人之性也。如飛潛動植，擧凡品物之性，皆就其氣類別之。人物分於陰陽五行

㊼ 〈性〉，《孟子字義疏證》卷中，頁34。

㊽ 同上。程顥批評孟子「論性不論氣不備」，見《河南程氏遺書》卷6。

以成性，舍氣類，更無性之名[49]。

所謂「氣類」，是指人物稟受陰陽五行之氣而形成不同的形體、本質、本性的類別。戴震認爲，「性雖不同，大致以類爲之區別」[50]。這是因爲，「人物以類滋生，皆氣化之自然」[51]。所以，人與物的本性，也大致以類來區分，否則，就談不到所謂性。譬如醫生用藥，必須仔細辨別「氣類之殊」，如不辨別藥性和病情，便會殺人。「試觀之桃與杏：取其核而種之，萌芽甲坼，根榦枝葉，爲華爲實，形色臭味，桃非杏也，杏非桃也，無一不可區別。由性之不同，是以然也。其性存乎核中之白（俗卽呼桃仁杏仁者），形色臭味無一或闕也。凡植禾稼卉木，畜鳥獸蟲魚，皆務知其性。知其性者，知其氣類之殊，乃能使之碩大蕃滋也」[52]。這就是說，性是具體的感性存在，只有認知、把握動植物的特性，才能使動植物茁壯成長和不斷繁殖。程、朱等離開具體的感性存在來講人性，顯然已不是人性的本來面貌。

戴震對於程、朱性論的批判，是一種追根究底的考察。「宋儒以氣質之性非性」[53]，其理論根據是孟子所說的「口之於味也，目之於色也，耳之於聲也，鼻之於臭也，四肢之於安佚也，性也，有命焉，君子不謂性也；仁之於父子也，義之於君臣也，禮之於賓主也，智之於賢者也，聖人之於天道也，命也，有性

[49] 〈性〉，《孟子字義疏證》卷中，頁34-35。
[50] 〈性〉，《孟子字義疏證》卷中，頁25。
[51] 同上。
[52] 〈性〉，《孟子字義疏證》卷中，頁35。
[53] 〈性〉，《孟子字義疏證》卷中，頁36。

焉，君子不謂命也」[54]。其實孟子並不否定聲、色、臭、味、安佚等生理欲求是性，只不過不強調它而已。仁、義、禮、智等道德理性，是天命決定的，也有人的本性的作用，但不強調天命。因此，據這而否定「氣質之性」爲性，是不妥當的。

戴震明確提出，「欲」是人的本性，而與理學家的以「存天理」爲善性，以「人欲」爲惡性的淵藪相對立。他說：

欲根於血氣，故曰性也，而有所限而不可喻，則命之謂也。仁義禮智之懿不能盡人如一者，限於生初，所謂命也，而皆可以擴而充之，則人之性也。謂[55]猶云「藉口於性」耳；君子不藉口於性以逞其欲，不藉口於命之限之而不盡其材。後儒未詳審文義，失孟子立言之指。不謂性非不謂之性，不謂命非不謂之命。由此言之，孟子之所謂性，卽口之於味，目之於色，耳之於聲，鼻之於臭，四肢之於安佚之為性；所謂人無有不善，卽能知其限而不踰之為善，卽血氣心知能底於無失之為善；所謂仁義禮智，卽以名其血氣心知，所謂原於天地之化者之能協於天地之德也。此荀楊之所未達，而老、莊、告子、釋氏昧焉而妄為穿鑿者也[56]。

這段話，有這樣幾層意思：其一，性以血氣心知爲實體，人物之

---

[54] 〈性〉，《孟子字義疏證》卷中，頁36。引孟子話見《孟子・盡心下》。

[55] 按：「謂」下疑脫「性」字。

[56] 〈性〉，《孟子字義疏證》卷中，頁37-38。

性，都是對實體的分有。既然「欲」根源於血氣，「欲」自然便是性。這樣人性不僅僅是理學家所說的絕對超越的道德理性，而是實實在在的人的各種欲望。

其二，孟子所謂「有命焉」，是指人的欲望要有一定的限度而不超過，這就是命。譬如說仁義禮智這些美德，不是所有的人都是一樣的，而是由人初生時所稟受的氣質限定的。「命」即是一種量和質的限定，是「必然」。如果「欲」是一種氣化之「自然」，由「欲」到「命」便是由「自然」轉化爲「必然」。

其三，理學家所謂據孟子說的「不謂性」，而以「氣質之性非性」，是對於孟子立說宗旨的歪曲。「不謂性」並不是不叫做性，「不謂命」也不是不叫做命。理學家由於對「自然」與「必然」，「性」與「命」的相互矛盾、相互統一關係的錯誤理解，强調它們之間相互矛盾、排斥的方面，而忽視相互統一、相互滲透的方面，因而作出了聲、色、臭、味、安佚等欲望「不謂性」的結論，這無疑是對《孟子》文集未詳細審察的結果。

其四，孟子所說的性，就是指人的眼、耳、鼻、口、四肢對於色、聲、臭、味、安佚的欲望的要求。然人之爲人，人之異於禽獸者，是由於人能發揮自己的主觀的能動性，不會因爲欲望是人的本性來放縱自己，也不會因爲仁義禮智是人初生時限定了的，而不去充分發揮自己的才質。知道節制自己的欲望而符合限定就是善，正確處理情感欲望而沒有偏差也是善，這是來源於天地變化的自然本質。

通過戴震的批判，七百年來關於「天命之性」與「氣質之性」的論爭，大體告一段落。

第三，性是義理。戴震在主張氣質爲性時，並不否定仁義禮智等義理也爲性。實際上戴震是在綜合氣質和義理，在肯定人的情感欲望爲性的基礎上，講義理，講道德理性，兩者是統一的，不可分離的。理學家把人性分爲「天命之性」和「氣質之性」二種：來自天理的「天命之性」，是先驗的、至善的，絕對超越的道德理性；來自理與氣雜的「氣質之性」，是後天的、有善有惡的，現實的道德感性。兩者是對立的、分離的，因此，對於活生生的有情感欲望的「氣質之性」來說，「天命之性」是外在的。即使兩者發生聯繫或相互作用，往往是「氣質之性」蒙蔽了「天命之性」，通過內省，滅欲去惡，以恢復「天命之性」。從理學家人性的分二到戴震的綜合（「天命之性」統一到「氣質之性」上），這是一個進步。

正由於這樣，戴震又把性規定爲義理。他說：

> 孟子曰：「心之所同然者，謂理也，義也；聖人先得我心之所同然耳。」於義外之說必致其辨，言理義之為性，非言性之為理[57]。

「理義之性」，是指道德理性從人生後的共同情感欲望中產生的行爲規範、準則，理義同人的情感欲望一樣，是性的組成部分。它與理學家所說的「性之爲理」，理先在於人心是謂性不同。兩者思想原則的區別：一是理爲事之理，理爲氣之理的貫徹；一是理爲形而上，氣爲形而下，理主宰氣的推衍。雖然戴震以理義的道德理性爲性，在形式上與理學家同，但其出發點與基礎實大

---

[57] 〈性〉，《孟子字義疏證》卷中，頁28。

異。

戴震認爲，人們對於理義之性的認知，有一個過程。「當孟子時，天下不知理義之爲性，害道之言紛出以亂先王之法，是以孟子起而明之」58。由不知理義而知，就是孟子提出道德理性，卽所謂善。「蓋孟子道性善，非言性於同也；人之性相近，胥善也。明理義之爲性，所以正不知理義之爲性者也；是故理義，性也」59。孟子講性善，是說明人性的相近於善；闡明理義是性，是爲了糾正不知理義爲性的錯誤。宋儒不明孟子的眞諦，把性說成理，這是不可以的。荀子和告子，都以才質爲性而忽視理義爲性，這是因爲告子重人的生理自然本性而輕理義之性；荀子以禮義與情感欲望、知覺能力爲兩碼事。所以，荀子爲儒之不懂道，告子則異說害道。

孟子闡明理義爲性，又把性的內容規定爲仁義禮智，仁義禮智作爲性的內容，出於「天性」，「今以爲卽據人生氣稟言之，是與聲色臭味之欲渾然並出於天性」60。仁義禮智作爲理義之性，並不是來自「天理」，而是依據氣稟，與人的生理欲求渾然一起出於「天性」。這裏所謂「天性」，卽自然。「就孟子之書觀之，明理義之爲性，擧仁義禮智以言性者，以爲亦出於性之自然」61。作爲道德理性的理義之性，是與形上論的道德本體無緣，而是在人的自然本性的實現過程中形成的，爲實現人的自然

58 《原善》卷中，《孟子字義疏證》，頁69。另見〈讀孟子論性〉，《孟子字義疏證》，頁182。

59 同上。

60 《緒言》卷中，《孟子字義疏證》頁110。

61 同上，頁101。

本性而存在。因此，理義之性作爲道德法則，源於氣質，渾然並出，而又回到氣質。所以，理義之性是氣質之性的自我完善、自我實現的過程，理義之性與氣質之性是統一的。這個統一的實現，正是理義之性爲完善自然本性在實踐中所形成的自然法則，由自然而進於必然，適以完其自然。

戴震對性的內涵的規定，回答了性是什麼的問題。進而，他對性進行追根究底的考察。這種考察使性從生成論進入結構論。戴震依據《周易·繫辭上》：「一陰一陽之謂道，繼之者善也，成之者性也」，把「性」的生成，分爲三個階段：

第一階段：天地之順

這是按照「一陰一陽之謂道」來說的，「一陰一陽，蓋言天地之化不已也，道也。一陰一陽，其生生乎，其生生而條理乎！以是見天地之順」[62]。陰陽二氣變化不已，生生不息，而有條理秩序。由此可見自然的順序，「言乎自然之謂順」[63]，這就是事物的本來面貌。「天下之道盡於順」[64]，一陰一陽變化、生生，而達到完全有順序的運動，稱爲「達順」。所謂「順」，既指天道的順序，「上之見乎天道，是謂順」，也是指人道的順序。

戴震以「血氣心知」爲性的實體，它是對於陰陽五行的「分」有。所謂「分」，是指「化」和「生」。一陰一陽相互對待、相互交感，而有變化，這就是所謂「道」，「道，言乎化之不已也」[65]。由於變化，才能「分」有。陰陽之道變化的過程，也就

---

[62] 《原善》卷上，《孟子字義疏證》頁62。

[63] 同上，頁63。另見〈讀易繫辭論性〉，《孟子字義疏證》頁 181。

[64] 同上。

[65] 《原善》卷上，《孟子字義疏證》，頁61。

是生生的過程。「生生者，化之原；生生而條理者，化之流」[66]。生生的過程以「化」爲分界，生生自身與由生生而呈現爲條理，是原與流的分野。

「化」與「生」的過程，就意味着動和靜的統一。戴震說：「生者動而時出，息者靜而自正。君子之於問學也，如生，存其心，湛然合天地之心，如息。人道擧配乎生，性配乎息。生則有息，息則有生，天地所以成化些」[67]。動靜生息互涵、互根，靜不是絕對靜止，而是運動變化的特殊形態。

第二階段：天地之常

這是就「繼之者善也」說的，「生生，仁也，未有生生而不條理者。條理之秩然，禮至著也；條理之截然，義之著也；以是見天地之常。三者咸得，天下之懿德也，人物之常也」[68]。以「生」釋「仁」，是宋明理學家的見解。他們從天人合一的思路出發，以天地之大德曰生，仁从二人，其本根是人，人是天地的生物，是有生命的存在，因而，仁有生意。朱熹說：「天地以生物爲心者也，而人物之生，又各得夫天地之心以爲心者也。故語心之德，雖其揔攝貫通，無所不備，然一言以蔽之，則曰仁而已矣」[69]。仁便是天地生物之心，生的意思是仁。仁被稱爲果仁之仁，如桃仁、杏仁等。草木果實中含有生命力的，唯有仁。因此，人德的仁，也含有生的意思。以仁德與果仁相類比（無類比

---

[66] 同上，頁61。

[67] 同上，頁62。

[68] 《原善》卷上，《孟子字義疏證》頁62。另見〈讀易繫辭論性〉，《孟子字義疏證》頁180-181。

[69] 〈仁說〉，《朱文公文集》卷67。

較），仁是人物生命的核心，也就是人的本質、本性的所在。

以生釋仁，戴震與理學家同，其異在於理學家着眼個體的道德修養，戴震作爲調節人我全部生命活動的原則。人物的產生和發展都是有條理、有秩序的，這是禮的顯著，條理的界限很有清晰，沒有混亂，是義的顯著，由此可以見自然的常規。「生生者，仁乎！生生而條理者，禮與義乎！……得乎生生者謂之仁，得乎條理者謂之智」[70]。「常」是指常住性和必然性，常住性是一事物之所以區別於其他事物的內部所固有的規定性；必然性是指事物在聯繫和變化中合乎規律性的趨勢，是在一定條件下確定不移或不可避免的。「言乎必然之謂常」，「天下之教一於常」[71]。這種常規，既是必然趨勢，亦是社會教化的準則；趨勢和準則稟承於善。

第三階段：天地之德

這是就「成之者性也」而言，「言乎人物之生，其善則與天地繼承不隔者也。有天地，然後有人物；有人物而辨其資始曰性」[72]。先有天地自然客體的存在；然後產生、形成人和物；有人物而分辨它們的資質，便叫做性。從第一階段經第二階段，而至於此，是人與物未分的階段，卽人物所共有。「善，以言乎天下之大共也；性，言乎成於人人之舉凡自爲」[73]。人與物旣有共性，亦有殊性；無殊性，便無以人之所以爲人。因而戴震又把

[70] 《原善》卷上，《孟子字義疏證》頁62。
[71] 同上，頁 63。另見〈讀易繫辭論性〉，《孟子字義疏證》頁181。
[72] 《原善》卷上，《孟子字義疏證》頁62。
[73] 同上，頁63。

「成之者性」分為三個子階段或三個層次：

一是「性之事」。「人與物同有欲，欲也者，性之事也」[74]。人與物（禽獸）都有生理欲望，都要求饑食渴飲，這是其同。但人與物（禽獸）所稟受陰陽五行之氣和分有血氣心知的不同，以及用以維持生存條件的差異，因而，人與物雖同欲而有異，「人與物同有欲，而得之以生也各殊」[75]。「各殊」，才能成人之所以為人。

二是「性之能」。「人與物同有覺，覺也者，性之能也」[76]。人與物（禽獸）都具有感覺、知覺的功能，但兩者知覺、感覺功能的大小和反映外部客體的能力的大小，各不相同。「人與物同有覺，而喻大者大，喻小者小也各殊」[77]。具有感覺、知覺功能雖同而人物大小有異。

三是「性之德」。「欲不失之私，則仁；覺不失之蔽，則智；仁且智，非有所加於事能也，性之德也」[78]。性之事的欲望不沉溺於私欲，性之能的知覺不被外部客體所蔽塞，這便仁和智。仁和智不外加給欲望和知覺，是性的本來美德。由於「性之事」和「性之能」的人物各殊，亦構成了「性之德」的差異。「人與物之一善同協於天地之德，而存乎相生養之道，存乎喻大喻小之明昧也各殊；此之謂本五行陰陽以成性，故曰『成之者性

[74] 同上，頁 62。另見〈讀易繫辭論性〉，《孟子字義疏證》頁181。

[75] 《原善》卷上，《孟子字義疏證》頁63。

[76] 同上，頁62-63。

[77] 同上，頁63。

[78] 同上。

也』」[79]。人與物雖有共同的欲望、知覺和德性，且存在於相生相養的條件和反映客體事物能力的差異之中，這種差異，來源於陰陽五行的人與物的本性。這就是「言乎本然之謂德」[80]。「舉凡既生以後所有之事，所具之能，所全之德，咸以是爲其本，故《易》曰『成之者性也』」[81]。這裏所說的「本」，就是指上引「本五行陰陽以成性」的「本」。

戴震從「性之事」、「性之能」、「性之德」三個層次上，論述人與物的同與異，把人作爲感性的、有生命的存在，從欲望情感、知覺能力和自然本性三個方面闡明人性，而不是把人作爲理性的、本體的存在。在戴震看來，「性之德」是「性之事」和「性之能」的統一。他說：

> 性，其本也。所謂善，無他焉，天地之化，性之事能，可以知善矣。君子之教也，以天下之大共正人之所自為，性之事能，合之則中正，違之則邪僻，以天地之常，俾人咸知由其常也[82]。

性是人們交往活動、行爲方式的根本，善是這種交往活動、行爲方式的最高準則。作爲最高準則，它不是理學家的形而上的道德本體，而是從天地自然的變化中，性所表現的欲望需求、知覺能力中獲得。性的事和能符合最高準則，便是中正，這就是天地自

---

[79] 同上。

[80] 同上。

[81] 〈性〉，《孟子字義疏證》卷中，頁25。

[82] 《原善》卷上，《孟子字義疏證》頁63。

然的常住性和必然性。

所謂「中正」，就是性之事和能與天地之德相協調。「五行陰陽者，天地之事能也，是以人之事能與天地之德協。事與天地之德協，而其見於動也亦易。與天地之德違，則遂己之欲，傷於仁而爲之；從己之欲，傷於禮義而爲之。能與天地之德協，而其有所倚而動也亦易。遠於天地之德，則以爲仁，害禮義而有不覺；以爲禮義，害仁而有不覺。皆道之出乎身，失其中正也」[83]。人的情感欲望、知覺能力與天地本性相和協，人的交往活動就自如完滿；與天地本性相違背，只顧滿足或放縱自己的欲望，就會傷害仁和禮義。這就是說，人的欲望和知覺能力能否與天地本性相和協，是達到和傷害仁義的尺度，也是人的本質、本性的標誌。

循着戴震對性的追根究底的考察，大體可構成這樣的結構：

性
- 天地之順（「一陰一陽之謂道」）——自然——化生——仁——天下之道盡於順——可語道
- 天地之常（「繼之者善也」）——必然——條理
  - 秩然——禮著
  - 截然——義著
  - 天下之教一於常——可語善
- 天地之德（「成之者性也」）——本然——分辨
  - 性之事——欲——陰陽五行——人物得之以生各殊
  - 性之能——覺——鬼神——人物覺有大小之分
  - 性之德——不失私蔽——天地之德——善協天地之德
  - 天下之性同之於德——可語性

---

[83] 《原善》卷上，《孟子字義疏證》頁65-66。

性的階段的考察，是把性看成一個生成的過程，而否定了性，是先驗的道德理性和超感性的形而上本體，重新肯定了性是感性實在的人的情感欲望、知覺能力和自然本性的統一，因此，戴震提出性的欲、知、情結構論：

人生而後有欲、有情、有知，三者，血氣心知之自然也[84]。

仍然，戴震與康德不可比擬，但就康德提出知、情、意的三結構而言，在某些點上有近似之處。戴震所說的欲和情，不僅指主體對於客體的接受，客體作用於主體感官，以及主體情感的表現，而且是指道德倫理；所謂知，不僅是指知覺、認知能力和對於客體反映的能力，而且是指辨於「美醜是非」的知，蘊含着審美意識和價值觀念。欲、知、情三結構，是對人性的理性分析，是對於抽象道德人性論的批判，但戴震沒有重複純粹理性之覆轍。

性生成的三階段的考察，獲知人性與物性混雜，雖在第三階段，以性的事、能、德三層次上區別人與物（禽獸），但也有其同。因此，對性的理論前提能否成立的考察，必須對人性如何脫離物性，有明確的界說。

其一，人之神明出於心。中國古人以心爲思維的器官，儘管自明李時珍以來，就認識到「腦爲元神之府」[85]，但仍沿用以心

---

[84] 〈才〉，《孟子字義疏證》卷下，頁40。

[85] 〈辛夷〉，《本草綱目・木部》卷34。

指腦的說法[86]。人心是人所特有的主體意識活動能力，「神明」是思維活動或意識活動，它是心（人腦）的機能。其實，意識、思維與意識、思維的器官是有區別的，但中國古人往往不分，戴震也不例外。「人之神明出於心，純懿中正，其明德與天地合矣」[87]。人的意識、思維能力如能正確反映客觀，就能與天地自然相符合。意識或思維是人腦中主觀觀念形式和客觀實在內容的相互統一、相互分別。意識活動能力，包括能動能力和創造能力。能動能力是指意識活動是一個主動反映客觀世界的過程，創造能力是指意識活動具有掌握和改造天地自然的功能。「人有天德之知，有耳目百體之欲，皆生而見乎才者也，天也，是故謂之性」[88]。「天德之知」，即是認識自然本質和特性的能力；能認識進而便能掌握自然的本質、特性或規律。「天德之知，人之秉節於內以與天地化育侔者也；耳目百體之欲，所受中而不可踰也」[89]。人便能控制主體活動而與自然運動變化的規律相一致，以及主體欲望與自然本質、特性的統一。

戴震認爲，認識自然和掌握自然的過程，是由感性進入思維理性的過程。「心之精爽以知，知由是進乎神明，則事至而心應之者，胥事至而以道義應，天德之知也。是故人也者，天地至盛之徵也，惟聖人然後盡其盛」[90]。「精爽」是指感覺，類似於感

---

[86] 參見拙著《新人學導論——中國傳統人學的省察》，職工教育出版社1989年版，頁50-51。

[87] 《原善》卷中，《孟子字義疏證》頁67。

[88] 同上。

[89] 同上。

[90] 同上。

性認識。主體意識與客體對象相接觸所產生的反應，都能夠以道義理性爲法則來處理感覺經驗，這是物（動植物）所不可能有的屬性，是人所特有的屬性。因此，人性是天地最完美的象徵。

其二，智足以擇善。主體意識的能動能力和創造能力，既表現了人心的基本特性，也表現了人的聰明智慧對於善的選擇能力。「故人莫大乎智足以擇善也；擇善，則心之精爽進於神明，於是乎在」[91]。人的最大的特性，就是能運用自己的聰明智慧選擇仁、義、禮、智等善的理性法則、規範來處理各種關係，這就是人性與物性分別所在，也就是人性對於物性的脫離。

思維、意識的選擇能力，也是主體意識活動由「精爽」進入「神明」的標誌。「靈之盛也明聰，神之盛也睿聖；明聰睿聖，其斯之謂神明歟！」[92]人爲天地之靈。正因爲人具有最高智慧，所以人能運用意識活動，利用、掌握以至駕馭客體對象。「人之才，得天地之全能，通天地之全德。從生，而官器利用以馭；橫生，去其畏，不暴其使。智足知飛走蠕動之性，以馴以豢；知卉木之性，良農以蒔刈，良醫任以處方」[93]。人不僅能用自己的器官駕馭萬物，動物也能供人所驅使，而且人的意識智力能認識、掌握動植物的特性，並根據特性來馴養動物和栽種、收割莊稼，利用萬物而爲人服務，這是人作爲社會的類存在物所具有的屬性，而動植所不具備的。人認識、掌握、駕馭萬物而爲人類服務的自覺意識和擇善能力，是人性區別於物性的重要特點。

其三，條貫於禮與義。主體意識的能動和創造能力，不僅表

---

[91] 《原善》卷中，《孟子字義疏證》頁68。
[92] 同上。
[93] 同上。

現於對客體自然界的認識、把握和利用，而且表現對於人類社會的認識和把握。人類社會錯綜複雜，各種關係犬牙交錯。認識和把握人類社會比認識和把握自然界更有難處，改革社會也並非易事。「聖人神明其德，是故治天下之民，民莫不育於仁，莫不條貫於禮與義」[94]。人通過自己的意識、思維活動，而認識、把握事物的本性，所以能治理天下，這種治理包括着對於社會的利用和改造，以及人民的教化，而沒有不達到貫通禮和義的境界。

貫通禮義，歸結起來就是仁。「天地之德，可以一言盡也，仁而已矣；人之心，其亦可以一言盡也，仁而已矣。耳目百體之欲喻於心，不可以是謂心之所喻也，心之所喻則仁也；心之仁，耳目百體莫不喻，則自心至於耳目百體胥仁也」[95]。天德和人心，一言以蔽之，就是仁；仁是天人合一的關接點，通過仁把天德和人心貫通起來。因此，具備了仁的心，可以把耳目百體與天地自然相聯接，無論是耳目百體的欲望，還是有知覺活動，都與仁相符合。

一切活動與仁相符合，便需要對自然、社會有所認識和把握。「心得其常，於其有覺，君子以觀仁焉；耳目百體得其順，於其有欲，君子以觀仁焉」[96]。仁寓於知覺活動和耳目百體欲望之中，並通過知覺活動和耳目百體欲望表現仁。貫通禮義仁是人的社會性的體現，是區別於物性的人性的標誌。人心不僅有認識、把握事物規律性的自覺，而且有符合道德理性規範的自覺，這是與人的理性思維能力相適應的。

---

[94] 《原善》卷中，《孟子字義疏證》頁68。

[95] 《原善》卷中，《孟子字義疏證》頁67。

[96] 同上。

三、才與性的關係

從人之所以爲人的人性，人性的生成論和結構論，到人性與物性的區別，都是說明人與禽獸的差異，如何以及怎樣脫離動物（禽獸）的歷程，而沒有涉及人與人之間的區別。其實，人與人之間也各具殊相。戴震有一明確論說：

> 才者，人與百物各如其性以為形質，而知能遂區以別焉，孟子所謂「天之降才」是也。氣化生人生物，據其限於所分而言謂之命，據其為人物之本始而言謂之性，據其體質而言謂之才。由成性各殊，故才質亦殊。才質者，性之呈也；舍才質安覩所謂性哉[97]！

所謂「才」，是指人與百物依據各自不同的本性所表現出來的自然形質和不同的知覺能力。因此，不僅人與物異，而且人與人亦異。人與人之所以異，是由於性殊。「才」與「性」的關係是不離不雜。

就其不雜而言，才與性各有其規定性。戴震認爲，性是指形成人的最初的本質，才是性所表現的形體氣質。這就是說，性是內生的，不可見的，抽象觀念；才是外在的、可見的，具體形質。因此說：「性以本始言，才以體質言也」[98]。此其一；人的

---

[97] 〈才〉，《孟子字義疏證》卷下，頁39。
[98] 〈才〉，《孟子字義疏證》卷下，頁41。

才質的美或惡，對性旣沒有增進，亦沒有減損。「故才之美惡，於性無所增，亦無所損」[99]。戴震舉例說，金製成金器，銀製成銀器。金銀的成色是否純粹精良，這是比喻性的，「爲金爲錫，以及金錫之精良與否，性之喻也」[100]。器物從金銀錫中分出來，而冶煉成金器、銀器、錫器，以及哪個器物做工精緻，哪個器物做工粗糙，這是比喻才的，「分於五金之中，而器之所以爲器卽於是乎限，命之喻也。就器而別之，孰金孰錫，孰精良與孰否，才之喻也」[101]。這就是說，器物的做工精良與否，與金錫本身的精良與否？並沒有直接的關係。換句話說，人的形質的强弱、高矮、氣質、風度，與性沒有直接決定關係，旣無增，亦無損。此其二；其三、性是稟受之全，才是體質之全，「稟受之全，則性也。其體質之全，則才也」[102]。所謂「稟受之全」，雖然沒有具體的形象可以作爲依據而加以說明，但如桃性、杏性，在桃仁、杏仁中都稟受包含了。桃仁、杏仁發爲萌芽，長爲根枝，開花結果，就便是才的「體質之全」。性與才的不雜之別，猶如因與果、內容與形式、本質與現象之分。

就性與才的不離而言，才質是性的呈現，離開才質怎能看到性，離開性，也無所謂才質。因而，有怎樣的性，就構成怎樣的才質。分於陰陽五行而形成不同的性，才質也因性的不同而不同。「分於陰陽五行而成性各殊，則才質因之而殊。猶金錫之在冶，冶金以爲器，則其器金也。冶錫以爲器，則其器錫也。品物

[99] 同上，頁39。
[100] 同上。
[101] 同上。
[102] 同上。

之不同如是矣」[103]。性爲金或錫，冶煉爲器具，這個器具（才質）就是金的或錫的。性對於才質有順應性的制約作用，決不會金的性，冶煉成的器具是錫的。此其一。

其二，性與才相互聯繫，相互統一，不可分割，「言才則性見，言性則才見」[104]。《孟子・告子上》曾記載，孟子回答公都子說：「乃若其情，則可以爲善矣，乃所謂善也。若夫爲不善，非才之罪也。」朱熹發揮說：「惻隱、羞惡、辭讓、是非，情也。仁義禮智，性也。心統性情者也，因其情之發，而性之本然可得而見」[105]。朱熹以爲孟子離開性而論情，把惻隱、羞惡、辭讓、是非等善性的萌芽作爲論情的根據。戴震認爲，朱熹並不理解孟子的意思，孟子答公都子的「乃若其情」的「情」字，不是指性情的情，而是指本來的實際情況的情。因而孟子接着說，「人見其禽獸也，而以爲未嘗有才焉，是豈人之情也哉？」[106]可見孟子所說的「情，猶素也，實也」[107]。孟子認爲，性本來是善的，至於成爲不善，並非才的過錯。這裏「夫爲不善」的「爲」字，猶「成」的意思。終於成爲不善，是由於「陷溺其心，放其良心，至於梏亡之盡，違禽獸不遠者也」[108]。這就是性是善的，決定才也是好的。才質的墮落而喪失了良心，以至發展到完全攪亂了本性，離禽獸不遠，不是性不善，而是才質喪失了原來美好

[103] 〈才〉，《孟子字義疏證》卷下，頁39。
[104] 〈才〉，《孟子字義疏證》卷下，頁41。
[105] 〈公孫丑章句上〉，《孟子集注》卷3。
[106] 〈告子上〉，《孟子集注》卷11。
[107] 〈才〉，《孟子字義疏證》卷下，頁41。
[108] 同上。

資質的結果。

其三，性是善的，才也是美的，兩者基本一致。「人之性善，故才亦美，其往往不美，未有非陷溺其心使然，故曰『非天之降才爾殊。』」[109] 性善才美，相互對應，才有不美，不是自然資質的不同，而是思想墮落造成。但是理學家程、朱等把不善歸罪於才，程頤說：「性無不善，而有不善者才也。性卽是理，理則自堯、舜至於塗人，一也。才稟於氣，氣有淸濁。稟其淸者爲賢，稟其濁者爲愚」[110]。戴震不同意程頤的觀點，「此以不善歸才，而分性與才爲二本」[111]。戴震從性才一本，性善才亦美的思想出發，批判程、朱把人後天不善歸罪於才質。「偏私之害，不可以罪才，尤不可以言性。孟子道性善，成是性斯爲是才，性善則才亦美，然非無偏私之爲善爲美也」[112]。歸罪於才質，實與孟子所說的「天之降才」的原意相違。性善才美，卽使存在偏私，也不能說才不美。而是由於陷溺而成。

「性」與「才」的不雜不離關係，實是今人所謂的對待統一關係。每個人都具有善性，善性對於每個人一視同仁，並沒有大小多寡的分別；每個人在善性面前一律平等，無所偏私，人人都獲得完滿的善性，無所欠闕。性雖善，才質亦美，但由於每個人修養、氣質、品格、環境等等的差別，有的人陷溺，有的人不墮落，因而，人與人的才質出現了差別，卽才有美惡的情況，這並不是性的不善，或才本身不美。戴震說：

---

[109] 同上。

[110] 《河南程氏遺書》卷18，《二程集》，中華書局198年版，頁204。

[111] 〈才〉，《孟子字義疏證》卷下，頁42。

[112] 同上。

人之初生，不食則死；人之幼稚，不學則愚；食以養其生，充之使長；學以養其良，充之至於賢人聖人，其故一也[113]。

成賢成聖，並非先驗，是靠通過學習，不斷增長、提高知識，而成賢聖，猶如人身得到飲食滋養而增長一樣。因而，上智與下愚並非不移。

即使才是美，假如人不很好保養，也會向不美的方向轉化。「才雖美，譬之良玉，成器而寶之，氣澤日親，久能發其光，可寶加乎其前矣；剝之蝕之，委棄不惜，久且傷壞無色，可寶減乎其前矣。又譬之人物之生，皆不病也，其後百病交侵，若生而善病者，或感於外而病，或受損於內身之陰陽五氣勝負而病，指其病則皆發乎其體，而曰天與以多病之體，不可也」[114]。才美猶如良玉，人的珍視保護與否，是光彩越來越鮮艷與越來越暗淡的關鍵。人的生病，是由於外感或內損，並不是天給予人以多病之體。良玉的傷壞，人體的多病，並非良玉、人體自身的不善不美，而是後天的人為，即主體人的能動作用。這種能動作用，既可以促其向氣澤日新和健康强壯轉化，也可以促其向傷壞無色和體弱多病轉化。這種能動地轉化，不能把向惡或醜轉化的結果，歸罪於性惡才醜，而應該看到促其轉化的後天的各方面因素、條件的作用。只有改變不利條件和因素，而創造有利條件和因素，就能促使其向善和美的方向發展。

---

[113] 同上。

[114] 同上，頁42-43。

戴震基於性善才美的觀點，批評周敦頤把凶猛、狹隘、強梁、懦弱、無斷、邪佞指摘爲才質的毛病，「如周子所稱凶猛、狹隘、強梁、懦弱、無斷、邪佞，是摘其才之病也；才雖美，失其養則然。孟子豈未言其故哉？因於失養，不可以是言人之才也。夫言才猶不可，況以是言性乎」[115]，人由於後天失去教養，而出現像周敦頤所說的情況，不能說明人的才不美，更不能用來說明性不善。

戴震論性是其哲學邏輯結構的重要中間環節，是天道向人道過渡的橋樑。作爲戴震哲學的性自身來說，又是一個系統。這個系統正如他自己所說的：

> 成是性，斯爲是才。別而言之，曰命，曰性，曰才；合而言之，是謂天性[116]。

從分和合的角度來分析性，人的自然本性包含三個方面；由陰陽五行之氣所分得的不同規定、限定，叫做命，譬如金錫的器具，受金錫本性的限定；由陰陽五行之氣所分得的不同而形成人的最初本質，叫做性；性所表現出來的形體氣質，叫做才。這三個方面的統一，就叫做人的自然本性。

戴震自然人性論的「命」，相當於人性的自然律令，這種自

[115] 同上，頁 43。周敦頤的話是：「剛：善爲義，爲直，爲斷，爲嚴毅，爲幹固；惡爲猛，爲隘，爲強梁。柔：善爲慈，爲順，爲巽；惡爲懦弱，爲無斷，爲邪佞。」（〈師第七〉，《周子全書》卷8）。

[116] 〈才〉，《孟子字義疏證》卷下，頁40。

然律令，依據自然法則而規定人物各自不同的本質屬性。如果說「命」是自然客體對於人物主體的賦予或限定，那麼，性是人物主體對於自然客體的稟受或接受。就主體來說，「命」是受動性，性是主動性。主體主動、能動的發揮，由自然而必然，由必然而本然，便能達到成賢成聖，性善才美的境界。

戴震的性論，其實質是人論，所謂性作為天道到人道的中介，實是由天（自然、天地本質、本體）──→人（性）──→社會（倫理道德、人際關係）的結構。戴震人論的貢獻，就在於把理學家的抽象人轉變為具體人；道德理性的化身轉化為有情感欲望、知覺能力的人；形而上的超理性本體存在轉變為形而下的活生生的生命關懷。這種人論，不僅使中國傳統人學[117]的發展邁出了新的一步，而且為中國人學向近代演變作了舖墊。戴震雖對中國近代新人學有開啓之功，但中國近代新人學的發展實在太艱難了！這就需要有戴震的「發狂打破」的精神。

然而，中國人善於「近取諸身」，「以通神明之德，俯類萬物之情」[118]，仰觀俯察，以己度物，以身比身。在他們的心目中，世界萬物都是生生不息的生靈，所謂「草木有情，山水趨靈」，凸現的正是人的生命的節奏和情感的寄托。因此，「仁者愛人」的一個「仁」字，就被解釋成為「生」字；「天地之性，人為貴」的「性」字，也被解釋成「生」字。所以，當人們對人性進行理性審視時，透露出來的却是對人類以及自身生命價值的

---

[117] 參見拙著《新人學導論──中國傳統人學的省察》，職工教育出版社1989年版。

[118] 〈繫辭下傳〉，《周易本義》卷3。

情愫。所謂「重於泰山，輕於鴻毛」的生死觀，豈不是以人的文化情感（情）、認知（知）、欲求（包括志）去體驗、領悟自然萬物的生與死。在這裏無知、無情、無欲的泰山和鳳毛，賦予了靈性和人格，道德和情操。「近取諸身」，以類萬物之情，似乎成了中國人的思維方式，心理結構，審美方式。

戴震的思維方式是中國傳統思維方式的延續，他把天地萬物，有生之類、草木人獸，都看成陰陽五行的「氣化流行」，氣化流行蘊含着「血氣心知」，是生命的流動；只有流動的生命，才能「生生不息」，而延續不斷；只有生生不息，才會有生的強烈感受，而愛己愛人，成己成物；只有用生的強烈感受去體察陰陽五行之氣，才能容物於己，緣心感物，達到天人合一的境界。戴震的自然理性人性論，是對人的生的強烈感受和關懷。

第五章　體情遂欲的理想——人道論

戴震哲學的邏輯結構由「性」進入「人道」，即由人的本質、本性和價值觀念，外化為社會的人際關係、倫理道德、行為規範、以至典章制度等。如果說由「天道」到「性」，是由外向內、由客體向主體的轉化，那麼，由「性」到「人道」便是主體自身的深層發出為表層，是主體的兩個不同層次。社會歷史的進步和發展，文化思想的演變和轉型，都與「人道」有關。因此，「人道」是社會本質的反映。由「人道」而展開對社會的自我批判。

一、何謂人道

「人道」這個概念、範疇，一開始就與「天道」相聯繫。春秋時的子產（公元前 580-522）說：「天道遠，人道邇，非所及也」[1]。當時鄭國占星家裨竈預言將發生大火，鄭人勸子產按照裨竈的話禳祭避災，子產認為「天道」與「人道」兩不相及。子產所說的「人道」，蘊含着社會人事和社會人事中人們所應遵守

---

[1] 《左傳》昭公十八年，《春秋左傳注》中華書局1981年，頁1395。

的共同的思想行爲準則。所謂共同的思想行爲準則，包含人之所以爲人的根據，人的自然本性和道德倫理規範，羣體的典章制度和組織原則等等。《國語》記載：「父生之，師教之，君食之。非父不生，非食不長，非教不知生之族也，故壹事之。唯其所生，則致死焉。報生以死，報賜以力，人之道也」❷。對於生養教育自己的父親、師長、君主，要專心事奉，以忠孝仁義這些道德爲人道，作爲處理等級關係的原則。並把人的情感作爲人道的內涵，「思樂而喜，思難而懼，人之道也」❸。其實情感問題是屬於性的範疇，但古人分不清楚。《左傳》和《國語》把道分爲天道與人道；是道內涵的豐富。春秋時，儒家創始者孔子。罕言天道，注重人際關係，着重發展了人道方面。道家創造者老子，鄙斥仁義，注重自然天道，着重發展了天道方面。儒道兩家從不同的角度發展了道的思想，共同提高着中華民族的理論思維水平。戰國以後，兩家雖仍保持各自的思維理路，但已表現出融合的趨勢，特別是《易傳》和荀子等，糅合道、陰陽、名、法等思想，而傾向於天道與人道的統一。《易傳》說：

> 昔者聖人之作易也，將以順性命之理。是以立天之道，曰陰與陽；立地之道，曰柔與剛；立人之道，曰仁與義❹。

《易傳》認識到陰陽相互對立、相互作用是天地萬物和社會人事的普遍原則，人際關係中的君臣、父子、夫婦，猶如陰陽關係而

---

❷ 〈晉語〉第七，《國語》卷7。

❸ 〈晉語〉第十五，《國語》卷15。

❹ 〈說卦傳〉，《周易本義》卷4。

有君臣、父子、夫婦的仁義之道。

宋明理學家糅合儒、釋、道三家之學，以天道與人道的統一爲要旨，發展了儒家人道方面的思想。程頤認爲仁義禮智信橫看豎看，合言別言，都是人道。「聖人因其善也，則爲仁義禮智信以名之；以其施之不同也，故爲五者以別之。合而言之皆道，別而言之亦皆道也」❺。以仁義禮智信的所謂五常，處理五倫之間的關係，這就是道之大本。「人問某以學者當先識道之大本，道之大本如何求？某告之以君臣、父子、夫婦、兄弟、朋友，於此五者上行樂處便是」❻。所謂樂，就是五倫關係以五常來調節，都符合節度，而獲得樂的感受。樂的感受是社會人際間的和諧而產生的人的精神世界上的快樂，這是人道的「大本」。

朱熹繼承二程，而所有發展，他明確把人道規定爲：「道則人倫日用之間所當行者是也」❼。人之所以有人倫，是因爲人是有人性的動物，「人之生也，均有是性；均有是性，故均有是倫；均有是倫，故均有是道」❽。人是社會的動物，人性是指人作爲社會的類存在物所具有的各種共同屬性。有人性便有人倫，人們所履行的這個共同倫常，便是道。道作爲人倫日用間「所當行」來說，首要體現在日常生活的五倫之間。「道之在天下，其實原於天命之性，而行於君臣、父子、兄弟、夫婦、朋友之間」❾。中國古代思想家、哲學家在錯綜複雜的、形形色色的人

❺《河南程氏遺書》卷25，《二程集》頁318。

❻《河南程氏遺書》卷18，《二程集》頁187。

❼〈述而〉第七，《論語集注》卷4。

❽《孟子或問》卷7，《朱子遺書》。

❾〈徽州婺源縣學藏書閣記〉，《朱文公文集》卷78。

與人的各種關係中，準確地概括出人際間的五種基本關係，這就是五倫；又根據五倫每一對關係具體特點，規定處理每一倫人際關係的倫理道德規範，這便是五常。朱熹說：「吾之所謂道者，君臣、父子、夫婦、昆弟、朋友，當然之實理也」⑩。所謂「實理」，是指「如父當慈，子當孝，君當仁，臣當敬，此義也。所以慈孝，所以仁敬，則道也」⑪。人人既明確所當然之則和所以然之故，便能把倫理道德法則轉化爲自覺的道德行爲。

作爲人道的五倫和五常，是中國古代哲學家對於客觀社會人際關係的正確認識和把握，爲中國社會的自我調整、穩定和發展做出了貢獻。中國社會是發展的，作爲能捕捉社會朕兆、傾向、趨勢，而做出預見，發現問題的哲學家，僅提出一個烏托邦式的道德理想，要人們去實行，而無對人際關係的變化作出新的符合現實社會實際的分析和概括，也無處理這種新的人倫日用之間所當行的道德規範，人們便無所措手足。儘管自上而下的倡導或發起運動，往往都流於形式，上做不到，下亦做不到。理學家以「天理」爲最高道德理想，以「滅人欲」爲「存天理」的前提條件，這就違背了人性。要知完全「滅人欲」是做不到的，人性是由人的自然屬性和社會屬性構成的。自然屬性是指人的生物學、生理學方面的特點。人雖生活在社會中，但仍然保持着生物屬性，按照生物規律，生理規則活動，例如飲食男女等。雖然理學家不否定人的飲食男女，但統治者往往視天理與人欲爲對立，而有忽視人欲之失。這正是戴震要批判的，而要批此，首先對人道

---

⑩　《論語或問》卷 4，《朱子遺書》。

⑪　《孟子．公孫丑上》，《朱子語類》卷52，頁1255。

要有一個不同於理學家的解釋，即對於理學家所謂天理、人欲的理論前提有切實的考察。

「人道」雖與「天道」緊密聯繫，但有自身特殊內涵，戴震作這樣的規定：

第一，生生所有事。戴震相對於「天道」是指陰陽五行之氣化流行，自然界萬事萬物不斷產生、變化和發展，而把「人道」規定爲人類不斷變化、繁殖和發展的一切事情。他說：

> 在天地，則氣化流行，生生不息，是謂道；在人物，則凡生生所有事，亦如氣化之不可已，是謂道⑫。

以「生生」釋「道」，「道」便具有生命和生命運動的潛在。這種生命和生命運動的潛在，並非道的功能，而是作爲道的實體的陰陽五行之氣的作用。無論是天地萬物，還是社會人事，都是道的氣化運動變化，是一個流行的過程，而不是由絕對超越的「理」派生萬事萬物。如果由形而上的本體理產生萬物，那麼天地萬物、社會人事都是先在的，一切運行都是被規定或限定了的。戴震對道的規定，不僅在於否定理學家的形上論的本體論，而且在於否定理學家的本體論的道德論。因此，戴震廣義地把「人道」的內涵規定爲「生生所有事」，包括人類生存、氣化的一切。

人道最具生命力的內涵，就是生生，人類社會只有生生才能延續，文化思想只有生生才能沿傳，一切靠生生的法則來維繫。因此，「生生」是人道的基本原則、基本功能和規律。譬如「生

⑫　〈道〉，《孟子字義疏證》卷下，頁43。

於陸者，入水而死；生於水者，離水而死。生於南者，習於溫而不耐寒；生於北者，習於寒而不耐溫。此資之以爲養者，彼受之以害生。『天地之大德曰生』，物之不以生而以殺者，豈天地之失德哉！」⑬生生是自然天道、社會人道的共同根本特性，就「人道」來說，人得不到生存、繁殖而死亡，並非「人道」而造成，而是違反「人道」的結果。

「生生」，使人道具有動態性，動態就不會僵死、衰老、枯槁，在新陳代謝中而保持新生、富有活力、不斷發展。這個生生的過程，就是道，即人道。這裏所謂的「人道」，不是道德本體，而是生生過程所出現的所有事情。

第二，人倫日用。戴震認爲人與人之間日常生活中的倫理道德準則，就是人道。「人道，人倫日用身之所行皆是也」⑭。「人道」作爲倫理道德原則、法則，不是離具體人而存在，離人而無人倫；也不能離人的日常道德生活，離了日常道德生活，亦無所謂倫理道德原則，即無人道。人倫日用是人道的實在內容。譬如《中庸》所說的「率性之謂道」，「修身以道」和「天下之達道五」，都是說明人道的內涵、功能和性質的，「故語道於人，人倫日用，咸道之實事」⑮。由於道不離人倫日用，道就不是空事虛無的原則，而是實事、實用。「出於身者，無非道也。故曰『不可須臾離，可離非道』；『可』如『體物而不可道』之可」⑯。人道出於人們的日常生活。

---

⑬ 〈道〉，《孟子字義疏證》卷下，頁43。

⑭ 同上。

⑮ 〈道〉，《孟子字義疏證》卷下，頁44。

⑯ 同上，頁45。

所謂「人倫日用」的實事，就是道。「道者，居處、飲食、言動，自身而周於身之所親，無不該焉也」⑰。道的實事包括兩方面：一是「居處、飲食、言動」等日用；二是「周於身之所親」的人倫。

就前一方面而言，人道是人類自身生物、生理屬性的有節制的滿足，譬如人的飲食男女等自然欲求。戴震認爲，「飲食男女，生養之道也，天地之所以生生也」⑱。作爲生養之道的飲食男女，是每個人所必須的，是合理的。如果不滿足人類生存的最起碼生理欲求，人就會餓死渴死；禁止男女之事，人類就不能繁殖而滅絕，因此，是不人道的。戴震明確提出居處、飲食、男女等是人道的內容，是對於理學家非人道的「滅人欲」的否定，是對人的生命的關懷，人性的解放和人的自我覺悟。這樣人道便從遠離人世的形而上道德本體，回歸到世俗的飲食男女中來；從道德理想主義的殿堂，返回日常生活的塵世。戴震的這個轉變，蘊含着深刻的思想義蘊，他呼喚着中國一個新時代的到來。但中國的形勢太複雜了，戴震所呼喚的新時代終於被內外的勢力所扼殺了！

戴震之所以提出以飲食男女爲人道的內涵，是基於道之實體爲陰陽五行和性之實體爲血氣心知的認識。「人物受形於天地，故恒與之相通。盈天地之間，有聲也，有色也，有臭也，有味也；擧聲色臭味，則盈天地間者無或遺矣。外內相通，其開竅也，是爲耳目鼻口。五行有生克，生則相得，克則相逆，血氣之得其養，失其養繫焉，資於外足以養其內，此皆陰陽五行之所

---

⑰ 同上。

⑱ 《原善》卷下，《孟子字義疏證》頁75。

爲，外之盈天地之間，內之備於吾身，外內相得無間而養道備。『民之質矣，日用飲食』，自古及今，以爲道之經也」⑲。天地之間具有聲色臭味的客體，主體人具有對聲色臭味的欲求。主客體相互接觸，外內相互通貫，得失互養，而使人類得以生養存在，繁殖發展，這都是陰陽五行之氣的作用的結果。可見，人的日用的自然生理欲求，是人道的重要內容和根本原則。

就後一方面而言，「自身而周於身之所親」，這裏所說的親，是指親親。《禮記》說：「親親、尊尊、長長、男女之有別，人道之大者也。」即以自身的血親關係爲輻射源，而構成圍繞自身的人倫關係。這種以血親關係爲紐帶的聯繫網，戴震認爲就是五倫。「自身而周於身之所親，大致不出君臣、父子、夫婦、昆弟、朋友之交五者，略言之則曰親曰賢，舉二以該乎五」⑳。周於身而組成道德倫理關係，就是這五對。戴震認爲，血親關係包含着生養關係。「人道以生以養行乎君臣、父子、夫婦、昆弟、朋友之交，是也。」又說：「道之大目，下交君臣、父子、夫婦昆弟、朋友之交，是也」㉑。「交」有連接、交合的意思，引伸爲關係。這裏所說人道的生養和大目，就是指五倫的道德倫理關係。五倫，旣是人的族類血親的基本倫理道德關係，也是人的族類道德生活活動的基本範圍。因而，構成人道的基本內容。

第三，人所行卽道。身之所親卽人道，是指血親的五倫；「身之所行」，是指人的道德行爲及其規範、原則。五倫雖爲人道，但五倫相互對應的道德行爲，相互所遵循的道德規範，而相

---

⑲ 〈理〉，《孟子字義疏證》卷上，頁7。

⑳ 《緒言》卷下，《孟子字義疏證》頁119。

㉑ 《中庸補注》，《戴東原先生全集》，《安徽叢書》第六期。

互構成一種道德關係，亦是人道的重要內涵，如無「身之所行」的道德行為規範，而僅有「身之所親」，那麼，所謂人道也是不完全的。因此，戴震說：

> 人倫日用，固道之實事，行之而得，無非仁也，無非義也；行之而失，猶謂之道，不可也㉒。
>
> 人所行卽道，威儀言動皆道也㉓。

「行」是指人的道德行為，它是一種調節飲食起居和五倫之間關係的行為規範。「行而得」與「行而失」，是指人的行為是否符合一定的道德標準、規範和尺度。人在自身或社會生活中的行為符合道德標準、規範，譬如仁和義，那就是道，卽「行之而得」；反之，就不可謂之道，卽「行之而失」。訓「道」為行，理學家也不否定。戴震引朱熹的話說；「道者，日用事物當行之理」㉔。但戴震認為，以道為「當行之理」，是把「道」與「理」等同起來，而造成理論上的混亂，譬如把「修道」的「修」字，解釋為「品節」；對「修身以道，修道以仁」的兩個「修」字，只講「能仁其身」，而不加解釋，無所別於道和理。《中庸》所講的「達道五」，只是舉事實而已，它是「人倫日用」中所存在的五種人與人之間的具體關係，而朱熹却把它說成「當行之理」，卽處理五種關係所應遵行的「天理」。戴震認為，朱熹的這些解釋都與《中庸》的精神實質相背離。

㉒ 《孟子私淑錄》卷上，《孟子字義疏證》頁134。

㉓ 《中庸補注》，《戴東原先生全集》，《安徽叢書》第六期。

㉔ 《中庸章句》第一章。

人所行，是指主體轉化爲客體，卽主觀的道德意識有見於客觀的道德行爲。戴震把「身之所行」的道德行爲看成道，而批判朱熹的「當行之理」爲道，是戴震自然道德論的表現。這就是說，道德倫理的規範、原理、法則，已蘊含在自然道德行爲之中，不必要在道德行爲（「身之所行」）之外，另立道德行爲規範、原理、法則，而造成道德行爲與道德行爲規範、原理的脫離，朱熹之失，就在於此。他與老、莊、佛教一樣，都是捨棄人倫日用身之所行，「而別有所謂道，遂轉之以言夫理」㉕。戴震指出，「以人倫日用之事不得謂之道，六經、孔、孟之言，無與之合者也」㉖。其實，道德行爲與道德行爲規範、原理有很大的一致性、重合性，但也不是完全等同。道德行爲規範、原理，是道德行爲的抽象和概括，朱熹重「當行之理」，戴震重「人所行卽道」，各有所重，亦各有所失。若從不離不雜的視角來看，便可趨於完滿。

正因爲戴震以道德行爲的規範、原理，已蘊含在自然道德行爲之中，所以他在解釋《中庸》「修道以仁」這句話時說：「此由修身而推言修道之方，故擧仁義禮以爲之準則」㉗。仁、義、禮就是人道的準則、規範。「因及義，因又及禮，而不言智，非遺智也，明乎禮義卽智也。『智仁勇三者，天下之達德』，而不言義禮，非遺義遺禮也，智所以知義，所以知禮也。仁義禮者，道於是乎盡也；智仁勇者，所以能盡道也」㉘。仁義禮是人道最

㉕ 〈道〉，《孟子字義疏證》卷下，頁46。

㉖ 同上。

㉗ 〈道〉，《孟子字義疏證》卷下，頁44。

㉘ 同上，頁45。

完美的概括，智仁勇是使人道得以充分實現的條件。

仁義禮作爲準則，並非人們強加給道的，它對於人來說，無有差等。道德行爲準則對人一視同仁，人在道德行爲準則面前一律平等，無所偏愛。仁義禮儘管如此，但它是人的道德行爲沒有差錯的表現，從發生學角度說，仁義禮的指稱是由人在人倫日用的道德活動中都符合於節度而產生的。「古賢聖之所謂道，人倫日用而已矣，於是而求其無失，則仁義禮之名因之而生。非仁、義、禮有加於道也，於人倫日用行之無失，如是之謂仁，如是之謂義，如是之謂禮而已矣」㉙。

戴震的自然道德論，亦不排斥受各種客觀條件的影響，道德準則、法則的制約，以及人倫日用行之無失等等。「行者，行其人倫日用之不蔽者也，非如彼之舍人倫日用，以無欲爲能篤行也」㉚。蔽，《廣雅・釋詁》:「障也」，蔽塞不通的意思。根據人倫日用的道德準則去行事，而又符合一定的節度，就是人道。譬如「爲君而行君之事，爲臣而行臣之事，爲父爲子而行父之事、行子之事，皆所謂道也」㉛。君、臣、父、子都按照其應盡的道德規範去做，如果「君不止於仁，則君道失；臣不止於敬，則臣道失；父不止於慈，則父道失；子不止於孝，則子道失」㉜，君臣父子不按各自應盡的道德準則去做，就不是人道。因此，戴震總結說：

㉙〈道〉，《孟子字義疏證》卷下，頁45。
㉚〈權〉，《孟子字義疏證》卷下，頁54。
㉛〈道〉，《孟子字義疏證》卷下，頁47。
㉜同上。

故《中庸》曰：「大哉聖人之道！洋洋乎，發育萬物，峻極於天！優優大哉！禮儀三百，威儀三千，待其人而後行。」極言乎道之大如是，豈出人倫日用之外哉㉝！

程、朱等舍人倫日用講人道，是離開現實實際的形上學的人道，實無所謂人道；戴震與程、朱的根本區別，就在於不離人倫日用，以人倫日用即是人道。

這樣，從生生所有事到人倫日用、身之所行，就是人道，廣泛揭示了人道的深刻內涵。

二、仁義禮智誠

正因爲人道的內涵具有這種廣泛性和深刻性，所以戴震借發揮孟子的話，而認爲人道是普遍存在的。「孟子言：『夫道若大路然，豈難知哉』，謂人人由之」㉞。人道是對於具有智仁勇等品德、情操的人實行五倫的抽象概括，「質言之，曰達道，曰達德；精言之，則全乎智仁勇者，其盡君道，臣道，父道，子道，舉其事而亦不過謂之道」㉟。人道作爲處理人與人之間關係的倫理道德準則、規範，最基本的有仁義禮智四德。戴震在《孟子字義疏證》中，單獨列出〈仁義禮智〉一節，對其作了新的解釋：

第一，仁。仁在孔子、孟子思想中，是處理人際關係的行爲

㉝ 同上。引文見《中庸章句》第二十七章。

㉞ 〈道〉，《孟子字義疏證》卷下，頁47。戴震引孟子話，見《孟子．告子下》。

㉟ 〈道〉，《孟子字義疏證》卷下，頁47。

規範或道德標準，其內容是愛人，「仁者，愛人」㊱。以「己欲立而立人，己欲達而達人」㊲，為實現仁的方法；要求每個個體要「克己」，以使個人的視、聽、言、動，符合禮；行仁以孝弟為根本㊳。孟子把仁作為人皆有不忍人之心的惻隱之心的情感流露。

戴震所謂仁，「仁者，生生之德也。『民之質矣，日用飲食』，無非人道所以生生者」㊴，是指天地萬物不斷產生、變化、發展的特性，也是人與人不斷產生、諧和、進化的本性。仁從廣義說，是對於天地萬物、人類自身的生命存在的關懷。因此，戴震說：

> 自人道溯之天道，自人之德性溯之天德，則氣化流行，生生不息，仁也㊵。

從人道──→天道和從人德──→天德的追溯的過程來考察，是一個陰陽五行氣化流行，生生不息的進程。這就是說自客體天道到主體人道，從人的本質、本性到天的本質、本性。戴震都把它納入「氣化流行，生生不息」的框架或系統之中，顯示戴震建構哲學

㊱ 〈離婁下〉，《孟子集注》卷8。
㊲ 〈顏淵〉，《論語集注》卷6。
㊳ 參見拙著：《中國哲學邏輯結構論——中國文化哲學發微》，中國社會科學出版社1989年版，頁74-79。
㊴ 〈仁義禮智〉，《孟子字義疏證》卷下，頁48。引文見《禮記·禮運》。
㊵ 〈仁義禮智〉，《孟子字義疏證》卷下，頁48。

邏輯結構的自覺性和邏輯結構系統的嚴密性。所以，仁對於人道和人德、天道和天德具有普遍性。即不分親疏、差等、貴賤的普遍生生之德。此其一。

其二，每個個人，都有求生的慾望和滿足自身生命存在的需要，如果把這種慾望和需要推己及人及物，使天下所有的人都能滿足求生的慾望和自身生命存在的需要，這就是仁。「一人遂其生，推之而與天下共遂其生，仁也」[41]。成己成人，成己成物，蘊含着立己立人，達己達人，愛己愛人的意思，突出體現了「仁者愛人」的精神。因而，戴震引《中庸》曰：「仁者，人也，親親爲大」[42]。仁就是愛人，在這裏戴震接受了愛有親疏之分的思想，「仁，是以親親」[43]，而非無等差地愛。

其三，仁是指無私。「仁也者，言乎其不私也」[44]。在戴震思想邏輯結構中，私與欲有別。私是指思想上陷溺不覺，政治上結黨營私，行爲上爲非作歹，處事上悖逆欺詐；欲是求生和飲食男女等欲望。當然，私與欲也有緊密地聯繫，如果放縱自己的欲望，而無節制，就會陷溺於私。因此，「欲不失之私，則仁」[45]。失之私，便是不仁，「無私，仁也」[46]，「仁者，無私；無私，則猜疑悉泯」[47]。無私，人們的欲望、需求就能符合一定的節

[41] 同上。
[42] 〈仁義禮智〉，《孟子字義疏證》卷下，頁 48，引文見《中庸章句》第二十章。
[43] 《原善》卷上，《孟子字義疏證》頁66。
[44] 〈誠〉，《孟子字義疏證》卷下，頁51。
[45] 《原善》卷上，《孟子字義疏證》頁63。
[46] 〈權〉，《孟子字義疏證》卷下，頁53。
[47] 《原善》卷上，《孟子字義疏證》頁66。

度，而不違戾道德倫理。

仁作爲生生之德，成己成物和無私，是一種最高最重要的道德品質。仁涵賅「天地之德」，「天地之德」可以仁言盡。「天地之德，可以一言盡也，仁而已矣；人之心，其亦可以一言盡也，仁而已矣。耳目百體之欲喻於心，不可以是謂心之所喻也，心之所喻則仁也；心之仁，耳目百體莫不喻，則自心至於耳目百體胥仁也。心得其常，於其有覺，君子以觀仁焉；耳目百體得其順，於其有欲，君子以觀仁焉」㊽。爲什麼說人心可以仁一言盡？這是因爲耳目百體的欲望能爲心所明瞭，但不是心本身的明瞭，心本身所明瞭的則是仁。心具備了仁，就能使人從心到耳目百體都符合仁的準則、尺度和規範。主體心意識掌握了客觀事物的常規，並由客觀事物而引起主體知覺活動和欲望，便可以認識和把握仁。這就是說仁作爲道德理性，並不脫離具體現實人的知覺活動和欲望。

第二，義。儒家認爲義是人們的思想行爲符合一定的準則、規範。孔子主張「君子喻於義」㊾，是一種道德行爲，並體現在禮中。孟子以仁爲人，「義，人之正路也」㊿，人只要按照這條正確的道路而行，就不會發生差錯。朱熹注曰：「乃天理之當行，無人欲之邪曲，故曰正路」51。若「舍正路而不由」，那就是可悲哀的。荀子認爲，義是治理天下的根本，「爲天下之要，義爲本」52，在處理君臣、父子等倫理關係中，以義爲道德行爲

㊽ 《原善》卷中，《孟子字義疏證》頁67。

㊾ 〈里仁〉，《論語集注》卷2。

㊿ 〈離婁上〉，《孟子集注》卷7。

51 〈離婁章句上〉，《孟子集注》卷7。

52 〈強國〉，《荀子新注》，中華書局1979年版，頁266。

規範，子可以從義而不從父，臣可以奪而後義。因此，義是調節內與外、上與下、人與物、主與民之間關係的準則、原則。「夫義者，內節於人而外節於萬物者也，上安於主而下調於民者也。內外上下節者，義之情也」[53]。既然仁與義都是調整人際關係的最高道德行爲準則，那就有加以區分的必要，董仲舒認爲，從對象和功能上看，仁是對人而言，義是對我而言。仁是愛人，不在愛我；若只愛我，就不會去愛人。義是正我，不在正人；若只正人，就不會去正自我。宋明理學家繼孔、孟、荀、儒家而講義。

戴震所謂義，是指界限分明而有序。「觀於條理之截然不可亂，可以知義矣」[54]。人物的生命存在和發展，都有其自然條理。這個條理分界明確，而不紊亂，就是義。「何謂義？條理之截然不可亂，其著也」[55]。義的內涵，不在於自然條理，而在於截然不亂。所謂「截然」，有斷決的意思，譬如對人的倫理、行爲的斷決，賞罰分明，而不含糊。因此，戴震說：「斷決者義」[56]，「君子之精義也，斷乎親疏上下，不爽幾微」[57]。能準確斷決親疏上下的區別，而無絲毫偏差，就是對義的精通。義的這種斷決的內涵或功能，是對於當時社會等級關係的概括或反映。此其一。

其二，義是指一切事情都各得其所，都符合一定的節度、準

---

[53] 同上。

[54] 〈仁義禮智〉，《孟子字義疏證》卷下，頁48。

[55] 《原善》卷上，《孟子字義疏證》頁62。

[56] 同上。

[57] 〈仁義禮智〉，《孟子字義疏證》頁48。

則。「義得，則百事正」[58]。倘若百事不正，就是失義。所謂百事正，最重要的是指愛戴親人，撫養幼輩。「使親愛長養不協於正大之情，則義有未盡，亦即仁有未至」[59]。把親愛長養作爲衡量義的盡與未盡的標準。這種親愛長養，在戴震看來，是正當普遍的情理。它不僅是外在的倫理道德規範，而且是內在的道德情感。它對於每個人來說，既是正當的、合理的族類的親情，又是一種應盡的道德責任或義務。能否符合、協調於正當而普遍的情理，也就是能否做到義和能否達到仁的標誌。

其三，義作爲人道的道德規範，是人道的恰如其分的體現。「義者，人道之宜，裁萬類而與天下共覩，是故信其屬也」[60]。所謂人道之義（宜），就是把萬事萬物，社會人際間的關係，以及人們應然的道德行爲準則，都裁決、斷決得界限分明、中節適度，人們都能看得明白，而能實行。因而，戴震引《中庸》說：「義者，宜也，尊賢爲大」[61]。把義說成尊敬賢人，認爲「義，是以尊賢」，是由於「義至，則尊賢之道得」[62]，尊敬賢人要保持等級分明，這便是義的精神的體現。

義作爲截然不可亂、百事正和人道之宜，是一種與現實人際關係相聯繫的調節這種關係的方法和道德規範。戴震對義的內涵的規定，既突破了傳統儒家的規定，譬如說截然不可亂，也繼承

---

[58] 《原善》卷上，《孟子字義疏證》頁62。

[59] 〈仁義禮智〉，《孟子字義疏證》卷下，頁48。

[60] 《原善》卷下，《孟子字義疏證》頁72。

[61] 〈仁義禮智〉，《孟子字義疏證》卷下，頁48。引文見《中庸章句》第二十章。

[62] 《原善》卷上，《孟子字義疏證》頁66。

了傳統的思想，譬如以「尊賢爲大」，「尊賢之等」。承認人與人之間的等級差別關係，沒有人人平等的道德意識。因此，戴震思想並沒脫離中世紀封建等級觀念的樊籬，而進入近代資產階級思想啓蒙的殿堂。

第三，禮。中國古代社會的典章制度和道德行爲規範，由與宗法等級制度相適應的人與人交往活動中的禮節儀式，而發展爲人與人之間的道德行爲、規範和準則，經過了漫長的歲月。孔子認爲作爲典章制度，夏禮、殷禮、周禮的因襲改革，到周公時，已趨完善；作爲行爲規範，與仁相聯繫，「克己復禮爲仁」。孟子明確把仁、義、禮、智作爲處理人際之間的道德行爲規範，並分別以規定，稱爲四端，而有四種善心。荀子很重視禮，他給禮的基本規定是：「禮者，貴賤有等，長幼有差，貧富輕重皆有稱者也」[63]。貧富貴賤都有與其等級地位相稱的禮儀。

戴震所謂禮，是指天地之條理而有秩序。「由其生生，有自然之條理，觀於條理之秩然有序，可以知禮矣」[64]。對於禮的認識；可以通過自然界人物的生存和演變，而把握其條理有序。條理有序是禮的內涵，因此，戴震說：「何謂禮？條理之秩然有序，其著也」[65]。「條理之秩然，禮至著也」[66]。生生而有條理，有條理而秩然有序，是禮的明顯的表現。有條理而有序，這不僅見之於自然界生物生長活動的條理秩序，天地運動變化的條理秩序，以及社會發展、人類活動的條理秩序等，而且見之於依據自

[63] 〈富國〉，《荀子新注》頁141。
[64] 〈仁義禮智〉，《孟子字義疏證》卷下，頁48。
[65] 《原善》卷上，《孟子字義疏證》頁62。
[66] 同上。

然、社會的條理秩序而制訂的典章制定、行為規範等，所以禮是一個相當普遍的概念，而涵賅一切事物的條理秩序。「觀於其條理，可以知禮」67。「禮者，天地之條理也」68。如玉石有玉石的紋理和條理，樹木有樹木的條理，各有各的條理；條理而不紊亂，而有一定的秩序、規律可尋。人們相應於事物的秩序，而制訂相應的道德行為規範和準則以及待人接物的儀式，這對於穩定中國古代社會，有重要價值。此其一。

其二，禮是親疏上下的分別。禮作為道德行為準則而言，按照親疏上下的分別而有相應的儀式禮節和道德規範。若無親疏上下之分，亦就無所謂禮，禮便失去了賴以存在的依據。「言仁可以賅禮，使無親疏上下之辨，則禮失而仁亦未為得」69。禮是處理人際間親疏上下之別的道德行為規範，「禮得，則親疏上下之分盡」70。「禮得」與「禮失」之間，在於有無親疏上下之分。

從發生學的角度來看，戴震引《中庸》的話：「親親之殺，尊賢之等，禮所生也」71。仁以親親為大，義以尊賢為大。親愛自己的親人要有差別，尊敬賢人要分等級，禮就發生了。「禮，是以有殺有等」，「禮至，則於有殺有等，各止其分而靡不得」72。禮就是講差別和等級，人們對於自己所處的差別和等級，都能止

---

67 同上，頁63。

68 《緒言》卷中，《孟子字義疏證》頁109。

69 〈仁義禮智〉，《孟子字義疏證》卷下，頁48。

70 《原善》卷上，《孟子字義疏證》頁62。

71 《原善》卷上，《孟子字義疏證》頁66。引文見《中庸章句》第二十章。「殺」，《禮記・文王世子》：「親親之殺也。」鄭玄注：「殺，差也。」即差別的意思。

72 《原善》卷上，《孟子字義疏證》頁66。

於他的本分，就不會產生不符禮的行爲。「禮者，天則之所止，行之乎人倫庶物而天下共安，於分無不盡，是故恕其屬也」[73]。禮作爲道德行爲準則，實行於社會生活和人際之間，天下人都安於其社會地位的差別和等級，而不僭越自己的本分，並各盡其社會責任和道德自律，天下就相安無事、穩定和諧。就此而言，戴震對於社會等級差別是誠心維護的，他並沒有去打破整個封建君主專制的政治、經濟、道德的典章制度的努力。

其三，正因爲這樣，戴震所說的禮，是對於整個封建上層建築的維護。聖人制禮爲萬世法，禮是指典章制度。禮，「言乎條理之極，非知天下不足以盡之，卽儀文度數，亦聖人見於天地之條理，定之以爲萬世法」[74]。禮雖有萬世法的功能和作用，並非超越具體人或人的社會生活，而是與人的道德情感、道德生活、飾貌情漓相結合。「禮之設所以治天下之情，或裁其過，或勉其不及，示之中而已矣。至於人情之漓，徒飾於貌，非因飾貌而情漓也，其人情自漓而以飾貌爲禮也，非惡其飾貌，惡其情漓耳。禮以治其儉陋，使之恊於中；喪以治其哀戚，使之遠於徑情直行。情漓者視爲文而已矣，徒馳騖於奢易，故不若儉戚之於禮，雖不足，猶近乎制禮之初也」[75]。禮實行於人們的生活活動中，使人們的行爲導向於「中」，「過」與「不及」，都是失。譬如儉與奢，戚與不戚，與其追求奢易，寧可儉戚，這樣做雖也不足，但可能更接近制禮的初衷。

道德行爲能否符合禮的規定和要求，也是區別君子與小人的

---

[73] 《原善》卷下，《孟子字義疏證》頁72。

[74] 《緒言》卷中，《孟子字義疏證》頁109。

[75] 同上。

標準。「若夫君子行禮，其爲忠信之人固不待言；而不知禮，則事事爽其條理，不足以爲君子。故禮可以該忠信，忠信不可以該禮」[76]。戴震認爲人類社會講求儀文度數，儀容誠美，只要協於中，並非不好。老子講：「禮者，忠信之薄而亂之首」，是因爲「俗失而欲併禮去之，意在還淳反樸，究之不能必天下之盡歸淳樸，其生而淳樸者，直情徑行，薄惡者，肆行無忌，是同人於禽獸，率天下而亂者也」[77]。老子反對禮，其用意在於還反淳樸，但淳樸而直情徑行，不講禮節；薄惡而肆無忌憚，不講節制，這就同禽獸差不多了。因此，禮是社會文明的產物和標誌，社會的發展不能倒退到無禮的野蠻，而應該依據社會的進步，不斷完善禮，所以禮是有其價値和地位。在現代社會生活中，禮也是精神文明的標誌。

禮作爲天地自然、社會的條理有序、倫理道德規範和典章制度，並不存在「爲萬世法」。儘管制禮者主觀上企圖這樣，但隨着社會歷史的變化發展，許多典章制度、禮節儀式、道德規範也不得不隨之而變，以適應變化了的客觀實際。變化發展是正確之途，停滯倒退是窮途末路。

第四，智。中國儒家倫理道德，孔子認爲「知（智）者不惑」[78]，北宋邢昺疏：「知（智）者明於事，故不惑。」智是智慧、知識，《中庸》把知和仁、勇合稱爲「天下之達德」，智便成爲三種主要道德行爲規範和品德之一。

戴震所謂智，是指認識和掌握仁、義、禮等道德規範、準則

---

[76] 同上。

[77] 《緒言》卷中，《孟子字義疏證》頁109。

[78] 〈憲問〉，《論語集注》卷7。

的能力。「舉仁義禮可以賅智，智者，知此者也」[79]。此卽指謂仁義禮三者。仁、義、禮作爲道德規範，它是人們長期道德實踐中所產生的處理人際關係的準則，社會是一個由衆多個體、團體構成的大集合體，其中不同的個體、團體有不同的道德覺悟和道德行爲。在極爲複雜的人際關係中，會有一種或幾種道德行爲適應時代的需要，爲大多數人所接受或效法，這就是一種對人際關係的一般本質的反映，而逐漸成爲處理人際關係的模型和標本。這種模型或標本具有了一般的、普遍的意義，而在形式上與具體的道德行爲主體相分離，轉化爲客觀的道德法則、準則、規範。

作爲客觀化了的仁、義、禮道德法則來說，它對於道德行爲主體而言是外在的，卽超越具體行爲主體「我」的道德規範，因此，作爲道德行爲主體就有一個認識和把握客觀化的仁、義、禮的問題。只有認識和把握了仁、義、禮，才會轉變爲道德主體的自覺的行爲，卽變道德他律爲自律，這就是智。「就人倫日用，究其精微之極致，曰仁、曰義、曰禮，合三者以斷天下之事，如權衡之於輕重，於仁無憾，於禮義不愆，而道盡矣」[80]。人們可以運用認識和把握仁、義、禮的能力，來判斷、衡量社會人際關係，而使主體的道德行爲都符合仁、義、禮的規範，而無絲毫差錯。因此，戴震說：「智也者，其仁之藏乎！」[81]，「智通禮義，以遂天下之情，備人倫之懿」[82]。智蘊藏、貫通仁、義、禮，以滿足天下人的情欲，就具備了人與人之間關係的美德。所以，智

[79] 〈仁義禮智〉，《孟子字義疏證》卷下，頁48。

[80] 同上。

[81] 《原善》卷上，《孟子字義疏證》頁63。

[82] 同上，頁62。

是一種重要的道德法則、規範。此其一。

其二，智是指思維主體對於自然社會條理的認識。智對於仁、義、禮的認識和把握，是道德主體對於道德規範的選擇，戴震稱之爲擇善，「故人莫大乎智足以擇善也；擇善，則心之精爽進於神明，於是乎在」[83]。選擇仁、義、禮等善的道德法則，並按照善的道德法則去踐行，這是人的智慧和特點。進而思維主體也具有把握自然、社會的能力。「在天爲氣化推行之條理，在人爲其心知之通乎條理而不紊，是乃智之爲德也」[84]。智，既是自然界陰陽五行之氣運動變化而有條理，又是人自身思維、認識而有條理不紊。因此說：「得乎條理者謂之智」[85]。

對於自然、社會、人身運動變化的條理的認識和把握，只有主體的思維作用，才能反映客體事物的條理。「若夫條理得於心，其心淵然而條理，是爲智」[86]。強調道德主體的思維、意識的能動作用，「故智者，事物至乎前，無或失其條理，不智者異是」[87]。智與不智的區別是，得條理抑還失條理。戴震引用《周易·繫辭傳上》：「乾以易知，坤以簡能；易則易知，簡則易從」來比附仁智，仁者無私，故能易知，「智者不鑿，不鑿，則行所無事，故易從；易從則有功，有功則可大，可大則賢人之業，非智而能若是乎！」[88]只要不穿鑿附會，做事就不會有阻

---

[83] 《原善》卷中，《孟子字義疏證》頁68。
[84] 〈仁義禮智〉，《孟子字義疏證》卷下，頁48。
[85] 《原善》卷上，《孟子字義疏證》頁62。
[86] 同上，頁63。
[87] 《孟子私淑錄》卷中，《孟子字義疏證》頁147。
[88] 《原善》卷中，《孟子字義疏證》頁66。

礙。具備了仁智的人，主體的言行便能符合自然、社會運動變化的條理。

其三，智是指「人之有覺」。戴震說：「人之有覺也，通天下之德，智也」[89]。道德主體的知覺能力，有貫通認識道德法則的作用。人的知覺由於外物的引誘或蒙蔽，而產生蔽塞不通，智就是使人的知覺活動不陷溺於蔽塞，「覺不失之蔽，則智」[90]，「智也者，言乎其不蔽也」[91]。去蔽的方法：一是加强道德修養，發揮知覺固有的能力；二是加强學習，「惟學可以增益其不足而進於智」[92]，如果不斷增益，至乎其極，就可以達到如日月有明，容光必照的聖人境界，而無所不智。

智是道德行爲主體對於仁、義、禮道德法則，以至對於自然和社會條理的認識及把握，是主體知覺活動能力。因此，講智就自然包含了對仁、義、禮三者的認識和踐行。「舉智而不及仁義禮者，智於天地、人物、事爲咸足以知其不易之則，仁義禮有一不協，可謂不易之則哉？」[93]所謂「不易之則」，戴震認爲是指「必然」而言。智既然具有認識自然、社會、事爲等必然規律的能力，也能夠解釋仁義禮之間不協調。

第五，誠。初義是誠實無欺或眞實無妄。儒家孟子把誠與人的道德修養聯繫起來，「誠者，天之道也；思誠者，人之道也。至誠而不動者，未之有也；不誠，未有能動者也」[94]。誠是自

---

[89] 《原善》卷下，《孟子字義疏證》頁74。

[90] 《原善》卷上，《孟子字義疏證》頁63。

[91] 〈誠〉，《孟子字義疏證》卷下，頁51。

[92] 《緒言》卷中，《孟子字義疏證》頁111。

[93] 同上，頁112。

[94] 〈離婁上〉，《孟子集注》卷7。

然、社會的最高道德原則。「反身而誠，樂莫大焉」[95]。反省自己，達到誠，就是最大的快樂。荀子也把誠看作主體進行道德修養的方法，「君子養心莫善於誠，致誠則無它事矣，唯仁之爲守，唯義之爲行」[96]。人通過「思誠」、「至誠」的克己自律，而達到「天道」的誠的境界，《中庸》說：「誠者，天之道也；誠之者，人之道也。誠者，不勉而中，不思而得，從容中道，聖人也。」朱熹解釋說：「誠者，眞實無妄之謂，天理之本然也；誠之者，未能眞實無妄而欲其眞實無妄之謂，人事之當然也。聖人之德，渾然天理，眞實無妄，不待思勉，而從容中道，則亦天之道也。未至於聖，則不能無人欲之私，而其爲德不能皆實，故未能不思而得，則必擇善，然後可以明善，未能不勉而中，則必固執，然後可以誠身，此則所謂人之道也」[97]。人們通過道德修養，排除人欲之私，使爲德皆實而無妄，而達到與天理相符合，即人道與天理合一。

戴震所謂誠，是指實的意思，「誠，實也」[98]。需要實的內涵是什麼？「據《中庸》言之，所實者，智仁勇也；實之者，仁也，義也，禮也」[99]。「實」從兩方面來說，一是「所實」，即所被充實；一是「實之」，即所充實，是指道德行爲主體的形體和知覺能力具有智、仁、勇，而不是血氣心知之外的客體給予的。「由血氣心知而語於智仁勇，非血氣心知之外別有智，有

[95] 〈盡心上〉，《孟子集注》卷13。
[96] 〈不苟〉，《荀子新注》頁31。
[97] 《中庸章句》第二十章注。
[98] 〈誠〉，《孟子字義疏證》卷下，頁50。
[99] 同上。

仁，有勇以予之也。就人倫而語於仁，語於禮義，舍人倫日用，無所謂仁，所謂義，所謂禮也」[100]。智仁勇不能與形體、知覺能力相脫離，仁義禮不能與人際關係和日常生活相脫離，道德行爲主體可以用人際關係和日常生活中概括出來的仁義禮等道德準則去充實智、仁、勇。誠就是完滿地完成這個充實，而能眞實無妄，眞情實感。就此而言誠是一個眞實的境界，而非空和假的境界。此其一。

其二，誠是指「自誠明」和「自明誠」。《中庸》認爲，「自誠明」是指主體精神的至誠而達到明德，是人的天性；「自明誠」是指由明德而實現誠的道德境界，是人的後天的教化。先天的道德理念、準則與後天的道德教化合而爲一。戴震對此作了新的解釋：「全乎智仁勇者，其於人倫日用，行之而天下覩其仁，覩其禮義，善無以加焉，『自誠明』者也；學以講明人倫日用，務求盡夫仁，盡夫禮義，則其智仁勇所至，將日增益以於聖人之德之盛，『自明誠』者也」[101]。這段話包括這樣一些新意：一是强調道德實踐，即使是具備了智仁勇這些品德的人，在處理社會人際關係和日常生活時，他們的道德行爲都與仁義禮等道德規範相符合，而達到盡善盡美。這樣明德是一個與人倫日用相結合的道德踐履問題，而不是先驗的天性；二是强調學理教化，通過學習與教化，使人們在處理人際關係和日常生活中，自已的道德行爲完全符合仁義禮的要求或準則；三是强調不斷增益，道德的學習和實踐是無限的，在智仁勇品德的基礎上，而進到最高眞實完

---

[100] 同上。

[101] 同上。引文見《中庸章句》第二十一章。

美的聖人境界。

誠從「自誠明」到「自明誠」，《中庸》注重先驗天性，戴震注重後天修養；天性客體決定了現實人的道德品性，後天的學習修養依靠主體的能動性。前者以道德品性與人倫日用、血氣心知分二，後者以兩者統一。戴震說：「質言之，曰人倫日用；精言之，曰仁，曰義，曰禮。所謂『明善』，明此者也；所謂『誠身』，誠此者也。質言之，曰血氣心知；精言之，曰智，曰仁，曰勇。所謂『致曲』，致此者也；所謂『有誠』，有此者也」[102]。「質言之」與「精言之」，雖有差異，但却統一。質言、精言並非分二，而是一個問題二個層次或方面。所以，無論是仁義禮或智仁勇，都與人倫日用和血氣心知相聯繫，無「質言」的具體，亦就無「精言」的精緻，反之亦然。如果說兩者分二，那麼仁義禮與智仁勇就是外給予人倫日用和血氣心知的。戴震否定形而上道德本體，故而主張這種統一。

其三，誠是指善與德。「言乎其盡道，莫大於仁，而兼及義，兼及禮；言乎其能盡道，莫大於智，而兼及仁，兼及勇。是故善之端不可勝數，舉仁義禮三者而善備矣；德性之美不可勝數，舉智仁勇三者而德備矣。曰善，曰德，盡其實之謂誠」[103]。一是「盡道」，是指要實現仁義禮等善端的人道，以仁爲最重要，兼及義禮；二是「能盡道」，是指能夠實現智仁勇等德性之美。前者是具有現實性的善端；後者只是可能性的美德。美德需要善端來充實。

---

[102] 〈誠〉，《孟子字義疏證》卷下，頁50-51。

[103] 〈誠〉，《孟子字義疏證》卷下，頁51。

美好品德的完備，道德行為主體要作出應有的努力。這種努力就是去掉智的對立面蔽，仁的對立面私，以及加強勇的自強意識。「智也者，言乎其不蔽也；仁也者，言乎其不私也；勇也者，言乎其自強也。非不蔽不私加以自強，不可語於智仁勇」[104]。智仁勇三種德性，是指「不蔽」、「不私」、「自強」三種道德主體所具有的潛能和品德。蔽和私不僅阻礙自我美好品德的完善，而且是妨礙學習教化的災患。「余嘗謂學之患二：曰私，曰蔽」[105]。儒者之學，將以解蔽而已矣。私是人的欲望的過分的需求，貪欲邪惡的行為就會隨着出現；蔽是智之失，智有了偏差，思想閉塞，錯誤的行為就會隨着產生。「不私，則其欲皆仁，皆禮義也」，「不蔽，則其知乃所謂聰明聖智也」[106]。人的主體欲望不失於私而符合仁義禮，人的思維、知識不蔽塞，便能達到聰明聖智的水準，再加上主體的自強不息的勇敢拚搏。主體便具備了美好的品德，這便是誠。「既以智仁勇行之，即誠也；使智仁勇不得為誠，則是不智不仁不勇，又安得曰智仁勇！」[107]「行之」是指具備了智仁勇的美好品德而去實行仁義禮等善的道德規範。

作為誠的眞實無妄，「自誠明」和「自明誠」以及善和德，是從道德主體的「所實者」而言的。「所實者」的智仁勇三種美好品德的修養，是血氣心知所有事，是通過人倫日用來完善的，而不是「天命之謂性」，是對於理學家先驗道德論的否定。作為「實之者」的仁義禮是「所實者」的內容；「所實者」的「行

[104] 同上。

[105] 〈沈處士戴笠圖題詠序〉，《戴震文集》卷11，頁167。

[106] 〈才〉，《孟子字義疏證》卷下，頁41。

[107] 〈誠〉，《孟子字義疏證》卷下，頁51。

之」，就是行此內容。這樣，就以「所實者」爲主體，「實之者」爲客體，通過去私、去蔽和自强等環節，而達到主客體合一的誠的境界。

仁、義、禮、智、誠作爲倫理道德範疇，都是處理社會人際關係和日常生活的道德倫理規範、準則，但具體分析起來，仁義禮具有客體道德法則、規範的意味，智誠具有主體道德修爲的意味。戴震繼承中國古代天人合一、主客合一、善德合一的傳統思維方式，因此，也把此五者都作爲倫理道德規範。

仁義禮智誠五者既相互區別、相互對待，而又相互包涵、相互統一。就統一方面而言，一是互賅。「言仁可以賅義」，「可以賅禮」；「言義可以賅禮」，「言禮可以賅義」；「舉義舉禮，可以賅仁」；「舉仁義禮可以賅智」[108]。仁義禮智相互概括、相互蘊涵。

二是互補。戴震繼承《周易・乾文言》的思想，把〈乾卦〉卦辭「元亨利貞」與仁義禮智聯繫起來，「元者，善之長也；亨者，嘉之會也；利者，義之和也；貞者，事之幹也。君子體仁足以長人，嘉會足以合禮，利物足以和義，貞固足以幹事。君子行此四德者，故曰元亨利貞」[109]。又作了新的解釋：「是故生生之謂仁，元也；條理之謂禮，亨也；察條理之正而斷決於事之謂義，利也；得條理之準而藏主於中之謂智，貞也」[110]。生生而有條理，正確認識把握條理而判斷事情，獲得條理的準則而藏於心中。主客體互補而構成生生而至正確處理人倫日用關係的完整的

[108] 〈仁義禮智〉，《孟子字義疏證》卷下，頁48。
[109] 〈文言傳〉，《周易注疏》卷 1，《十三經注疏》本。
[110] 《原善》卷上，《孟子字義疏證》頁63。

過程，其中缺一個環節都是不可的。「生生者仁，條理者禮，斷決者義，藏主者智」[111]，各個環節互補，「惟條理，是以生生；條理苟失，則生生之道絕」[112]。而形成整體道德規範。

三是互根。「仁義禮之仁，以理言；智仁勇之仁，以德言，其實一也。以理言，舉禮義而不及智，非遺智也，明乎禮義即智也；以德言，舉智而不及義禮，非遺義禮也，智所以知義禮也」[113]。雖分以德言和以理言，但實一而互根，即使不及智或義禮，亦並非遺漏，而是互兼互舉。同時，仁義禮和作爲智仁勇的誠也相兼而實一，就是「天德」和「達德」的統一。

就對待方面而言，從對於仁義禮智誠的內涵的不同規定中，便可知悉，現圖示如下：（見下頁）

仁義禮智誠五者既對待又統一，不離不雜。儘管戴震用以闡述他思想的範疇、命題是古老的、傳統的，但其解釋是新的，範疇、命題也有變化。這就是說範疇、命題總是不斷吸收時代精神的精華，以豐富自我。時代的發展，精神的轉換，範疇、命題的內容也不斷由抽象轉化爲具體。中國古代倫理道德範疇雖具有穩定性，但也具有變動性，這也促進中國古代道德意識、觀念、行爲、規範的發展。

---

[111] 同上，頁62。

[112] 〈仁義禮智〉，《孟子字義疏證》卷下，頁48。

[113] 《緒言》卷下，《孟子字義疏證》頁119。

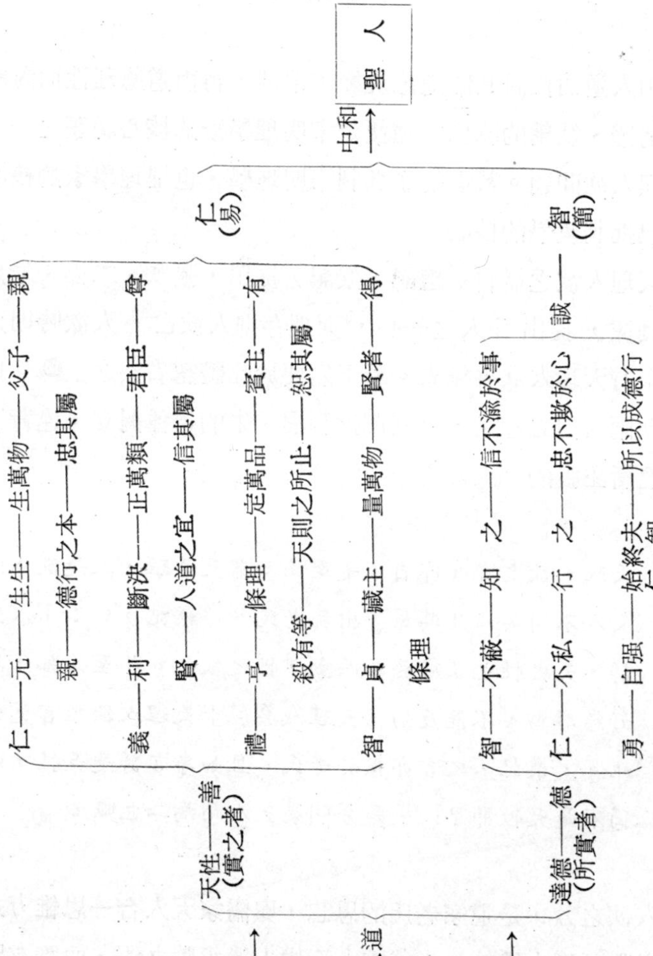

人倫日用
天性（實之者）——善
仁——元——生生——生萬物——父子——親
親——德行之本——忠其屬
義——利——斷決——正萬類——君臣——尊
賢——人道之宜——信其屬
禮——亨——條理——定萬品——賓主——有
殺有等——天則之所止——恕其屬
智——貞——藏主——量萬物——賢者——得
條理
仁（易）
血氣心知
達德（所實者）——德
智——不蔽——知——之——信不渝於事
仁——不私——行——之——忠不欺於心
勇——自強——始終夫仁智——所以成德行
誠——智（簡）
人道
中和
聖人

三、體情遂欲

由人道而探討具體道德規範和準則，再由道德理性而討論與人的情感、欲望的關係。這便是宋明理學家的核心議題之一——天理與人欲問題。戴震為了批判宋明理學，也把理學家的核心作為自己批判哲學的核心。

天理人欲之辯自《禮記・樂記》提出，張載、二程、朱熹都競相發揮，提出「人之一心，天理存則人欲亡，人欲勝則天理滅，未有天理人欲夾雜者。學者須要於此體認省察之」[114]。把天理人欲兩者對立起來，陸九淵批判程、朱的這種對立，違背了他們自己所主張的「天人合一」的宗旨。他說：

> 天理人欲之言，亦自不是至論。若天是理，人是欲，則是天人不同矣。此其原蓋出於老氏。〈樂記〉曰：「人生而靜，天之性也；感於物而動，性之欲也。物至知知，而後好惡形焉。不能反躬，天理滅矣。」天理人欲之言蓋出於此。〈樂記〉之言亦根於老氏。且如專言靜是天性，則動獨不是天性耶？……是分明裂天人而為二也[115]。

天理人欲之分，是道家老氏的思想，與儒家天人合一思維方式有異，主張天理人欲統一。戴震在形式上繼承陸九淵，而實有別。

---

[114] 〈學・力行〉，《朱子語類》卷13，頁224。

[115] 〈語錄上〉，《陸九淵集》卷 34，中華書局 1980 年版，頁 395-396。

何謂天理？

其一，天理是指以我情絜人情，情之不爽失。戴震自設賓主：

> 問：以情絜情而無爽失，於行事誠得其理矣。情與理之名何以異？
>
> 曰：在己與人皆謂之情，無過情無不及情之謂理[116]。

情欲得到適當的滿足而無差失，既無過頭，亦沒有不及，維護中和，就是天理。人的情感欲望與天理是統一的，因爲「行事」，就是指飲食男女，「語其事，不出乎日用飲食而已矣；舍是而言理，非古賢聖所謂理也」[117]。古代聖賢所說的天理，就是人們日常生活中的自然情欲法則，離開日常生活和自然情欲的適當滿足，那有什麼天理？「天理云者，言乎自然之分理也；自然之分理，以我之情絜人之情，而無不得其平是也」[118]。在處理人我關係中，應以我絜人，推己及人，那麼，對別人的情感欲望不僅有深刻的理解，而且能公平合理的滿足和對待，而不會對己寬，對人嚴。「情得其平，是爲好惡之節，是爲依乎天理」[119]。好惡是感情的流露，節是感情恰到好處。恰到好處必須以仔細地分析爲條件，「理者，盡夫情欲之微而區以別焉，使順而達，各如其分寸毫釐之謂也」[120]，才能既順利得到滿足，又無分寸毫釐之差。

---

[116] 〈理〉，《孟子字義疏證》卷上，頁2。

[117] 同上，頁3。

[118] 同上，頁2。

[119] 〈理〉，《孟子字義疏證》卷上，頁2。

[120] 〈答彭進士允初書〉，《孟子字義疏證》頁166。

「情之至於纖微無憾是謂理」[121]，人的情感欲望即使很微小，也能得到適當滿足而無缺陷，就是天理。這就是說天理不在情欲之外，不離情欲；離情欲，便無天理。

其二，天理是指人的情感欲望符合仁、義、和三者。情感欲望不陷入自私就是仁，「欲不流於私」；不沉溺於做邪惡的事就是義；情感欲望表現出來都合乎中節就是和，「情發而中節」。合中節而不過分，「言性之欲之不可無節也。節而不過，則依乎天理」[122]，就是天理。

其三，天理爲心之所同然。戴震說：「心之所同然始謂之理，謂之義；則未至於同然，存乎其人之意見，非理也，非義也。凡一人以爲然，天下萬世皆曰『是不可易也』，此之謂同然」[123]。同然是指大多數人共同的認識和意見，而不是一個人的主觀偏見。戴震相信多數人思想的共同認識和意見，就可以避免主觀性，而符合天理。

「以情絜情」，「情得其平」和情欲符合仁、義、和，以及「心之所同然」作爲天理的內涵，突出了天理不離情欲，天理只不過是對情欲的正確處理、對待和評價。這樣就把宋明理學家形而上的道德本體——天理，返回到現實活生生的人的情感欲望之中。在感性實存的情欲中，找到了天理與人欲統一的基礎。

何謂人欲？

其一，欲卽是性。宋明理學家以「性卽理」或「性卽心」，把人性論與本體論聯繫起來，把天理賦予人的固有的道德本性，

---

[121] 〈與某書〉，《孟子字義疏證》頁174。

[122] 〈理〉，《孟子字義疏證》卷上，頁11。

[123] 同上，頁3。

是天理的體現，這是一種本體論的人性論。戴震的道德批判，就是把宋明理學家本體論的人性論，還原爲情欲論的人性論。他說：

> 欲出於性，一人之欲，天下人之所同欲也，故曰「性之欲」[124]。

情欲是人的本性的顯露，它根於性而原於天。「喜怒哀樂之情，聲色臭味之欲，是非美惡之知，皆根於性而原於天」[125]。情感、欲望、知識三者根據性而來源於陰陽五行之氣。按照戴震的解釋，性是分於陰陽五行以爲血氣心知，因此，喜怒哀樂之情，聲色臭味之欲便是性。「欲根於血氣，故曰性也。……孟子之所謂性，卽口之於味，目之於色，耳之於聲，鼻之於臭，四肢之於安佚之爲性」[126]。以欲爲人的本性，是對欲的重新定位和對欲的價值的肯定。欲旣爲人性，就是普遍的、合理的，不分貴賤、貧富、賢愚，都具有欲的性。這就使理學家「滅人欲」的命題陷入荒謬，因爲按欲卽性的思路推論：「滅人欲，就是滅人性」；滅人性，就無所謂人之所以爲人；無所謂人之所以爲人，也就無天理人欲之辯。理欲之分又有何價值和意義？

其二，欲是資以養生之道。人旣是生物的人，又是社會的人。人作爲物質存在形式，他需要物質的補充，以使人的物質肌體繼續運動，維持人的生命存在；他需要延續人類的生存，而不

[124] 〈理〉，《孟子字義疏證》卷上，頁2。
[125] 《緒言》卷上，《孟子字義疏證》頁97。
[126] 〈性〉，《孟子字義疏證》卷中，頁37-38。

致滅絕，需要不斷繁殖而有男女的欲求。因此，人的情欲需求是合理的，不可滅的。戴震認爲，雖然「好貨、好色，欲也」[127]但「聲色臭味之欲，資以養其生」[128]，耳目鼻口對於聲色臭味的需求是養生的需要，男女之欲的需求，也是養生的需要，「飲食男女，生養之道也，天地之所以生生也」[129]。把情欲看成天地之所以生生，肯定其在自然、社會發展中的作用。在某種意義上說，情欲是歷史發展的酵酶。然而理學家無視欲是養生之道，「其言人欲所蔽，僅僅以爲無欲則無蔽。不知欲也者，相生養之道也」[130]。作爲生養之道的欲，並非是惡的道德評價，而是善的道德評價。因而欲是與人倫日用，道德規範相符合的合理的和善的道德行爲。

其三，欲是處理人與我之間關係的原則。戴震說：

> 欲者，有生則願遂其生而備其休嘉者也；情者，有親疏、長幼、尊卑感而發於自然者也[131]。

欲是人活着希望生存下去，具備美好的人際關係和生活環境。情是處理親疏、長幼、尊卑關係時自然感發的情感。每一個人的欲望往往無窮盡，因而過分；欲望過分而只想到滿足自己的欲望，

---

[127] 〈與段玉裁論理欲書〉，《戴先生遺墨》，《戴東原先生全集》，載《安徽叢書》第六期。

[128] 《孟子私淑錄》卷中，《孟子字義疏證》頁144。

[129] 《原善》卷下，《孟子字義疏證》頁75。

[130] 〈與段玉裁論理欲書〉，《戴先生遺墨》。

[131] 〈答彭進士允初書〉，《孟子字義疏證》頁166。

而不顧別人。「欲，不患其不及而患其過，過者，狃於私而忘乎人，其心溺，其行慝，故孟子曰『養心莫善於寡欲』」[132]。每個人對待自我，要保養善心，減少欲望。情感在表現形式上，恰與欲相反，不是患其過，而是患其不及，「情之當也，患其不及而亦勿使之過，未當也，不惟患其過而務自省以救其失」[133]，當然過分也不好；感情不正當，一定要反省吾身以補救過失。欲與情易流於過與未及，是因爲欲對於自我來說是獲得，這種欲望的獲得，可能意味着他人欲求的減少和損害；情是自我的付出，對自我來說不一定有利，甚至要犧牲自我。所以，戴震提出「遂己之欲，亦思遂人之欲」[134]，是孔子「己所不欲，勿施於人」的正面解釋；亦提出「情得其平」的主張，每個人的情感付出要公平合理，得到也就是合理的。

把欲規定爲性、養生之道，處理人我關係原則等，都着重從主體自我這個方面說的。

明何謂天理人欲，進而可論兩者的關係，理學家強調兩者的分二、對立方面，戴震強調兩者的統一方面。他說：「理者，存乎欲者也」[135]。理存欲中，欲中卽有理；理不離欲，欲理相依；欲外無理，理不外欲。戴震舉例說：

> 孟子對齊王好貨、好色，曰：「與百姓同之」，非權辭也。好貨、好色，欲也。「百姓同之」，卽理也。後儒以

---

[132] 同上。

[133] 同上，頁166-167。

[134] 《原善》卷下，《孟子字義疏證》頁75。

[135] 〈理〉，《孟子字義疏證》卷上，頁8。

理欲相對，實雜老氏無欲之說[136]。

齊宣王對孟子說，他的毛病是喜愛錢財和女人。孟子回答說：《詩經．大雅．公劉》記載，周代創業始祖公劉也愛錢財，他使「居者有積倉，行者有裹囊」[137]，人民安集，國威發揚，與百姓同之；《詩經．大雅．緜》記載，古公亶父也喜愛女人，他使當時人「內無怨女，外無曠夫」[138]，王假若喜愛女人，能與百姓同之，就是天理。理與欲之辯的標準，是能否與百姓共同享有。假如喜愛錢財和女人，而使百姓富足，無怨女曠夫，就是天理，而非人欲。這就是說，喜愛錢財女人，並非就是邪惡，只要能與百姓同之，就是至善的。這就衝決了「滅人欲」的網羅，和天理與人欲不兩立的枷鎖，高揚人的情欲，爲中國社會的轉型，資本主義的萌芽產生，人的平等、自由而呼喚。此其一。

其二，理與欲互補，並非是「天性自天性，情欲自情欲，天理自天理」[139]，而是相互吸收。「今既截然分理欲爲二，治己以不出於欲爲理，治人亦必以不出於欲爲理，舉凡民之饑寒愁怨，飲食男女，常情隱曲之感，咸視爲人欲之甚輕者矣。輕其所輕，乃曰『吾重天理也，公義也』，言雖美，而用之治人，則禍其人」[140]。戴震批判理學家把理、欲對立起來，把老百姓爲維持生

[136] 〈與段玉裁論理欲書〉，《戴先生遺墨》，《戴東原先生全集》附，《安徽叢書》第六期。引文見《孟子．梁惠王下》。

[137] 〈梁惠王下〉，《孟子集注》卷2。

[138] 同上。

[139] 〈答彭進士允初書〉，《孟子字義疏證》頁167。

[140] 〈權〉，《孟子字義疏證》卷下，頁 58-59。「乃」下疑脫「曰」字，今據何文光整理增「曰」字。

命、生理所必須的欲求和饑寒愁怨等的情感，都看作微不足道的人欲；他們打着重天理、重公義的旗號，實際上是危害百姓。戴震認爲，這是違背孟子等古人所講的理欲關係的。「古之言理者，就人之情欲求之，使之無疵之爲理；今之言理也，離人之情欲求之，使之忍而不顧之爲理。此理欲之辨，適以窮天下之人盡轉移爲欺僞之人，爲禍何可勝言也哉！」[141] 一方面求天理於情欲中，天理滲透於情欲中，吸收情欲爲天理的內容；另一方面人的情欲也要正當合理，而不是盡情縱欲，吸收天理爲情欲的內容，天理與人欲互補互濟。戴震反對口頭高談天理，而行爲上極盡人欲的欺詐虛僞。事實上，宣揚「存天理」的道德理想主義，不分等級、階層，所有的人都要按道德理想主義去踐履，這是理想的人，世俗的人是做不到的。其結果，只能產生一些言爲賢人，行爲小人的兩面派人物。理欲互補，才是一個眞實的人。

其三，理與欲相依。戴震認爲這種相依關係猶如物與則的關係。《詩經‧大雅‧烝民》曰：「有物有則」，《孟子‧告子上》又說：「有物必有則」。物指具體事物、事情；則指具體事物原則或規律。戴震把理與欲譬喻爲事物與事物原則、規律，他說：

> 欲，其物；理，其則也[142]。
>
> 人倫日用，其用也；曰仁，曰義，曰禮，其則也[143]。

在這裏，欲是指人倫日用等物，則是仁、義、禮等法則、規律，

---

[141] 同上，頁59。

[142] 〈理〉，《孟子字義疏證》卷上，頁8。

[143] 〈道〉，《孟子字義疏證》卷下，頁46。

人倫日用是實存的，法則、規律、原則是實存的法則、規律；法則、規律不離人倫日用，而依賴實存而存在。物之不存，那有物的法則、規律？

戴震又以有欲與有爲的關係，說明理與欲相依。「凡事爲皆有於欲，無欲則無爲矣；有欲而後有爲，有爲而歸於至當不可易之謂理，無欲無爲又焉有理！」[144]戴震在這裏提出了一個重要的世俗問題，即促使或推動人們行動、活動的原因、根據是什麼？是崇高的理想，或道德理想主義的追求，或宗教的信仰，不是，是人的世俗的、感性的欲望。人的日常生活中的一切活動，都有欲望引起；沒有欲望，就沒有人的活動；沒有人的活動，就沒有人類社會；沒有人的欲望和活動，就沒有理，理不過是人的活動的恰當好處，符合不偏不倚的節度而已。只有肯定欲望在人類社會發展中的偉大作用，才能獲得人類的價值和個體價值的定位，獲得理賴以存在的意義。

其四，理與欲不二。戴震以自然與必然的關係進一步表述了理欲關係，所謂自然，指自然而然，即本來的狀態；所謂必然，指當然的、不可移易的原則、準則、規範等。戴震以欲爲自然，「欲者，血氣之自然」[145]；以理爲必然，「由血氣之自然，而審察之以知其必然，是之謂義理」[146]。欲與理，自然與必然的關係是：

自然之與必然，非二事也。就其自然，明之盡而無幾微之

[144] 〈權〉，《孟子字義疏證》卷下，頁58。

[145] 〈理〉，《孟子字義疏證》卷上，頁18。

[146] 同上。

> 失焉，是其必然也。如是而後無憾，如是而後安，是乃自然之極則。若任其自然而流於失，轉喪其自然，而非自然也；故歸於必然，適完其自然[147]。

「非二」，即不二的意思。自然與必然不二，即理與欲不二。必然由自然出，無自然，必然亦無所出；自然的發展趨向和不易之則，就是必然，必然是自然的完善或完成。天理由情欲出，無情欲，天理亦無所出；情欲符合一定的節度而無差錯，就是天理，天理是情欲的最高準則。從自然情欲中，歸納出來的必然天理，恰好是自然情欲的完滿概括。這就是說，人的道德理性（理）與自然情欲（欲）是不二的。離開或超越人的自然情欲而宣揚道德理想主義或道德理性，既是一種有違人性的措施，也是一種不切現實的空想，造成很多弊端，而沒能擺脫困惑。

理欲之辯在中國思想史上延續數千年，至宋明而成高潮。理學家的理欲觀，雖因襲儒家，但對佛、道兩教的「無欲」觀，也有所吸收。因此，戴震指出，理學家的理欲觀雜於老、釋，而非純儒家的學說，「老、莊、釋氏主於無欲無爲，故不言理；聖人務在有欲有爲之咸得理，是故君子亦無私而已矣，不貴無欲」[148]。戴震打着對孔孟經言正確解釋的旗號，批判理學家對孔孟經言的曲解，這是戴震爲保衞自己發表言論的權力的良苦用心所在。在理學爲統治思想的情況下，孔孟等經典著作成爲放之四海皆準的眞理，一有違反或不符合，便是邪說，就要遭受滅頂之災。所

---

[147] 同上，頁18-19。

[148] 〈權〉，《孟子字義疏證》卷下，頁58。

以，戴震披着經言的外衣，與理學家爭奪對經典著作解釋的權力，這是明智的，也是不得已而為之。他指出：「宋以來儒者皆力破老、釋，不自知雜襲其言而一一符合於經，遂曰六經、孔、孟之言；其惑人也易而破之也難，數百年於玆矣。人心所知，皆彼之言，不復知其異於六經、孔、孟之言矣；世又以躬行實踐之儒，信焉不疑」[149]。陽儒學，而陰釋、老，這是當時人對理學的批判，這種說法儘管有片面性，但在打破理學的一統局面，有其積極作用。特別是程、朱理學為官方哲學，並深入人心的情況下，具有恢復經典著作本來面貌的意義，揭露曲解者的虛偽性和欺騙性。

四、以理殺人

戴震批判理學家的「存天理，滅人欲」，其要旨是「體民之情，遂民之欲」[150]，實現聖人的王道之治。「聖人之治天下，體民之情，遂民之欲，而王道備」[151]。以體諒老百姓的感情，滿足老百姓的欲望，作為王道之治的內容，是對於「王道」的新釋。戴震認為，「體民遂欲」，是為政的根本原則，「聖人之道，使天下無不達之情，求遂其欲而天下治」[152]。統治者怎樣才能貫徹實行「體民之情，遂民之欲」，這個根本原則？戴震提出統治者必須具備立己立人，達己達人的仁愛之心。

---

[149] 同上，頁59。
[150] 〈權〉，《孟子字義疏證》卷下，頁59。
[151] 〈理〉，《孟子字義疏證》卷上，頁9-10。
[152] 〈與某書〉，《孟子字義疏證》，頁174。

> 遂己之欲者，廣之能遂人之欲；達己之情者，廣之能達人之情。道德之盛，使人之欲無不遂，人之情無不達，斯已矣[153]。

對於人人都具有的情欲，在獲得和享受的權利和機會上，應人人均等，並使這種權利和機會均等得以保證。戴震不是依據外在的法或道德律令，而是靠內在的修養或道德自律。「遂己之欲，亦思遂人之欲，而仁不可勝用矣；快己之欲，忘人之欲，則私而不仁」[154]。批判統治者只顧滿足自己的欲望，而不顧人民的情欲和死活，這便是不仁；王道仁政就是遂己欲而思遂人欲，薄賦斂，省刑罰，與百姓同樂同欲。使人類達到「人之欲無不遂，人之情無不達」的社會。如果到這種社會背後，尋找其精神的依據，首先強烈感觸到的是戴震對人的情欲的功能、作用、價值的定位，具有濃厚的社會轉型意識——從中國古代社會向近代社會的變化。但戴震的哲學批判和社會轉型意識，並非對於中國傳統文化思想的徹底決裂，也非傳統虛無主義。在他思想深處所流動着的，仍然是儒家思想文化。是他把中國傳統的王道仁政、仁者愛人的精神與「遂欲達情」的社會結合起來，把「遂欲達情」作爲王道仁政和仁者愛人的目標，以適應社會嬗變的需要。其實這是對於王道仁政、仁者愛人內涵的新釋，這就是戴震所尋找的新的社會精神。

戴震是具有堅強社會責任感的人，一旦認定使人之欲無不

---

[153] 〈才〉，《孟子字義疏證》，卷下，頁41。

[154] 《原善》卷下，《孟子字義疏證》，頁75。

遂，人之情無不達是王道仁政，他便要實現它，而要實現就要批判現實社會的非王道仁政的方面。譬如從思想上批判「無欲」。戴震認爲理學家與統治者所宣揚「滅人欲」，不僅滅不了，而且不能滅。作爲生養之道的欲，滅欲便等於不要飲食男女，也就滅人的生命存在和人類的存在，無生命和人類存在，還談什麼「存天理」？那有「天理」？「其所謂存理，空有理之名」[155]。戴震指出，這種滅欲思想，是老、莊、釋氏的思想。老子講「抱一」、「無欲」，莊子倡虛靜恬淡，寂寞無爲，釋氏崇空寂、無欲，周敦頤解「一者，無欲」，程頤、朱熹重義輕利，存理滅欲，「彼以無欲成其自私者也」[156]。老、莊、釋氏和理學家的無欲是對他人說的，並非自己要依無欲去做，恰恰相反，他們要別人無欲以滿足他們自私的需要，統治者則又爲滿足攫取人民財貨的需要。他們講刑罰、講貨利，「議過則亟疾苛察，莫之能免；征斂則無遺錙銖，多取者不減，寡取者必增，已廢者復舉，暫舉者不廢，民以益困而國隨以亡」[157]。貪得無厭，私而不仁。他們對下壓，對上欺，以求得到更多的私利。他們「以小利悅上，以小知自見」[158]，阿諛奉承，日得以進；正直的君子反而日遭斥退，「是以君子難進而易退，小人所是；君子日見憚，小人日見親」[159]。

---

[155] 〈權〉，《孟子字義疏證》卷下，頁58。

[156] 〈權〉，《孟子字義疏證》卷下，頁54。老子講「抱一」，「無欲」，見《老子》第二十二章和第三章，周敦頤：「一者，無欲」，見《通書・聖學》、《周子全書》卷9。

[157] 《原善》卷下，《孟子字義疏證》頁78。

[158] 同上，頁77。

[159] 同上，頁78。

正是這些小人諂上壓下，盤踞官場，作威作福，魚肉人民，國家成爲他們的國家，法律成爲他們服務的法律，人民的財貨成爲他們的財貨。「於是負其氣，挾其勢位，加以口給者，理伸；力弱氣慴，口不能道辭者，理屈」[160]。依仗權勢，非理卽是有理，非法卽是合法；無權無勢者，有理卽是無理，合法卽是非法。是非不分，黑白顚倒，又有誰敢說這是不合理的呢？「嗚呼，其孰謂以此制事，以此治人之非理哉！」[161]若有人敢於講不合理，身家性命卽遭浩刼。

社會風氣的敗壞，政權的腐敗，老百姓是無影響力的，都是那些爲求私而專門討好主子的小人做出來的，「亂生於甚細，終於不救，無他故，求容悅者爲之於不覺也」[162]。「故」卽原因。社會動亂從細小發展到不可救藥，不是別的原因，是那些「其奉法似謹，其奔走似忠；惟大君灼知其小，知亂之恒由此起，故曰『必亂邦』也」[163]。這些小人有權有勢，或依仗主子的權勢，爲非作歹，賊害人民國家，這是社會動亂、國家滅亡的原因所在，沒有聽說眞正與民同欲同樂而行王道仁政的社會發生動亂的。

戴震認爲，任何社會動亂的根本原因，都不是什麼「民性不善」，「民心思亂」；民之所以「罔極」、「回遹」、「未戾」，也是由於統治者罪大惡極所造成的。戴震說：

《詩》曰：「民之罔極，職涼善背；為民不利，如云不

[160]〈理〉，《孟子字義疏證》卷上，頁4。

[161]同上。

[162]《原善》卷下，《孟子字義疏證》頁78。

[163]同上，頁77。

克。民之回遹，職競用力；民之未戾，職盜為寇。」在位者多涼德而善欺背，以為民害，則民亦相欺而罔極矣；在位者行暴虐而競強用力，則民巧為避而回遹矣；在位者肆其貪，不異寇取，則民愁苦而動搖不定矣。凡此，非民性然也。職由於貪暴以賊其民所致。亂之本，鮮不成於上，然後民受轉移於下，莫之或覺也，乃曰「民之所為不善」，用是而讎民，亦大惑矣[164]！

二千五百年前春秋時期編的《詩經》，已經認識到老百姓的「罔極」、「回遹」、「未戾」，是由於在位者的「職涼善背」、「職競用力」、「職盜爲寇」的結果。戴震繼而大聲疾呼，勇敢揭露統治者的缺德而善於欺詐，以賊害人民；施行暴政而一個勝過一過，以虐待人民；放肆貪婪而與强盜搶刼一樣，以剝削人民。這樣人民怎樣生存、社會怎樣不動亂。由此而把動亂的原因歸罪於老百姓，而不認識「職由於貪暴以賊其民所致」，進行政治改革，懲治腐敗，廣開言路，却相反地去仇恨人民，這也就太昏庸了！因此，戴震得出結論：「亂之本，鮮不成於上」，這是無數次歷史經驗的總結，昏庸者應該從《詩經》中得到一點啓示。

統治者之所以敢於這樣姦詐、殘暴、貪婪，就在於他們自以爲掌握了「理」（「天理」）。理學家以理爲自然界最高的本體，也是社會最高倫理道德準則，是一個放之四海皆準的眞理。誰認識了這個「理」（如程顥說，天理二字卻是自家體貼出來），誰

[164] 同上，頁78。引文見《詩經·大雅·桑柔》。

就掌握了這個「理」；誰掌握了這個理，他的一言一行就代表這個理；反對他的一言一行，就是反對「理」，就是非聖枉法，異端邪說。這就是說，絕對超越的理，就是絕對眞理；絕對理，是排他的、獨裁的、獨斷的，是有我無他，有他無我的。於是，他們就可以拿這個理來責卑、責幼、責賤、責下，「尊者以理責卑，長者以理責幼，貴者以理責賤，雖失，謂之順；卑者、幼者、賤者以理爭之，雖得，謂之逆。於是下之人不能以天下之同情、天下所同欲達之於上；上以理責其下，而在下之罪，人人不勝指數」[165]，得失、順逆還受倫理等級的制約，因此，理又是被尊者、長者、貴者、上者所壟斷的，而與卑、幼、賤、下者無緣。這樣，「理」由於倫理、等級上的支持和互補，絕對超越的形而上之理，又與世俗的政治倫理相結合，而成爲現實政治原則和制度、道德律令和規範，生活方式和日用的支配者，干預人們日常生活的制裁者。

正是在這種情況下，「理」才具有殺人的性質、功能和作用。戴震說：

> 所謂理者，同於酷吏之所謂法。酷吏以法殺人，後儒以理殺人，浸浸乎舍法而論理，死矣，更無可救矣[166]。

以「理」爲「法」，「法」爲「理」所代替，以致成爲「理」的婢女，這是中國文化的現象。酷吏以法殺人，還有客觀法律條文

---

[165]〈理〉，《孟子字義疏證》卷上，頁10。

[166]〈與某書〉，《孟子字義疏證》頁174。

可依，依法斷案判刑；後儒以理殺人，理既無客觀條文可依，又無統一的斷案判刑標準，只是理學家或統治者的意見而已，程、朱把理說成「得於天而具於心」的先驗原則，「啓天下後世人人憑在己之意見而執之曰理，以禍斯民；更淆以無欲之說，於得理益遠，於執其意見益堅，而禍斯民益烈。豈理禍斯民哉？不自知爲意見也」[167]。把自己主觀意見當作「理」，實距離理越來越遠；越頑固堅持把自己主觀意見當作「理」，禍害老百姓就更嚴重。後儒及統治者把自己主觀意見當作「理」，因而，「以理殺人」，便可「以意見殺人」。戴震說：

> 由是以意見殺人，咸自信為理矣[168]。

在主觀意見的「理」面前，客觀的法律條文，便喪失了它的權力和威嚴，理性的法庭成爲「以意見殺人」的屠宰場，神聖的法律成爲主觀「意見」的使女。主觀「意見」不僅可任意解釋和修改客觀法律，而且可代替客觀法律。因而，客觀法律便成爲主觀意見的玩物。好的法是他們制訂出來對付人的、殺人的，而不是對自己的；主觀「意見」的「理」，也是對付人的、殺人的，而不是對自己的。他們可以根據自己的權利、貪婪等等需要，隨時修改法律條規，以適應他們的需要；如此嫌麻煩的話，可依據自己朝令夕改的「意見」，來殺人的，即使寃獄無計，亦「咸自信爲理矣」！然而，他們不想一想，在中國歷史上，還是欠下帳的，

---

[167] 〈答彭進士允初書〉，《孟子字義疏證》頁169。

[168] 〈與段玉裁論理欲書〉，《戴先生遺墨》，見《戴東原先生全集》，《安徽叢書》第六期。

沒有不清算的。俗語說：「好有好報，惡有惡報；不是不報，時候未到；時候一到，一切都報。」豈不値得深思！

這樣，理便成爲理學家和統治者手中殺人的工具，「此理欲之辨，適成忍而殘殺之具」[169]。戴震控訴說：

> 人死於法，猶有憐之者；死於理，其誰憐之[170]！

「以理殺人」比之「以法殺人」雖更殘酷，但在人們心理上、情感上却以爲「理所當然」，得不到社會輿論上的支持和人們心理上的同情。

理之所以能殺人，而且獲得人們心理上的認同，從哲學上說，是由於理是普遍超越的形上學的本體，這個形上學的本體理，是通過「格物」或「卽物」而「窮理」的，甚至一物不格，便缺了一物的道理，一書不讀，便缺了一書的道理，而要求普遍地格物，一件件，一事事地格，不可欠缺。一旦由「格物」而「窮理」，便認爲「窮理」而得到的「理」，就是客觀眞理，是絕對正確的、至善的、完美的。凡與形上學的本體理相異的，便是絕對錯誤的、邪惡的、醜陋的。「理」作爲眞、善、美的化身和反對假、惡、醜的護法神，他的一切活動、行爲，無論賊害人，還是殺人，都是合理的、正當的。戴震對於理學對象性理論前提的批判，對於形上學的本體理的否定，其重要意義就在這裏，其貢獻也在這裏。他的理論勇氣、批判精神，得到了啓蒙思想家和五四運動時期思想家的推崇和讚揚，在中國文化思想史上有着重要的地位。

---

[169] 〈權〉，《孟子字義疏證》卷下，頁58。

[170] 〈理〉，《孟子字義疏證》卷上，頁10。

第六章　火光照物的形式——心知論

「以理殺人」是戴震對程、朱等理學家「人道」的批判，也是對於「天道」的批判。戴震很不同意宋儒所說的「得於天而具於心」❶的理的先天性，如果以天為自然，道理、理念、原理來自自然，而為人心所具有，說明主客觀關係，也無不可。然而如何窮理？理學家提出各種各樣的主張，戴震也有自已關於知識的學說。理學家對形上學本體理的體認，戴震是對於陰陽五行之氣流行、生生不息的觀點，而分為兩途。但無論是本體理的體認，還是陰陽五行之氣流行、生生不息的觀點，都是活動者與活動對象之間的關係，即主體與客體的關係。主體是指在活動中處於主動和主導地位，具有自主性和創造性特點和功能，這便是人。因認識活動從來就是人的認識，所以戴震以認知活動屬「人道」範圍。

一、心知與神明

❶ 戴震注：《 朱子語類 》云：「 理在人心，是謂之性，心是神明之舍，為一身之主宰；性便是許多道理得之天而具於心者。」(《朱子語類》卷98) 。

感覺、認知、體認，中國古人認爲是心的活動或功能。心，旣認爲是心臟之心，又認爲是思維器官，兩相混淆，而習用爲心思之心。儘管明代李時珍（1518-1593）根據多年治療疾病的實踐經驗及對人體各部分功能的了解，提出了人腦是思維器官的創見。「腦爲元神之府」❷，人的頭圓如蓋，神靈所集❸。但人們習慣於「心之官則思」的用語，宋明理學家以至戴震，仍然自覺不自覺地依孟子的說法。戴震對主體心作了這樣一些規定：

第一，心是感知外物的窗口。天下萬事萬物，作爲活動者的活動對象，是認知客體。戴震認爲，客體只有通過心的感知，才能認識外物。「凡事至而心應之」❹，外部世界的事物不斷撞擊主體人的感官，而引起心的回應，產生感知或認知。人們所說味、聲、色，是客觀存在的事物，並非存在於我心之中，或「心外無物」、「心外無事」。它們「在物不在我」，「而接於我之血氣」❺。在物的味、聲、色，通過與人的口、耳、目等感官相接觸，而刺激口、耳、目神經，而能辨別味、聲、色存在物。心知與口、耳、目感官不同，它不是簡單地與外物接觸而產生的，它接觸的對象不一定是物，而是事，即事情；它所分辨的也不是味聲色，而是理義。「理義在事情之條分縷析，接於我之心知，能辨之而悅之」❻。從認知的角度來說，血氣（口、耳、目之對

---

❷ 〈木部・辛夷〉，《本草綱目》卷34。

❸ 參見拙著《新人學導論——中國傳統人學的省察》，職工教育出版社1989年版，頁48-61。

❹ 〈理〉，《孟子字義疏證》卷上，頁4。

❺ 同上，頁5。

❻ 同上。

於味、聲、色）與心知，是兩個不同的層次，兩者不能混淆。血氣相當於感性認知階段，心知相當於知性認知階段。「耳、目、鼻、口之官接於物，而心通其則，心之於禮義也，天下之理義，心若其符節也」❼。「符節」是用竹、木或金屬做的，上書文字，剖分爲二，各執其一，用作信物，以兩片相合爲驗。心是檢驗理義的符節。這就是說，作爲聲、色、臭、味在物的客體，與作爲耳、目、鼻、口在我的主體，兩相符合。「耳之於聲也，天下之聲，耳若其符節也；目之於色也，天下之色，目若其符節也；鼻之於臭也，天下之臭，鼻若其符節也；口之於味也，天下之味，口若其符節也」❽。聲、色、臭、味，並非個人主觀的認定，而是天下人所共同的認定。這是因爲個人的主觀認爲，往往囿於蔽而有偏失；天下人共同認定，就較爲正確，而無個人偏見。所以，戴震以天下之聲、色、臭、味爲客觀眞理性標準。主體耳、目、鼻、口與客體聲、色、臭、味的符節，就是符合這個眞理性標準。

戴震在怎樣使主體的感官與客體的事物相接觸，怎樣使主觀認知與客觀實際相符節的問題，作了有越於前人的探討。他較佛教論五識，程、朱論知覺，都有所前進。其一、主體人具有認識客體事物的能力，這種能力既不是先驗的「良知良能」，也不是形上學的本體理，而是得之於自然的主體人的才質。「耳能辨天下之聲，目能辨天下之色，鼻能辨天下之臭，口能辨天下之味，心能通天下之理義，人之才質得於天，若是其全也」❾。其二、

❼　《原善》卷中，《孟子字義疏證》，頁69。
❽　同上。
❾　同上。

人的認知是否正確，是依據其能否與客觀眞理性標準相符節，而客觀眞理性標準，又是天下人的共同認定。其三、人的認知是主體與客體發生感應作用的結果，當其未發生感應作用，就是未動無知的狀態；及其感應而動，就發生感知作用。

所謂心是感知外物的窗口，就是內外相交，即感官與聲色、心知與事物、主體與客體聯繫的通道，也可以稱爲開竅。「人物受形於天地，故恒與之相通。盈天地之間，有聲也，有色也，有臭也，有味也；擧聲色臭味，則盈天地間者無或遺矣。內外相通，其開竅也，是爲耳目鼻口」⑩。「開竅」是指耳目鼻口感官與外物聯繫，是直接感受；「心通其則」的聯繫，是綜合整理基礎上的貫通，只有這種貫通而不停留在聲色臭味階段，而深入到事物的本質。

第二，心具有思維活動的的功能。戴震雖沿襲孟子「耳目之思不思」，「心之官則思」⑪的思想，但亦有稍異。「是思者，心之能也」⑫，心不僅是思維的器官，而且有思維功能，思維器官與思維功能是有別的。思維的功能就是對於客觀事物的味、聲、色的食、別、被的分辨、加工，「凡食味別聲被色而生者皆有心，心者，耳目百體之靈之所會歸也」⑬。耳目鼻口身等感官接觸外物所獲得的刺激、感知、靈感都滙集到心，由心加以整理、分析和綜合加工，而形成對外部世界事物的一種看法、觀點，無耳目鼻口身等感官爲心提供感知所得到的豐富的材料，心

---

⑩ 〈理〉，《孟子字義疏證》卷上，頁7。

⑪ 〈告子上〉，《孟子注疏》卷11。

⑫ 〈理〉，《孟子字義疏證》卷上，頁5。

⑬ 《緒言》卷中，《孟子字義疏證》頁110。

也不可能進行分析、綜合的加工，也就不可能形成看法或觀點。因此，耳目鼻口等感官與心具有不可分割的聯繫。當然這種聯繫是一種有差別的聯繫，即不離不雜的關係。這可以從這樣幾方面來考察。

首先，人的感官與心，各自具有不同的認知功能和作用。耳能辨天下的聲音，目能辨天下的顏色，鼻能辨天下的香臭，口能辨天下的滋味，心能貫通天下的理義⓮，耳目鼻口和心是屬於認知主體的感官，聲、色、臭、味是主體對之發生作用的客體。在認知活動中，主體耳目鼻口和心雖都是認知器官，但它們的認知功能是有差別的。耳目鼻口等感官只能認知與之相應的客體的某種現象，認知的功能、範圍、方面都受主體自身感官的局限；心作爲主體對於客體的觀念把握關係，耳目等感官所獲得的材料，通過心的整理、加工，而認識事物的本質。這就是說，實在的客體經過「改造」而移入了人的大腦，成爲精神性的、觀念性的存在，主體通過這種具有主觀形式的觀念獲得了客體的客觀內容。

主體感官的差別，及其功能和作用的不同，儘管相互聯繫，但不能相互替代。於是戴震自我設問：既然聲色臭味之欲根於心，耳目百體的能力、功能，都是心的能力、功能，則心便可以代替耳目百體之能了。戴震回答說：

> 否。心能使耳目鼻口，不能代耳目鼻口之能，彼其能者各自具也，故不能相為⓯。

⓮ 參見〈讀孟子論性〉，《孟子字義疏證》頁182。

⓯ 〈理〉，《孟子字義疏證》卷上，頁7。

這種耳目之官，各有其能的主張，古已有之⑯。戴震擧例說：「瞽者，心不能代目而視，聾者，心不能代耳而聽，是心亦限於所分也」⑰。感官各自限於所分，及限於所分的功能，而不能相互代替。這便是認知功能的有限性和相對性。

其次，心生耳、目、鼻、口等感覺器官，具有主使的地位和能力。「心之精爽，馴而至於神明也，所以主乎耳目百體者也」⑱。心具有主使耳目鼻口能力與耳目鼻口各有所司而不能代替，並不矛盾。「主」有主宰、統率的意思，「使」有指使、使用的意思。譬如君與臣關係，猶如主使。「耳目鼻口之官，臣道也；心之官，君道也；臣效其能而君正其可否」⑲。臣爲君效力、效能，而從事許多具體事務；臣雖聽從君的指使，但君臣各有所司、各有其責，不能代替；心作爲君道，雖有耳目鼻口等效能，但需由心來端正其方向或判斷其可否。以君與臣關係比喩耳目鼻口與心的關係，先秦時荀子就說過：「心居中虛，以治五官，夫是之謂天君」⑳。以天君來治理五官，從而獲得對於客體的客觀內容的觀念把握，和獲得某種需要的價値。

再次，心與耳目鼻口不離。心雖與耳目鼻口有分別，但心知離不開耳目之知。假如離開耳目鼻口百體的感知，而把感知的材料會歸於心，才能辨別理義，獲得對事物的本質認識。主體只有

---

⑯ 荀子說：「耳、目、鼻、口、形，能各有接而不相能也，夫是之謂天官」。(〈天論〉，《荀子新注》，中華書局1979年版，頁271)。

⑰ 〈答彭進士允初書〉，《孟子字義疏證》頁165。

⑱ 《原善》卷中，《孟子字義疏證》頁71。

⑲ 〈理〉、《孟子字義疏證》卷上，頁7。

⑳ 〈天論〉，《荀子新注》頁271。

經過這兩個階段，人才能把自己的本質力量物化、凝聚在對象性的客體之中。實現主體對客體的改造；主體又吸收、內化自己物化的成果，而發展自己的本質力量。從而實現主體對客體的觀念把握，客體獲得自身的正確規定。程、朱理學把主體對客體的觀念把握，看成是與耳目鼻口辨天下之聲色臭味相脫離的觀念，並把客體看作觀念的異在和外化。因此，戴震强調「明理義之悅心，猶味之悅口，聲之悅耳，色之悅目爲性」㉑，觀念、精神不能離開耳目之和。

第三，心是超越的意識。從意識的功能來說，戴震依據善記和善識，把記憶和認識作意識的兩個階段。「大致善識善記，各如其質，昔人云『魂强善識，魄强善記』。凡資於外以養者，皆由於耳目鼻口，而魄强則能記憶，此屬之魄者存之已爾」㉒。魄側重於記憶，魂側重於認識。耳目鼻口等感官依借外物而獲得的知識、認知、儲藏在魄中，魄便是一個記憶庫，因此稱魄善於記憶。人們一般把魄解釋爲體魄，指人的形體，這是後人的理解。朱熹有一段話，「或問魂魄之義？曰：子產有言：『物生始化曰魄，既生魄陽曰魂。』孔子曰：『氣也者，神之盛也。魄也者，鬼之盛也。』鄭氏注曰：『噓吸出入者，氣也。耳目之精明爲魄，氣則魂之謂也。』《淮南子》曰：『天氣爲魂，地氣爲魄。』高誘注曰：『魂，人陽神也。魄，人陰神也。』此數說者，其於魂魄之義詳矣」㉓。朱熹的引證並沒有詳魂魄之義，也無明確的界

㉑〈理〉，《孟子字義疏證》卷上，頁5。

㉒《緒言》卷下，《孟子字義疏證》頁124-125。

㉓〈九歌〉，《楚辭辯證》上，《楚辭集注》上海古籍出版社1979年版，頁189-190。

定：魂為嘘吸出入之氣，氣並非精神，而是細微不可見之物質，又以魂為陽神；魄為形體，又以魄為陰神。朱熹弟子陳淳撰《字義詳講》，解釋說：「所謂始化，是胎中略成形時。人初間纔受得氣，便結成箇胚胎模樣，是魄。既成魄，便漸漸會動，屬陽，曰魂。及形既生矣，神發知矣，故人之知覺屬魂，形體屬魄」㉔。魂為神，魄為形；魂魄即形神關係。

然而，戴震作為清代皖派考據學大師，以魄為善記憶之義，亦有其據，《國語，晉語》曰：「魄者意之精也。」《禮記・祭義》宰我問鬼神，鄭玄注：「口鼻之呼吸為魂，耳目之聰明為魄。」孔穎達疏：「魄，體也，若無耳目，形體不得聰明。」這樣，戴震便在認識的中樞部門劃出一個層次，作為耳目與心知的中介，魄便兼有形神的含義，即既是人的形體的器官（耳、目、鼻、口），又能感知外物，而獲得知識。

心知既可以由魄的記識轉化而來，也可以通過問學所得。「至於無取乎記憶，問學所得，非心受之而已，乃化而為我之心知，我之心知，極而至乎聖人之神明矣」㉕。心知的豐富和充實，方式是多樣，但都是主體與客體的關係。認識是一種雙重結構和雙向運動，它既是主體的客體化，即把主體自己的目的、能力和力量對象化；同時又是客體的主體化，即把主體的本質力量對象化的成果，轉化為主體自己的能力、力量。這便是「化而為我之心知」，而至於神明。

我的心知至於神明，便與理達到統一的境界，這就完成了心

㉔ 〈鬼神〉，《北溪字義》卷下，中華書局1983年版，頁57-58。

㉕ 《緒言》卷下，《孟子字義疏證》頁125。

之所以辨天下之理的過程。「神明者，猶然心也，非心自心而理藏於中之謂也」㉖。神明作爲心的最高境界，是理的意識化，即實在之理的內化，或在意識中的純化，即純粹的眞理，超越的意識。

神明旣是理的內化，便可與天地合其德。「人之神明出心，中正無邪，其明德與天地合矣」㉗。中國古代心知的最高境界，就是與天地合德，戴震稱爲「天德之知」，「天德之知，人之秉節於內以與天地化育侔者也」㉘。「心之精爽以知，知由是進於神明，則事至而心應之者，胥事至而以道義應，天德之知也」㉙。精爽作爲認知功能，可以進於神明，神明之心不僅能以道義的原則來處理一切事物，而與天地變化發育規律相符合，而且能與一切人倫物理的原則、原理相一致，這就是天人合一的思維模式。

第四，心是行爲或行爲方式的支配者。行爲是一複雜的系統，行爲由動機引起，動機來自人的某種需要。從心理學的角度看，需要是指人對某種目標的渴求或欲望。爲了滿足這種需要，會使人的心理處於緊張的狀態；緊張的心理就可以轉化爲動機，動機是指爲了滿足某種需要而進行活動的念頭、想法的總和，行爲由動機引起，並能支配行爲，行爲又因時、因地、因環境與個體內在心身狀況而表現出不同的反應。戴震把支配行爲的思想動機說成心，「或一家，或一國，或天下，其事必由身出之，心主

㉖ 同上。

㉗ 《原善中》，《孟子字義疏證》頁177。

㉘ 《原善》卷中，《孟子字義疏證》頁67。

㉙ 同上。

之，意先之，知啓之」㉚。形成某事的人的行爲是多種因素的複合整體，它是由身、心、意、知四種因素構成的，譬如由身做出來，心主使行爲，先有行爲的意念，智慧開啓了行爲的意念和行爲的過程。

戴震的行爲四因素構成說，雖與一般行爲的心理過程（如下圖）

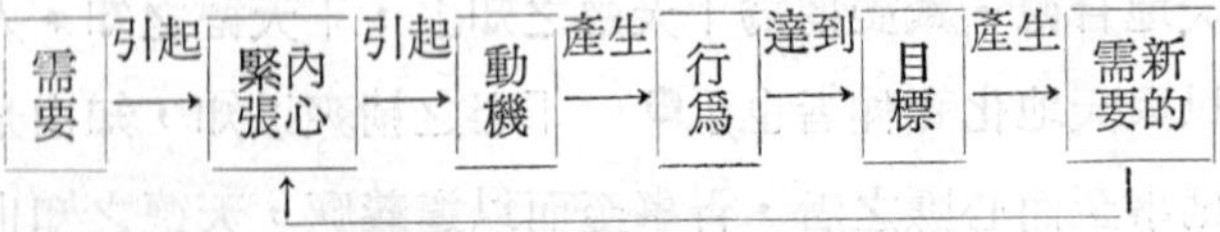

有異，但在某些方面詳盡一些（如下圖）：

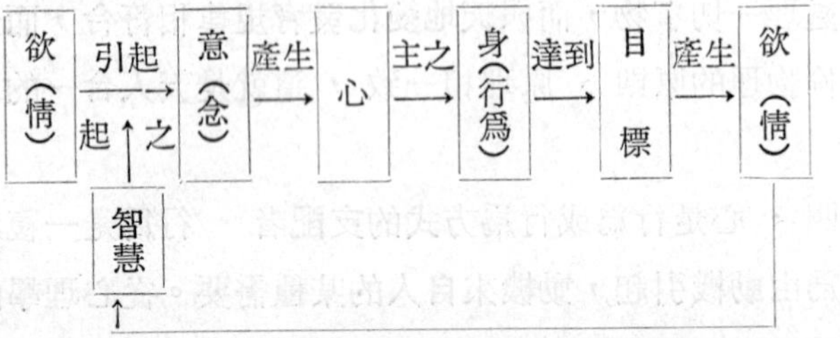

從行爲結構來說，可做這樣的描述（如下圖）㉛：

㉚ 《原善》卷下，《孟子字義疏證》頁75。

㉛ 參見泰國鄭齊文先生《行爲原理》，時中出版社1988年版，頁191。鄭先生於1988年寄贈鄙人，但因收到時寄出地址不清，無法回信，特借此以表謝意。

由心而主使的行爲，除一般對於家庭、國家、天下的義務行爲外，還有人際間的道德行爲。「故心也者，含天德、君百體者也」㉜。主使行爲的心，是一種倫理精神，也是一種道德原則。「人之心，其亦可以一言盡也，仁而已矣。耳目百體之欲喻於心，不可以是謂心之所喻也，心之所喻則仁也；心之仁，耳目百體莫不喻，則自心至於耳目百體胥仁也」㉝。心以一仁而言盡，這就把心理解狹隘了。生理的欲望，心理的欲望、道德的欲望，都可以包括在心內。戴震所說的心之所喻爲仁，是強調道德追求應高於物質追求。以欲歸體而喻於心，以仁歸心而曉於百體，心體相喻，行爲就不會違仁。

心是道德意識的實體，也是道德自覺的能力。因此，心以一仁言盡，並不是說心就是仁，心與道德原則、原理可劃等號。有沒有道德意識的自覺與道德行爲的自覺，這是人的獨特的本質。譬如儒家稱爲慈鳥的小烏鴉長大後能哺育其母；雎鳩共同游水，互相親昵，儒家比之爲君子之配偶；蜜蜂和螞蟻羣聚而居，雌雄各有分工，且有蜂王和蟻王，儒家比喻爲君臣關係；豺和獺把捉得的獸和魚排列在地上，儒家比喻爲祭祀祖宗。儒家認爲這是「合於人之所謂仁義者」㉞的行爲，是出於禽獸無意識、不自覺的自然天性。人却不同，人的道德行爲是一種自覺的選擇，自律活動。戴震進一步指出，人的道德行爲與動物的自然動作有區別，人是建立在對外部世界認知基礎上的自覺選擇。「仁義禮智

㉜〈法象論〉，《孟子字義疏證》頁175。

㉝《原善中》，《孟子字義疏證》頁179。

㉞〈性〉，《孟子字義疏證》卷中，頁28。

非他，心之明之所止也，知之極其量也」[35]。道德理性是心的認知，它既是人的眞的認知，又是善的認知，是對於前人知善惡是非之心的總結和發展。

心作爲感知外物的窗口，具有思維的功能、超越的意識和行爲的支配者。心知是以血氣爲基礎的，這就是說，任何心知都不能離開血氣，而心知必進而爲神明。血氣——心知——神明是認識在邏輯上和時間上的序列，前者是後兩者的邏輯前提或條件，後兩者是前者的發展或展開。血氣——心知——神明並非各有根源，而有着共同的根據。

二、照物與神斷

心的規定，以明心是什麼；至於心爲什麼能獲得心知，採取什麼形式，都是需要繼續討論的。

第一，火光照物形式（或稱光照形式）。戴震認爲主體人對於客體事物的認知，猶如「火光照物」一樣。譬如在漆黑的夜裏或黑暗的房間裏，人們看不到世界萬物或房間中的東西，而不能辨別。人們可以借助火光照亮萬物，萬物就能被人所辨認了，猶如主體心（大腦）資於自身的耳目鼻口等感官與客體事物發生直接聯繫，光照萬物而產生感覺。感覺所光照的是事物的個別特性，如耳能辨聲，目能辨色，口能辨味。鼻能辨臭等。不同的感覺光照同一事物的不同方面的質和特性，這是由於感官各自有「自具之能」[36]的緣故。

---

[35] 同上。

[36] 〈理〉，《孟子字義疏證》卷上，頁5。

把耳、目、鼻、口等感官所光照的聲、色、臭、味等感覺綜合起來，形成光照這一事物各方面特性的整體的感性形象，這便是知覺。「知覺云者，如寐而寤曰覺，心之所通曰知。百體皆能覺，而心之知覺爲大」㊲。「心之知覺」就能把百體的感覺集合起來，而形成整體形象的知覺，從這個意義上說，知覺比感覺爲大。「知覺運動者，統乎生之全言之也」㊳。但由於成性的差別，知覺運動也有不同。當感覺和知覺與客觀對象不再直接接觸，感覺和知覺便儲存在心中，這便是記憶。「凡相忘於習則不覺，見異焉乃覺」㊴。在外部客觀對象的刺激力已流逝，人還能見異而引發對記憶中儲存的感覺和知覺的回憶，這便是觀念或表象，即「心知」。

但是「火光照物」的火光有大小之別，因此照物也有遠近、大小、明暗、眞謬的差別。戴震說：

> 心之精爽，鉅細不同，如火光之照物，光小者，其照也近，所照者不謬也，所不照斯疑謬承之，不謬之謂得理；其光大者，其照也遠，得理多而失理少。且不特遠近也，光之及又有明闇，故於物有察有不察；察者盡其實，不察斯疑謬承之，疑謬之謂失理㊵。

「火光照物」的「物」，在戴震的哲學邏輯結構中，「物」既指

㊲ 《孟子私淑錄》卷中，《孟子字義疏證》頁144。

㊳ 《緒言》卷上，《孟子字義疏證》頁90。

㊴ 《孟子私淑錄》卷中，《孟子字義疏證》頁144。

㊵ 〈理〉，《孟子字義疏證》卷上，頁5-6。

客觀世界的萬物，也指事情經條分縷析後所得的理，照物也就是照理。這段話有這樣幾層意思：一是光小，照不遠，只能照近處，照到的地方就是眞實不謬，便是一種眞理性的認識，叫做得理，照不到的地方仍然不能認識它的眞實面貌，疑惑和錯誤便繼續產生。這就是說，即使在感性的感覺、知覺和表象認識階段，也包含着對事物眞理性的、規律性的、本質性的認識，即感性認識形式中寓有理性認識形式。

二是光大，照得遠，對於事物眞理性的、規律性的、本質性的認識就多一些，而非眞理性的、非規律性的、非本質性的錯誤認識就少一些。「譬如光皆能照，而中理者，乃其光盛，其照不謬也」㊶。在「中理」、「得理」的理性認識形式中，亦寓有感性認識的形式。這樣，認識形式不是單一的，而是多樣的、互補的、交叉的。

三是，光除大小外，還有明闇的差別。火光明亮，照得事物就清晰，人們看得清楚，這就叫做察。明察事物，是講客觀事物的眞實面貌能完全被認識和反映。火光微弱暗淡，照事物就不清晰，人們看去很模糊，這就叫做不察。不察，疑惑和錯誤便繼續存在。凡是對事物眞實性的、規律性的、本質性的認識，都是火光所照所察的結果，「故理義非他，所照所察者之不謬也」㊷。既然理義是人的認識對於客觀事物所照所察的結果，那麼，理義就不是離開所照所察而獨立存在的精神或形上學的本體。「理義豈別若一物，求之所照所察外；而人之精爽能進於神明，豈求諸

㊶ 〈理〉，《孟子字義疏證》卷上，頁7。

㊷ 同上，頁6。

氣稟之外哉！」㊸這樣，戴震不僅從對象性理論前提的哲學批判中，而且從認識論角度，揭示理義的理性精神形成中，否定程、朱以理殺人的形上學的本體論哲學。

光照形式使人們的認識由感覺、知覺、表象再到理性，即由血氣——心知——神明，由事物個別特性到完整形象，及從直接感受到事後的回憶，表示了認識由部分到全整，直接到間接，具體到抽象的導向。認識進入了深入的階段，這就是判斷和推理等形式。

第二，靈聽神斷形式。把感覺、知覺和表象認識形式所提供的關於客觀事物各種屬性、形象中，抽象出其共同的、普遍的本質特性，即從殊相中概括中共相，這種認識形式所得到的就是概念。對於事物之間的相互聯繫和關係的認識，以便判明或斷定這事物是什麼，那事物是什麼以及彼此的屬性、特徵等，就是判斷。「蓋耳之能聽，目之能視，鼻之能臭，口之知味，魄之爲也，所謂靈也，陰主受者也；心之精爽，有思輒通，魂之爲也，所謂神也，陽主施者也。主施者斷，主受者聽」㊹。主體活動以客體爲其活動對象，從主體對客體來說是「施」；主體所面臨是存在於一定時間和空間關係中的客體，主體通過一定的工具手段接受客體對象的刺激，這些刺激沿着神經而進入大腦，在主體認識結構的能動參與下把刺激所產生的感覺納入某一概念，而辨認出客體對象所歸屬的信息模式。這個認知過程，對於主體來說便是「受」。此是一。

㊸　〈理〉，《孟子字義疏證》卷上，頁6。

㊹　同上，頁5。

二是，主客體在認識活動中的「施」與「受」的關係，從中國傳統哲學範疇的關係來說，可納入陰與陽的關係，陽即昜，字形象陽光普照大地萬物，有普施於物的意思；陰是山之北，陽光照不到，或被物所蔽而照不到，即被陽光所照的對象物，有接受陽光的意思。所以稱陽施陰受。

陰受是指魄的作爲，是耳目鼻口的聲、色、臭、味的感覺或感知，它屬於靈的認知形式。靈也可以理解爲靈感，靈感、直覺在認識過程中，亦有重要的作用。人們往往不是掌握了感性認識的全部材料，進行邏輯推理；而是在一些感性認識材料的基礎上，通過創造性的聯想，運用大膽的想像，往往由於某種偶發事件的啓發，找到了對某些複雜事物的本質、結構和規律的認識，這是邏輯思維的循序漸進和非邏輯思維的跳躍突變過程的統一。

陽施是指魂的作爲，是觀念、概念相互之間聯繫的貫通，「有思輒通」，它屬於神的認知形式。神的認知是運用邏輯思維對於感覺、知覺和表象認識材料的分解、分析，揭示出其中潛藏着的共性和本質。判斷就是事物之間聯繫或關係的邏輯反映，這就是「主施者斷」。

判斷的理性認識形式，戴震認爲就是理義的認識。「舉理，以見心能區分；舉義，以見心能裁斷」㊺。裁斷即是判斷。判斷資於邏輯的循序漸進。譬如戴震對於「格物致知」這個理學家無人不談的問題，作了感性認識與理性認識相統一的理解：

其曰：「致知在格物」，何也？事物來乎前，雖以聖人當

㊺ 〈理〉，《孟子字義疏證》卷上，頁3。

之，不審察，無以盡其實也，是非善惡未易決也；「格」之云者，於物情有得而無失，思之貫通，不遺毫末，夫然後在己則不惑，施及天下國家則無憾，此之謂「致其知」㊻。

判斷、裁斷的過程，就是對事物的眞實情況完全把握而無差錯，感性經驗通過心的思慮，而認識概念之間的聯繫，並融會貫通，這樣便可以進行正確的判斷，而對自己或處理國家大事都不會發生疑惑和過失。反之，如果不與事物接觸，把握事物之間的全部聯繫和對事物的本質認識，即使超凡入聖的聖人，也不能一下子對事物作出正確的判斷，強調理性認識必須以感性認識爲基礎，互相作用，相互促進，以使認識向新的高度發展。

第三、所知證不知形式。從事物的聯繫或概念的關係中，由已知合乎規律地推出未知的邏輯反映形式。這種邏輯形式所反映的客觀事物的聯繫，無論是從事物之間的個別聯繫推導出一般的聯繫，還是從事物之間的普遍聯繫推導出個別的聯繫。推理是對於聯繫的把握，把握了聯繫就可以從已知不多推導出較多的知，或從已知中合邏輯地推導出未知的事物之間的聯繫。「蓋就其所知以證明其所不知，舉聲色臭味之欲歸之耳目鼻口，舉理義之好歸之心，皆內也，非外也，比而合之以解天下之惑，俾曉然無疑於理義之爲性，害道之言庶幾可以息矣」㊼。「比而合之」，是指進行類比的綜合推理。類比綜合推理，是依據兩個對象或多個

㊻　《原善》卷下，《孟子字義疏證》頁75。
㊼　〈理〉，《孟子字義疏證》卷上，頁6。

對象之間存在着某種相類似、相似的關係，從已知這一對象或幾個對象有某種性質、特徵，推出另一對象具有某一相應的性質和特徵。

類比綜合推理雖以感性經驗認識爲基礎，但在推理過程中並不直接與客觀對象相接觸。因此，戴震稱其爲「內也，非外也」。這就是說，類比綜合推理是把已獲得、已判斷的關於某一系統的知識、概念，作爲推測另一類似系統的信息的手段。它是以間接性、抽象性思維的特點，而非直接性、經驗性思維。

類比綜合推理的宗旨，是爲了解釋、解除天下的疑惑，使天下人都明白無疑地把心對於理義的愛好作爲人的共性，而不是理學家的窮盡形上學的本體理。

火光照物形式、靈聽神斷形式、所知證不知形式是相互聯繫的，又是相互區別的。感覺、知覺、觀念、靈感、判斷、推理等是認識過程中獲得知識的各種形式，也表現了認識的階段性。這種階段性只是邏輯上次序，在事實它們相互滲透，相互交織，你中有我，我中有你。如果說把這三種形式六個階段按性質分爲感性認識和理性認識的話，那麼感性中有理性，理性中有感性，無論是感性還是理性認識，都不是純粹，也不存在純粹的感性認識或理性認識。感覺、知覺、觀念認識要用概念等理性形式來表達，在理性認識參與下進行，並有待於發展深化爲理性；判斷、推理以感覺、知覺、表象所獲得的材料爲基礎，通過語言這種具有一定聲響或文字的感性形式來表達。離開了感性直接經驗，理性認識也就失去了其依據。

人們認識客觀世界、人類社會的過程，就是不斷實踐的過程，認識由實踐始，又回到實踐中去，在實踐中得到檢驗、修正、補充和發展。然而，實踐也有正確與謬誤之分，並非凡實踐都是好的，戴震批判宋儒的躬行實踐說：

> 世又以躬行實踐之儒，信焉不疑。夫楊、墨、老、釋，皆躬行實踐，勸善懲惡，救人心，贊治化，天下尊而信之，帝王因尊而信之者也㊽。
>
> 宋以來儒者，以己之見硬坐為古賢聖立言之意，而語言文字實未之知；其於天下之事也，以己所謂理強斷行之，而事情原委隱曲實未能得，是以大道失而行事乖。……以自為於心無愧而天下受其咎，其誰之咎？不知者且以躬行實踐之儒歸焉不疑。夫躬行實踐，勸善懲惡，釋氏之教亦爾也，君子何以必闢之㊾？

「躬行實踐」，是指身體力行，修養品德。一般人都以爲宋儒躬行實踐，所以對他們的理論堅信不疑，其實他們與楊朱、墨子、老子、釋氏一樣，表面上躬行實踐，勸善懲惡，拯救人心，贊助治化，當時天下人以至帝王都尊敬相信他們，其實這是害人的，「愚人睹其功不知其害，君子深知其害也」㊿，「嗚呼！使非害於事，害於政以禍人，方將敬其爲人，而又何惡也！惡之者，爲人心懼也」51。不僅毒害人心，而且危害事情、政治。

戴震有鑒於此，認爲必須有正確的認識指導躬行實踐，由是

㊽〈權〉，《孟子字義疏證》卷下，頁59。

㊾〈與某書〉，《孟子字義疏證》頁173。

㊿同上，頁174。

51〈權〉，《孟子字義疏證》卷下，頁59。

他重視認識、知識，「凡異說皆主於無欲，不求無蔽；重行，不先重知。人見其篤也，無欲也，故莫不尊信之。聖賢之學，由博學、審問、愼思、明辨而後篤行，則行者，行其人倫日用之不蔽者也，非如彼之舍人倫日用，以無欲爲能篤行也」[52]。「異說」是指老、莊、釋氏之說。這段話的意思是：其一，理學家與老、莊、釋氏一樣，「主無欲而不私，而不求無蔽的知」。在戴震看來，理學家以「格物窮理」的「理」，「得於天而具於心」，理被形氣所蔽汚，通過「行」的修練，才能淸除對理的染汚，恢復天理，所以是「重行不重知」；其二，重行不重知，是與孔、孟等聖學相背離的。「聖賢之言，無非使人求其至當以見之行；求其至當，即先務於知也。凡去私不求去蔽，重行不先重知，非聖學也」[53]。之所以「非聖學」，是因爲《中庸》講學、問、思、辨，此四者屬知；然後篤行，篤行屬行，所以是一種先知後行的模式；其三，所謂「行」、「篤行」、「實踐」，都是指人倫日用。「行其人倫日用之不蔽」的「蔽」，在戴震的思想概念、哲學範疇中，欲與私對言，知與蔽對言。私生於欲之失，蔽生於知之失。私屬於倫理道德範疇，蔽屬於認識論範疇。道德行爲的醜惡不善，不是由於情欲，而是情欲有私；知識、認識的疑謬不眞，不是由於知，而是知有蔽。戴震認爲，老、莊、釋氏與理學家一樣，其錯誤就在於，將私與蔽、倫理道德與認識論這兩個不同的問題混淆起來，因而只重視倫理道德的實踐、踐履，而不重視知識論的問題的探討；以「無欲爲能篤行」，而不重視知識、

[52] 〈權〉，《孟子字義疏證》卷下，頁54。

[53] 同上，頁57。

認識論的實踐。戴震的哲學批判，就在於把中國傳統哲學中倫理道德與認識論混沌不清的情況加以釐清，把知行範疇從老、莊、釋氏以及理學家的道德修養論中疏離出來，轉化成爲認識論的問題，使中國知行範疇沿着認識論途徑建立獨立的哲學邏輯結構，這便是戴震重知主義的理性特點。

戴震的重知主義，並不是對於行的否定，或對於行的輕視。一方面，無蔽之知對於實踐具有重要的指導意義，一般來說，把握客觀世界事物眞實的、規律的、本質的認識，能指導人們正確的實踐活動；反之非眞實的、非規律的、非本質的認識，往往指導人們進行錯誤的實踐活動。正確的實踐活動能達到預定的目標，即「得理」；錯誤的實踐活動不可能達到預定的目標，即「失理」。

另一方面，無蔽之知也需要通過實踐，將「知」物化或對象化，使無蔽之知成爲現實。這就是說，知只有在不斷地行的過程中，才能不斷更新、充實、豐富知。因此，知無論從感覺、知覺、表象開始，離不開人的實踐活動，就是在判斷、推理階段，也離不開人的實踐活動。戴震在〈與方希原書〉中談到做學問、求知識的途徑，「古今學問之途，其大致有三：或事於義理；或事於制數；或事於文章」[54]。漢儒得其制數，而失其義理；宋儒得其義理，而失其制數；至於事於文章，則等而末之了。爲什麼漢儒、宋儒都得此失彼呢？戴震舉例說：

譬有人焉，履泰山之巔，可以言山；有人焉，跨北海之

[54] 《戴震文集》卷9，頁143。

涯，可以言水；二人者不相謀。天地間之鉅觀，目不全收其可哉？抑言山也，言水也，時或不盡山之奧，水之奇。奧、奇，山、水所有也，不盡之，闕物情也[55]。

制數、義理由於山水，人們通過踐履而獲得了山和水的知識。由於踐履主體的各方面素質不同，所獲得的知識也不一樣，但踐履與不踐履還是有差別的。踐履可以使人們掌握「物情」，即事物的情況或本質。然限於主客觀認知條件，主體人不一定能一下子窮盡山的深奧莫測，水的奇妙無比。這就需要不斷地實踐、認識，實踐、認識才能「曲盡物情」，光照奧奇，所以，戴震提出「凡事履而後知，歷而後覲」[56]的主張，認爲主體人經歷踐履，才能獲得眞正的知識，而這個踐履和認識的過程是十分艱難的。「雖溯流可以知源，不目睹淵泉所導；循根可以達杪，不手披枝肄所歧，皆未至十分之見也」[57]。「十分之見」，相當於眞理性的認識，這種眞理性認識，只有通過實踐才能達到。

戴震在知行範疇，即認識與實踐關係問題上，是從統一的方面去理解，既反對理學家式的以「知行」爲道德修養的重行輕知說，又反對不履而後知的不行而知說，而認爲兩者不可偏廢，不能像漢、宋儒處理制數與義理關係那樣，要麼得此失彼，要麼得彼失此，這都是一種片面性。時下一些學者，對於戴震知行範疇的討論，或認爲他既不主張「相資並進」，也不主張「履踐」，而是主張「重知」，傾向於知先行後；或認爲這種說法不符合戴

[55] 〈與方希原書〉，《戴震文集》卷 9，頁144。

[56] 同上。

[57] 〈與姚孝廉姬傳書〉，《戴震文集》卷 9，頁141。

震的思想實際，强調行先知後。雖然，戴震這兩方面的話都說過，但只要從知行統一的視角去解釋，又充分注意到戴震說話的針對性與具體的問題，就比較容易地掌握戴震知行統一觀的眞實面貌。

三、學問與導思

主體人知識的獲得、補充、豐富，當然需要通過實踐，獲得感性經驗，進而發展爲理性認識，這是指認識的發生、形成、本質、過程而言。但人的大量知識的獲得，能夠在前人知識的最高水平的基礎上起步，主要通過書本知識的學習而獲得。這是因爲認識的相對獨立性，由於人的認識不僅存在於認識者主體的大腦裏，而且通過文字語言、書籍等形式，對象化或物化爲脫離主體的觀念客體。隨着人類認識的不斷更新、發展，認識成果的積累越來越多，形成了一個龐大的知識理論體系。人們研究某一知識，必須掌握以書本或其他形式反映的這一領域的知識理論體系，才能使認識有所前進，這似乎是不能跨越的。不難設想完全不顧人類積累起來的認識成果，而要做什麼研究，或有所發展，是根本不可能的。認識的相對獨立性，使認識能在實踐的前頭，指導實踐的進行成爲可能。因此，戴震認爲，「學者多識前言往行，可以增益己之所不足」[58]。又說：「惟學可以增益其不足而進於智，益之不已，至乎其極，如日月有明，容光必照，則聖人矣」[59]。學習前人所積累起來的知識言行，不僅可以彌補自己知

---

[58] 〈理〉，《孟子字義疏證》卷上，頁7。
[59] 同上，頁6。

識的欠闕不足，而且可以改造材質的愚昧，而變得聰明起來，以至攀登認識的頂峯。人的聰明才智、認識能力的提高，像日月那樣的明亮，這就是達到聖人的境界了。

人類觀念客體形成的知識理論體系，是人們吸取知識營養的寶庫。如何吸取？才能開發心智，改造愚昧，增益德性，變化材質。戴震提出「重問學，貴擴充」的方法。他說：

> 人與人較，其材質等差凡幾？古賢聖知人之材質有差等，是以重問學，貴擴充[60]。

人的材質雖有差別，但只要勤奮好學，擴充知識，就能使材質愚昧變爲聰明。我們先來講「重問學」。

首先，講「學」。學習而增長知識，猶如人食物吸收營養而增强體質。「人之初生，不食則死；人之幼稚，不學則愚；食以養其生，充之使長；學以養其良，充之至於賢人聖人；其故一也」[61]。以不食比喻不學，以死比喻愚，可見學的重要。學習如同飲食，不可中斷；幾天不食，便可餓死；學習中斷，便可由明變昧。因此學則智，不學則愚；食則强，不食則死，其道理是一樣的。

飲食使人身體由柔變强，學習使人材質由愚變明，這是因爲學習打開了人的心知的窗戶，「學以牖吾心知，猶飲食以養吾血氣，雖愚必明，雖柔必强。可知學不足以益吾之智勇，非自得之

---

[60] 同上，頁15。

[61] 〈才〉，《孟子字義疏證》卷下，頁42。

學也，猶飲食不足以增長吾血氣，食而不化者也」62。學習猶如飲食補養人物身體一樣，如果學習不能增加自己認識事物和自強不息的能力，那就不是有心得的學習，就好像飲食不能夠增強身體，吃了不消化一樣。這就是說，學習要講求效果，不能囫圇吞棗，不求甚解；講求「自得」、「自化」，發揮主體學習的自覺性和能動性。

學習能不能消化，這是能否吸收營養的重要環節，戴震生動地比喻說：

> 苟知問學猶飲食，則貴其化，不貴其不化。記問之學，入而不化者也。自得之，則居之安、資之深，取之左右逢其源，我之心知，極而至乎聖人之神明矣。……心自心而所得者藏於中，以之言學，而為物而不化之學，況以之言性乎63！

「化」與「不化」，就是能否把知識理論寶庫的這個觀念客體，轉化爲主體所接受、所需要的知識營養，而使人的認識得到充實，由愚笨變聰明。因此，戴震認爲，能消化所學習到的知識，這就是學習的價値所在。這就是說，對於自己所理解、消化了知識，就變成了自己的知識，能積蓄很深，運用自如，取之不盡，受用無窮，認識就達到與聖人一樣的神明的境界。所謂「記問之學」，戴震認爲是一種光記憶不理解、不消化的學習方法，因

62 〈與某書〉，《孟子字義疏證》頁173。
63 〈理〉，《孟子字義疏證》卷上，頁8。

而，「入而不化」，或「爲物不化」，也就是說是觀念客體的原來的東西，這是戴震所反對的。

學習的目的是「學以牖其昧而進於神明」[64]，而不是「復其初」。「試以人之形體與人之德性比而論之，形體始乎幼小，終乎長大；德性始乎蒙昧，終乎聖智。其形體之長大也，資於飲食之養，乃長日加益，非『復其初』；德性資於學問，進而聖智，非『復其初』明矣」[65]。「復其初」，最初見於《莊子·繕性》，朱熹解釋說：「學之爲言效也。人性皆善，而覺有先後。後覺者必效先覺之所爲，乃可以明善而復其初也」[66]。「明德者，人之所得乎天而虛靈不昧，以具衆理而應萬事者也。但爲氣稟所拘，人欲所蔽，則有時而昏，然其本體之明，則有未嘗息者，故學者當因其所發而遂明之，以復其初也」[67]。「復其初」是指恢復人先驗的最初善性。戴震認爲，沒有什麼先驗的善性或德性，人的道德品質和知識才能的培養與人的形體的成長相同，人的身體得到飲食營養，而由小到大；道德品質得到學問知識的營養，而由蒙昧到聖智。如果說德性由蒙昧到聖智的過程，是恢復先驗的聖智，那麼，人形體由小到大的過程，是恢復原來的大，這顯然是佯謬的。這就是說身體與德性（道德品質和認識能力），都不是先驗，而是後天的培養。

其次，講「重問學」的「問」。所謂學問，知識是問來的。問，包括向人問，也指向自我問。在相互問中，可相互啓發，加

---

[64] 同上，頁18。

[65] 同上，頁15。

[66] 〈學而〉第一，《論語集注》卷1。

[67] 《大學章句》經一章。

深認識，獲得靈感。戴震自幼好問，十歲那年，老師教授《大學章句》右經一章時，連續追根求底地問了五問，使老師「無以應」[68]，從《大學》的作者，一直問到二千年後的朱熹「何以知《大學》是孔子之言而曾子述之？曾子之意而門人記之？」正是這種尋根究柢的問的精神，培養了他獨立思考的「自求」、「自得」、「自化」的自我意識，和不以人云亦云的創造精神，以及對於程、朱對象性理論前提的批判精神。向自我問，就是對自我的反思。這種反思，是深化知識和消化知識所不可欠闕的，是促使觀念客體轉化爲觀念主體的必要步趨。

再講「貴擴充」。人類積累的知識非常廣博，戴震以爲知識廣博，認識便會深刻。因此，他主張博采衆長，「凡僕所以尋求於遺經，懼聖人之緒言闇汶於後世也」[69]，而不偏主一家。於是「鉅細畢究，本末兼察」[70]，對研究、觀察對象有廣泛、深入的分析和認識，求得「十分之見」，使認識的狹小而至擴大。「以心知言，昔者狹小而今也廣大，昔者闇昧而今也明察，是心知之得其養也，故曰『雖愚必明』。」[71]不斷擴充知識，提高認識能力，就可以使人由「闇昧」轉變爲「明察」，促使心知進入神明。

戴震由「貴擴充」知識，而反株守。「學者莫病於株守舊聞，而不復能造新意」[72]。他同意葉書山這句話，而在〈春秋究遺

[68] 《戴東原先生年譜》，《戴震文集》附錄，頁216。
[69] 〈與姚孝廉姬傳書〉，《戴震文集》卷 9，頁141。
[70] 同上。
[71] 〈理〉，《孟子字義疏證》卷上，頁 8。
[72] 〈春秋究遺序〉，《戴震文集》卷10，頁150。

序〉中加以引用。死死抱住舊聞或一種說法和觀點不放，而不能聽取、接受其他說法和觀點，便限制了自己的視野，孤陋寡聞，篤守往言。「徒株守先儒而信之篤，如南、北朝人所譏：『寧言周孔誤，莫道鄭（玄）服（虔）非』，亦未志乎聞道者也」[73]。株守必狹小而不能擴大知識面，株守必暗昧而不能明察，以致鬧出在古人看來「寧言周孔誤，莫道鄭服非」的笑話。「道」是時代精神的精華，周公、孔子之道隨着歷史的發展，時代的變遷，「道」的內涵也不斷豐富、發展，株守舊聞，而不掌握「道」的時代精神，戴震稱之爲「未志乎聞道」，是適合實際的，也是擊中要害的批評。

多聞多見對於闕疑闕殆是有好處。戴震引孔子的話說：「《論語》曰：『多聞闕疑，慎言其餘；多見闕殆，愼行其餘。』又曰：『多聞，擇其善者而從之；多見而識之，知之次也。』又曰：『我非生而知之者，好古敏以求之者也。』是不廢多學而識矣。然聞見不可不廣，而務在能明於心」[74]。强調多學多識，見聞廣博，務求明心。久而久之，「心知之明，進於聖智」[75]。由多聞多見而擴充知識，固然重要，如不能理解、消化，也無益處。因此，戴震又主張精和約，這就是多的基礎上的精，博的基礎上的約。在他的思想中，多與精、博與約，不是對立的，而是互補的。

所謂「精」，按戴震的理解就是融會貫通，觸類旁通。「凡

---

[73] 〈答鄭文用牧書〉，《戴震文集》卷 9，頁143。

[74] 〈權〉，《孟子字義疏證》卷下，頁55，引文見《論語・爲政》和《論語・述而》。

[75] 同〈權〉，《孟子字義疏證》卷下，頁55。

學未至貫本末，徹精粗，徒以意衡量，就令載籍極博，猶所謂『思而不學則殆』也」76。學問必須貫本末，徹精粗，才能眞正有所領會、體驗。戴震深有體會地說：

> 凡《經》之難明，右若干事，儒者不宜忽置不講。僕欲先究其本始，為之又十年，漸於《經》有所會通，然後知聖人之道，如縣繩樹槷，毫釐不可有差77。

學習是爲了悟道，會通聖人之道，就是對於《經》的深層領悟。這種領悟，在某種意義上說，比多聞多見還難一些。「譬之學一技一能，其始日異而月不同；久之，人不見其進矣，又久之，己亦覺不復能進矣；人雖以國工許之，而自知未至也」78。精通知識，熟練技能，是十分艱苦的。從這個意義上說，「知得十件，而都不到地，不如知得一件，却到地也」79。十件事物知得不透徹不如一件搞透徹。因此，戴震說：「學貴精不貴博，吾之學不務博也」80。從戴震的整體思想來考察，並不是貴精而否定博，而是精與博的統一論。

博與約關係猶博與精的關係。戴震說：「孟子曰：『博學而詳說之，將以反說約也』。『約』謂得其至當；又曰：『守約而施博者，善道也；君子之守，修其身而天下平』。『約』謂修其

76 〈與任孝廉幼植書〉，《戴震文集》卷 9，頁138。

77 〈與是仲明論學書〉，《戴震文集》卷 9，頁140。

78 〈道〉，《孟子字義疏證》卷下，頁47。

79 《戴東原先生年譜》，《戴震文集》附錄，頁248。

80 同上。

身」[81]。「約」就是十分適當和正確地把握客觀事物的原則或規律，以及修身以去私。這裏約與博不完全是知識論問題而與倫理道德論相聯繫。但仍然是博與約的統一論。

知識可以從學和問中獲得，也可以通過接受教育而獲得。學的方式多樣：一是自己直接向書本及有文字語言記載的文本、資料學習，稱爲自學；二是通過系統或不系統的學校教育，由教師傳授知識而獲得；三是直接或間接參加自然、社會、科學等實踐活動，而獲得感性經驗或理性認識，等等。

戴震從小求師問學，獲得廣博穩固的基礎知識，又依靠自己的好學深思，而進於「聖智」。他從十八歲起就從事教學，「課學童於邵武」[82]，以後，在休寧、歙縣、北京、揚州、浙江等地，不斷從事教育活動。他從事教育的目的非常明確，這就是：

> 夫婦之愚，可以與知焉，及其至也，雖聖人亦有所不知焉；夫婦之不肖，可以能行焉，及其至也，雖聖人亦有所不能焉[83]。

教化人、培養人，使人由愚變智，由不肖變賢能，是轉變人的工作。

戴震依據長期教育的經驗，他認爲要因材施教。人的材質是有差別的，因其材性各殊，教育也要根據材質而施不同教育內容

---

[81] 〈權〉，《孟子字義疏證》卷下，頁56。引文見《孟子·離婁下》和《孟子·盡心下》。

[82] 《戴東原先生年譜》，《戴震文集》附錄，頁217。

[83] 《中庸補注》，《戴東原先生全集》，載《安徽叢書》第六期。

和方法。「言乎其同謂之善，言乎其異謂之材，因材而善之謂之教」[84]。所謂「因材而善之」，在《原善》卷上，把人的知識水平分爲三個層次：一是「明乎天地之順者」，二是「察乎天地之常者」，三是「通乎天地之德者」。對不同的層次施以不同的教育內容：「可與語道」，「可與語善」和「可與語性」[85]。

要循序漸進，戴震自己讀書求學，就很注意基礎知識的鞏固，譬如「每一字必求其義」。注意循序漸進。「必有漸求所謂字」[86]，即由字以通詞，由詞以通道，不能躐等，「由文字以通乎語言，由語言以通乎古聖賢之心志，譬之適堂壇之必循其階，而不可以躐等」[87]。如果不循階梯而躐等，那就是如「宋儒譏訓詁之學，輕語言文字，是猶渡江河而棄舟楫，欲登高而無階梯也」[88]，是不可能攀登知識的高峯的。

教育要善於啓發誘導，「思可以敏鈍得失言，知可以淺深精粗言，皆根於性而存乎材者也。理，譬之中規中矩也，氣通而神，是以能思，資於學以導其思，以極其知之量，古賢聖之教也」[89]在學習的基礎上啓發其思考，引導其思維，以便獲得最大限度的知識，使人歸於善。

戴震所到之處，既坐館教書，培養子弟，以維持生計；又刻

---

[84] 《原善上》，《孟子字義疏證》頁176。

[85] 見《原善》卷上，《孟子字義疏證》頁63。

[86] 〈與是仲明論學書〉，《戴震文集》卷9，頁140。

[87] 〈古經解鈎沈序〉，《戴震文集》卷10，頁146。

[88] 〈與段玉裁論理欲書〉，《戴先生遺墨》，載《戴東原先生全集》，《安徽叢書》第六期。

[89] 《孟子私淑錄》卷下，《孟子字義疏證》頁154。

苦求學，反復沉潛，著述不輟，無一日稍怠。這種「日數千言不肯休」的自強不息的求知精神，是中華民族知識分子的學術生命之所在。

第七章　戴學後繼和中西之法歸一

戴震所建構的天道——性——人道的邏輯結構，和文字音韻訓詁、自然科學方面的成就，以及對於形上學本體論——天理論的批判，構成了足以與當時佔據統治地位的理學相區別的，具有自己獨特風貌的理論體系，我們把它稱之爲「戴學」。「戴學」雖有別於宋明理學，但仍屬於中國傳統學說的一部分，具體地說是屬於儒學。戴震死後，京師友好敬送了一副輓聯：「孟子之功，不在禹下；明德之後，必有達人」❶。段玉裁認爲是對戴震的確評：「先生之所學，無媿此語矣」❷。然自清以來，褒貶不一，但無論是批評戴震「欲言義理以奪洛閩之席，可謂愚妄不自量之甚矣」❸。「名爲治經，實則亂經；名爲衞道，實則畔道」❹，還是「東原之學，苞羅旁蒐於漢、魏、唐、宋諸家，靡不統宗會元，而歸於自得；名物象數，靡不窮源知變，而歸於理道」❺。

---

❶ 段玉裁：《戴東原先生年譜》，《戴震文集》附錄，頁 245。語出《左傳》昭公七年：「聖人有明德者，若不當世，其後必有達人。」

❷ 《戴東原先生年譜》，《戴震文集》附錄，頁245。

❸ 姚鼐：《惜抱軒尺牘》卷 6 。

❹ 方東樹：《漢學商兌》。

❺ 王昶：<戴東原先生墓誌銘>，《戴震文集》附錄，頁263-264。

正負評價，都說明「戴學」影響深遠，爲學術、思想、文化界所重視。

一、戴學後繼

梁啓超說：「戴門後學，名家甚衆，而最能光大爲業者，莫如金壇段玉裁，高郵王念孫及念孫子引之，故世稱戴、段、二王焉」❻。梁說雖有道理，但只說了音訓考據之學的承傳，而未及繼承戴震兼治考據和義理之學的汪中、焦循、阮元等人。雖汪、焦、阮未直接受業戴震，但他們極尊崇「戴學」而按「戴學」的思想理路和思維方式治學，取得了突出的成就，也不可忽視。

(一)段玉裁

段玉裁字若膺，號茂堂（曾字喬林、淳甫，又號硯北居士、長塘湖居士、僑吳老人）。生於雍正十三年（1735），卒於嘉慶二十年（1815）。江蘇金壇縣人。乾隆舉人。乾隆二十八年（1763）戴震到北京參加會試，居新安會館，少戴震十一歲的段玉裁，從學戴震。是年夏天，戴震離京南歸，段玉裁以書信問安，自稱弟子。乾隆三十一年（1766）戴震入京會試不第，當面謝絕段玉裁爲弟子之事，後在給段玉裁的信中說，可以友相稱，「古人所謂友，原有相師之義，我輩但還古之友道可耳」❼。到了乾隆三十四年，由於段玉裁堅持稱弟子，戴震「乃勉從之」。

---

❻ 《清代學術概論》，商務印書館，民國三十三年版，頁26。
❼ 《戴東原先生年譜》，《戴震文集》附錄，頁227。

戴震與段玉裁，經常探求學術，對於段玉裁的著作，必指出其得失，嚴格要求；又能以平等相討的精神，相互切磋，以求深入和提高。乾隆四十一年（1776）段玉裁作《六書音均表》求教於戴震，戴作〈答段若膺論韻〉，闡述了他對於音韻學的精闢而獨到的見解，後來小學家均以此信爲音韵學之圭臬。在戴震死前十餘日，仍竭精手批《六書音均表》，丁傑記述當時情況云：「丁酉六月，戴東原先生臥病京邸，余偕友人往候之。時先生撰《聲類表》甫畢，又力疾點定段君《六書音均表》，指卷四第四十二葉語余曰：『掇捋用點，肆棄用圈。凡用點者，蓁、人之入聲，與用圈者無涉也。余不及語段君矣，子盍持此書歸。』未數日，先生卒」❽。可見師生之情篤。

段玉裁師事戴震甚謹，戴逝世後，段玉裁「朔望必莊誦震手札一通」❾，每稱老師名字，必拱立垂手，至老亦如是。戴震對段玉裁情誼也很深，不僅學業上指導，而且幫助段玉裁的治道。當他得知段玉裁任貴州玉屏縣知縣時，便寫信介紹貴州山川地理和施政應注意問題等。三年後改任四川巫山知縣，戴震已應召入四庫全書館。每有所得，必寫信告訴段玉裁。無論是精到的思想閃光，還是發現算經的喜欣心情，都與段玉裁共享。

段玉裁師事戴震，學業大進，在文字音韻訓詁方面，有很大的成就，影響最大的有《說文解字注》。他鑒於「向來治《說文解字》者多不能通其條貫，考其文理」，決心治《說文》。從乾隆四十一年（1776）開始編纂《說文解字讀》，至乾隆五十九年

---

❽ 《戴東原先生年譜》，《戴震文集》附錄，頁244。

❾ 《清史稿》卷481。

(1794) 才編成這長篇性的巨著，共五百四十卷。在此基礎上通條貫、考文理，經十三載，於嘉慶十二年 (1807) 才撰成《說文解字注》。這部傾注了段玉裁大半生（前後達四十年）心血的《說文》注，於嘉慶二十年 (1815) 刋行後，就被公推爲權威性的著作。著名小學家王念孫說：「吾友段氏若膺，於古音之條理，察之精，剖之密，嘗爲《六書音均表》，立十七部以綜核之，因是爲《說文》注，形聲讀若，一以十七部之遠近分合求之，而聲音之道大明。於許氏之說，正義借義，知其典要，觀其會通，而引經與今本異者，不以本字廢借字，不以借字易本字，揆諸經義，例以本書，若合符節，而訓詁之道大明。訓詁聲音明而小學明，小學明而經學明，蓋千百年來無此作矣」⑩。這是對《說文解字注》平實與公允的評價。

段玉裁《說文解字注》，與以往《說文》注比較，頗具優點：一是，貫通旨意。發揮許愼《說文》著書之體例，考定傳本譌誤之準繩，領悟許氏寫作之旨意，融會貫通，發凡起例，注釋闡述，較之宋初徐鉉（大徐）、徐鍇（小徐）本，只有簡單校、案語，對理解許愼《說文》有很大的啓廸、指導作用；二是，形音義兼備。淸代《說文》有四大家，王筠的《說文釋例》、《說文句讀》重於形；桂馥的《說文義證》重於義，朱駿聲的《說文通訓定聲》重於聲，各有所偏，惟段玉裁的《說文解字注》三者並重。在《說文敍》注中，發揮六書原理，論述文字源流，附《六書音均表》於書後，都非王、桂、朱三家所能及；三是，考

---

⑩ <說文解字序>，《說文解字注》，上海古籍出版社1981年版，據經韻樓藏版排印。

辨精當。段玉裁雖未及見甲、骨文和金文，但能與甲骨、金文相契。徐承慶《說文解字注匡謬》認爲段玉裁論古文上下當作二、二，以丅丄爲篆文，刪上下兩篆；爲「臆決專斷，詭更正文」。然甲骨、金文卽作二、二或⌣、⌢，可見其非謬；四是，同義辨析。《說文》盈、溢、滿三字不易分辨，段注於「盈，滿器也」解釋說：「謂人滿宁（貯）之。」於「溢，器滿也」解釋：「謂器中已滿」。於「滿，盈溢也」解釋：「兼滿之、已滿而言」。三詞義經此辨析，十分清楚[11]。《說文解字注》，雖有錯誤，但瑕不掩瑜。

段玉裁在文字音韻訓詁方面著作甚豐。計有《古文尚書撰異》、《毛詩故訓傳定本》、《詩經小學》、《周禮漢讀考》、《春秋左傳古經》、《汲古閣說文訂》、《六書音均表》、《經韻樓集》等三十餘種，是清乾嘉學派[12]中傑出學者。

（二）王　念　孫

王念孫字懷祖，號石臞。生於乾隆九年（1744），卒於道光十二年（1832）。江蘇高郵人。乾隆四十年乙未（1775）進士，

---

[11] 參見〈出版說明〉，《說文解字注》，上海古籍出版社。

[12] 梁啓超認爲「戴段二王之學，其所以特異於惠派者，惠派之治經也，如不通歐語之人讀書，視譯人爲神聖，漢人則其譯人也，故信憑之不敢有所出入。戴派不然，對於譯人不輕信焉，必求原文之正確然後卽安。惠派所得，則斷章零句，援古正後而已。戴派每發明一義例，則通諸羣書而皆得其讀。是故惠派可名之曰漢學，戴派則確爲清學而非漢學。」（《清代學術概論》，商務印書館民國三十三年版，頁26）梁說是有道理的，因此，筆者不簡單稱戴段二王爲乾嘉漢學。

授庶吉士，官至直隸永定河道。乾隆二十一年（1756）戴震三十四歲，已名重於世，十三歲的王念孫師事戴震。戴震不厭其煩，諄諄教導。鼓勵王念孫獨立思考，從疑難中發現問題，解決問題，不要一切以聖賢爲是，而要求字之本義，即以字通詞，以詞通義，以小學爲入門的鑰匙。在戴震的嚴格和循序教育下，漸漸成長。段玉裁說：「是時懷祖方受經，而其後終能得先生傳」⑬。繼承戴震文字音韻訓詁之學，而成爲清乾嘉學派的大家。

梁啓超說：「念孫所著書，最著者曰：《讀書雜誌》和《廣雅疏證》」⑭。王念孫的兒子王引之（1766-1834）繼承家學，其所著書最著者爲《經義述聞》和《經傳釋例》，被世人稱爲「高郵二王」。王念孫的《廣雅疏證》是淸人研究古代訓詁的名著。《廣雅》是魏張揖（字稚讓）所作解釋詞義的著作，其體例和篇目與《爾雅》同。淸以前無注本，唯隋代曹憲作音釋四卷，名《博雅音》，避隋煬帝楊廣諱。清乾嘉時，《廣雅》注而成書者有兩家，一爲錢大昭的《廣雅疏義》二十卷，約撰成於乾隆五十八年（1793），無刻板⑮；一爲王念孫的《廣雅疏證》十卷，成於嘉慶元年（1796），刻板後流傳很廣。錢書重在引據佐證，而少發明；王書致力於校訂疏通，援引簡而精，且能融會貫通，沉潛有得。若以《說文》注作比喻，《廣雅疏義》近於桂馥的《說文義證》，《廣雅疏證》近於段玉裁的《說文解字注》的形音義兼治，而無偏失。段玉裁《廣雅疏證·序》曰：「小學有形、有音、有義，三者互相求，舉一可得其二。有古形、有今

---

⑬ 《戴東原先生年譜》，《戴震文集》附錄，頁222。

⑭ 《清代學術概論》，商務印書館民國三十三年版，頁26。

⑮ 《廣雅疏義》稿本流落日本，1940年始有影印本行世。

形、有古音、有今音、有古義、有今義，六者互相求，舉一可得其五。」「懷祖氏能以三者互求，以六者互求，尤能以古音得經義，蓋天下一人而已矣」⑯。此評於《廣雅疏證》，當之無愧。

《廣雅疏證》的貢獻在於：一是校定錯亂。王念孫以各種明刻本《廣雅》互校，以影宋本正明本之失，旁考《說文》、《方言》、《玉篇》、《衆經音義》(即玄應《一切經音義》)、《太平御覽》、《集韻》等以證唐宋以後傳寫之謬，而能恢復隋唐以前的面貌；二是求字義的憑據。王念孫不泥於舊注，即音以考字，因文以尋義，而能獨創新解，出人意表。對每字義訓，雖別具心裁，但都有據；三是別闢一徑。王念孫不拘礙於字形，不泥於舊注。以音爲綱，就古音以求古義，比其義類，相互證發，往往能綜合排比出具有親緣關係的字詞係列；列出音同字異或聲近義同之序，別開一探討詞義的途徑。

王念孫在疏解《廣雅》的義訓中，解釋諸多古書的文義，給人以訓詁的啓發。《廣雅疏證》雖歷經十年，殫精極思，三易其稿，第十卷還出自其子王引之之手，但王念孫以精益求精的態度，對《疏證》作了《補正》。約補正五百多處，既有對《疏證》原引文譌誤的糾正和新補充的書證，也有對《疏證》原文的改寫、刪節和推倒重寫，使《疏證》更加完善。補正是細書於刊本之上，或別籤夾入書中。稿本由清河汪汲收藏，後被淮安黃海長購得，終轉至羅振玉之手。羅將補正文字單鈔爲一書，名《廣雅疏證補正》，刊入《殷禮在斯堂叢書》⑰。

⑯ 《廣雅疏證》，中華書局1983年版，鍾宇訊點校本。

⑰ 參見鍾宇訊：〈點校說明〉，《廣雅疏證》，中華書局1983年版。

王引之於乾隆五十五年（1790）到北京，與其父王念孫住在一起，接受父親的教導。引之在《經傳釋詞・自序》中說：「引之自庚戌歲入都，侍大人質問經義，始取《尚書》廿八篇紬繹之，而見其詞之發句、助句者，昔人以實義釋之，往往詰籟爲病；竊嘗私爲之說，而未敢定也。及聞大人論《毛詩》：『終風且暴』，《禮記》：『此若義也』諸條，發明意恉，渙若冰釋，益復得所遵循，奉爲稽式，乃遂引而伸之，以盡其義類。自九經、三傳及周、秦、西漢之書，凡助詞之文，偏爲搜討，分字編次，以爲《經傳釋詞》十卷」。其學受王念孫影響很大。阮元在《經傳釋詞・序》中認爲，經傳中的實字易訓，虛詞難釋；就是毛亨、鄭玄等人，「猶多誤解，何況其餘。」王引之貫通經訓，兼及詞氣。阮元讀《經傳釋詞》，「恨不能起毛、孔、鄭諸儒而共證此快論也」⑱。

對王氏父子的成就，梁啓超評價說：「戴派之言訓詁名物，雖常博引漢人之說，然並不墨守之。例如《讀書雜誌》、《經義述聞》，全書皆糾正舊注舊疏之失誤。……是故如高郵父子者，實毛（亨）、鄭（玄）、賈（逵）、馬（融）、服（虔）、杜（預）之諍臣，非其將順之臣也」⑲。這裏所說的舊注，是指漢代毛亨、鄭玄、馬融、賈逵、服虔、杜預等，對於《詩》、《書》、《禮》、《春秋》等經的注解；所謂舊疏，是指唐代的陸德明、孔穎達和賈公彥等。二王敢於根據資料對舊注舊疏提出不同意見，並糾正其錯誤，而不是以訛傳訛。章炳麟說：「念孫

⑱ 《經傳釋詞》，香港太平書局1966年版。

⑲ 《清代學術概論》，商務印書館，民國三十三年版，頁26。

疏《廣雅》，以經傳諸子轉相證明，諸古書文義詰詘者皆理解。授子引之，爲《經傳釋詞》，明三古辭氣，漢儒所不能理繹。其小學訓詁，自魏以來，未嘗有也」⑳。後來浙江德清俞樾、瑞安孫詒讓，皆繼承王念孫之學。俞樾作《古書疑義舉例》，辨古人稱名牴牾者，各從條例，使人無所疑眩。

戴震音訓考據之學的承傳，取得了很大成就，形成了與吳派惠棟相區別的「戴學」，因而，章炳麟評論說：「凡戴學數家，分析條理，皆參密嚴瑮，上溯古義，而斷以己之律令，與蘇州諸學殊矣」㉑。除段、二王外，還有任大椿、盧文弨、孔廣森等問業戴震，對清代乾嘉之學，也有所貢獻。以下簡述兼治考據與義理的汪中、焦循和阮元。

（三）汪　中

汪中字容甫，生於乾隆九年十二月（1745），卒於乾隆五十九年（1794）。江蘇江都（今揚州）人。汪中早年喪父，生活困苦，靠母親鄒氏「緝屨以繼饗飧，冬夜藉薪而臥」㉒。無力讀書，母親「授以小學、四子書」㉓。十四歲爲書肆中的書傭，才得以「借閱經史百家，於是博綜典籍，諳究儒墨。耳經無遺，觸目成誦，遂爲通人焉」㉔。乾隆四十二年（1777）選拔貢生。然

⑳ 〈清儒第十二〉，《訄書》(重訂本)，《章太炎全集》（三），上海人民出版社1984年版，頁156。

㉑ 同上，頁157。

㉒ 〈汪中傳〉，《漢學師承記》卷7。

㉓ 〈汪中傳〉，《清代名人傳》下。

㉔ 〈汪中傳〉，《漢學師承記》卷7。

他淡泊官場，以科名爲身外之物，而思自立學術，行業歸於平實，繼承戴震等人的實事求是之學。

汪中生平推崇顧炎武、胡渭、閻若璩、梅文鼎、惠棟、戴震，「擬作六儒頌，未成」㉕。他與戴震學生王念孫，可謂莫逆。經常與王念孫共討經傳，相互啓發。王念孫有一段很好的記載：「余與容甫交，垂四十年，以古學相砥礪，余爲訓詁文字聲音之學，而容甫討論經史，榷然疏發，挈其綱維。余拙於文詞，而容甫泊雅之才，跨越近代，每自愧所學不若容甫之大也」㉖。王念孫雖自謙，但恰好互補。汪中學重地理、數學、交通、賦稅等，承戴學而受王的影響；王自說不若汪，亦有其實，因王念孫學專文字音韻訓詁，而汪中考據與義理兼備。大凡學術都在衝突、相異中發展，有衡突、相異才能互補互濟；若學術一律，無衝突、相異，發展也就終止了，這個道理王念孫意識到了，便產生激勵自己奮發求學的意識。汪中與王念孫情誼深厚，〈汪中傳〉載：「然錢小詹事竹汀，程教授易疇，王觀察懷祖，孔檢討衆仲，劉訓導端臨，李進士孝臣諸君子，或以師事之，或以友事之，終身稱道弗衰焉」㉗。生平篤師友之誼。

王念孫在〈述學敍〉中指出，宋明以降，學術存有「鑿空」、「株守」、「先眞」三大弊病。然而汪中不僅超越這三大弊病，而且予以糾正。汪中「嘗有志於用世，而恥爲無用之學」㉘，所謂「無用之學」，便是「鑿空」之學。以「用世」來糾正「鑿

㉕　同上。
㉖　〈述學敍〉，《述學》，《江都汪氏叢刊》本。
㉗　《漢學師承記》卷7。
㉘　〈與朱武曹書〉，《述學・別錄》。

空」，便是講求「民生利弊之事」。他說：「凡物生天地之間，其功可被於萬民，其精氣著爲列象，則必有聰明睿知之人，竭其心思變通以盡其利」㉙。天地之間的萬物，都具有爲利民生的功能和作用，人們應該利用它；發揮其爲利民生的功能。爲此，作學問切忌鑿空，而應該對於「古今制度沿革，民生利弊之事，皆博問而切責之。以待一日之遇，下至百工小道，學一術以自托，平日則自食其力，而可以養其廉恥，即有饑饉流散之患，亦足以衞其生，何苦耗心勞力飾虛詞以求悅世人哉」㉚。學術不僅要與實踐結合，而且要親自實踐，自食其力，才能養自己之廉恥，不致爲免飢饉而以虛詞取悅於人。這倒是一條知識分子養廉恥而糾「鑿空」的途徑。

汪中所謂的「用世之學」，並非俗學。他主張「箴砭俗學」，反對「株守」。三代之道，是三代時的「用世之學」，而各個時期有各個時期的「用世之學」，因此，今不同於古，三代之道，「不宜於今」，不能泥古株守。汪中從「夫婦之禮，人道之始也」㉛，來說明「株守」的危害。他主張婚姻自由，私奔不禁；反對未婚殉節、守節，以及重聘等陋習。「其有三十不取，二十不嫁，雖有奔者不禁也」㉜。「其有以死爲殉者，尤禮之所不許也。雖然父子之親，君臣之義，夫婦之恩，不可解於心過而爲之。死君子猶哀也，苟未嘗以身事之，而以身殉之則不仁矣」㉝。

㉙ 〈浙江始祀先之神碑文〉，《述學·別錄》。
㉚ 〈與朱武曹書〉，《述學·別錄》。
㉛ 〈女子許嫁而婿死從死及守志議〉，《述學·內篇》。
㉜ 〈釋媒氏文〉，《述學·內篇》。
㉝ 〈女子許嫁而婿死從死及守志議〉，《述學·內篇》。

女子是與男子一樣的人，都有自己獨立的人格和人身的自由，男婚女嫁是兩方的事，夫死女子不必殉節，猶如父死，子女並不從死一樣。因此，汪中反對「株守」，就制度沿革來說，蘊含有深刻的社會意義。

在學術研究中，汪中主張恢復歷史的本來面貌，而反對「失眞」。汪中通過先秦諸子百家之學的研究，打破儒學獨占的傳統看法。「周官失其職，而諸子之學以興，各擇一術，以明其學，莫不持之有故，言之成理。及比而同之，則仁之與義；敬之與和，猶水火之相反也」㉞。儒家不過是百家中一家，九流中之一派。諸子百家，各擇一術。如道家講無爲養生之術，農家講農桑樹藝之事，儒家講六藝之學，兵家講征戰攻守之道，各有其故和理。儒墨之爭，是由於「其操術不同，而立言務以求勝。此在諸子百家，莫不如是，是故墨子之誣孔子，猶老子之絀儒學也，歸於不相謀而已矣」㉟。這種由操術、立言不同而引起的學術爭論，是不足爲怪的，雙方是平等的學術論爭，這是當時歷史實際，即眞實情況。

由於汪中「用世」而不「鑿空」，變革而不株守，眞實而不失眞的風格，培養他敢於「凌轢時輩」的精神。據江藩記載：「情性伉直，不信釋老、陰陽、神怪之說，又不喜宋儒性命之學，朱子之外，有擧其名者，必痛詆之。每謂人曰：《周禮》天神、地示、人鬼，今合而爲一，如文昌天神也，東獄地示也，先聖先師人鬼也。天神、地示，世俗必求其人以實之，豈不大愚

㉞ 〈呂氏春秋序〉，《述學・補遺》。

㉟ 〈墨子序〉，《述學・內篇》。

乎。且言世多淫祀，尤爲惑人心、害政事。見人邀福祠禱者，輒罵不休，聆者掩耳疾走，而君益自喜」㊱。具有強烈批判傳統思想的精神。他認爲釋老、陰陽、神怪、性命之學，都是「惑人心、害政事」，爲禍社會民生的東西，都在他罵之列。他的所謂「罵」，筆者體會，就是一種批判的形式，「吾所罵者，皆非不知古今者，惟恐莠亂苗爾。若方苞、袁枚輩，豈屑屑罵之哉！」㊲他以爲他所痛詆的世儒，輒罵的佞神，譏彈的時流，都是鑿空、株守、失眞的。

汪中除《述學》爲其思想代表作外，文字訓詁和義理方面著作計有《廣陵通典》十卷，《大戴禮記正誤》一卷，《經義知新記》一卷，《春秋列國官名異同考》一卷，《國語校文》一卷，《喪服答問紀實》一卷，以及《孤兒篇》三卷，《從政錄》一卷，《遺詩》一卷。其子汪喜孫輯成《江都汪氏叢刋》。

（四）焦　循

焦循字理堂，又字里堂，生於淸乾隆二十八年（1763），卒於淸嘉慶二十五年（1820），江都北湖黃珏橋（時屬江蘇揚州府甘泉縣，今屬江蘇邗江縣黃珏橋鎭）人。曾祖源、祖鏡、父葱，皆傳《易》學㊳。焦循自幼聰穎，但不隨時俗，因此屢試不中。嘉慶六年（1801）舉人，入京會試不第，遂無心科舉，歸臥北湖，築雕菰樓，足不入城㊴，閉門讀書，潛心著述。史學、文

㊱〈汪中傳〉，《漢學師承記》卷7。
㊲同上。
㊳參見阮元：〈通儒揚州焦君傳〉，《雕菰樓集》卷首。
㊴參見阮元：〈易學三書跋〉，《易學三書》卷末。

學、音韻、地理、水利、醫藥、生物、建築等無所不通，尤精於《易》學，推步算術，所得更深，而成爲乾嘉之學中天算與義理兼備的著名學者。

焦循尊崇戴震，服膺戴的《孟子字義疏證》，仿而作《論語通釋》。如果戴學中文字音韻訓詁之學爲段玉裁、王念孫、王引之所繼承的話，那麼焦循是發揚戴學中的天文算學和義理之學。他與當時著名學者段玉裁、凌廷堪、王引之、阮元、汪萊、李銳不斷切磋學術，相互提高。焦循與段、王探討文字音韻訓詁；與阮元交流經學體會；與凌、汪、李切磋天文算學，爲「論天三友」，而能貫通各方面學說。

焦循鑒於當時理學空疏失實，乾嘉之學「其弊也瑣」，而覺得有發揚戴學之必要。他捍衞戴震，認爲當時人誤解了戴震臨終所說的「生平讀書，絕不復記，到此方知義理之學可以養心」㊵的義理之學。焦循指出，戴震「所謂義理之學可以養心者，卽東原自得之義理，非講學家〈西銘〉、〈太極〉之義理也」㊶，這就是說，戴震所說的義理之義與理學家所說的義理之學根本不同。

戴震在《孟子字義疏證》中對於理學對象性理論前提的審查和理學形上學本體論及理欲之辨的批判，焦循認爲其中道理「最爲精善」㊷。理學家把「道」或「理」作爲形上學的本體。戴震認爲「道」是氣化流行，生生不息的過程。焦循繼承這一思想，認爲：「陰陽變化，生生不已，是之謂道」㊸，又說：「一氣反

㊵　〈申戴〉，《雕菰樓集》卷7。

㊶　同上。

㊷　同上。

㊸　《易通釋》卷5。

復往來，是爲道」㊹，「道」不是絕對本體。

戴震認爲「欲出於性」，性分於血氣心知。焦循加以發揮，以情欲本於性。他說：「欲本乎性」㊺，有性便有欲，「以血氣心知之性，爲喜怒哀樂之情，則有欲」㊻。性的內容，便包含了欲，「性無他，食色而已」㊼。食色卽飲食男女之類，就是人的情欲。「飲食男女，人之大欲存焉。欲在是，性卽在是。人之性如是，物之性亦如是。惟物但知飲食男女，而不能得其宜，此禽獸之性所以不善也。人知飲食男女，聖人教之，則知有耕鑿之宜，嫁娶之宜，此人之性所以無不善也。人性之善所以異於禽獸者，全在於義」㊽。性不離欲，欲在性在；離欲無所謂性，無性也就無所謂仁義。因而焦循在徵引《孟子字義疏證·性》的第一段後㊾，說明欲與性的統一關係，欲本乎性，滅欲無疑於滅性。程、朱等理學家舍情而言善，舍欲而求仁，舍才以明道，是「昧乎羲、文、孔、孟之傳」㊿，與聖賢的道統相背離。

焦循在義理方面反對程、朱理學家離開活生生的人、感性實存的人性，而空談心性、義理；在治經方面，反對唯漢爲是，而主張「貫通」、「旁通」、「類通」。「事有萬端，道原一貫」(51)，這個一貫之道，是貫通萬端的關鍵，卽萬事之間相互聯繫的關節

㊹ 同上。

㊺ 〈性、情、才〉，《易通釋》卷5。

㊻ 同上。

㊼ 〈性善解〉，《雕菰樓集》卷9。

㊽ 〈告子章句上〉，《孟子正義》卷11。

㊾ 見〈告子章句上〉，《孟子正義》卷11。

㊿ 〈性、情、才〉，《易通釋》卷5。

(51) 〈比例圖〉五，《易圖略》卷5。

點，或萬事相互聯繫的必然性。人們認識事物，才能掌握這個關節點或必然性。「學者述人，必先究悉乎萬物之性，通乎天下之志。一事一物，其條理縷析分別，不窒不泥，然後各如其所得，乃能道其所長」㊾。認識事物，就是既掌握萬物的特性和特質，又貫通認識事物的共性和本質，才能獲得全面而通貫的認識，這便是客觀事物之「眞」或「實」。「事之所在，或天象算數，或山川郡縣，或人之功業道德，國之興衰隆替，以及一物之情狀，一事之本末，亦明其事而止。明其事，患於不實」㊿。每事只有親身實測，才能獲得眞知。

基於貫通，焦循認爲治經要「證之以實」。「古學未興，道在存其學；古學大興，道在求其通。前之弊，患乎不學；後之弊，患乎不思。證之以實，而運之於虛，庶幾學經之道也」[54]。所謂「證之以實」，是針對宋儒道學的空衍臆斷說的。自明以降，仍拾宋人之餘，以《大全》講章取士，安於空陋，崇尚清談。「以空疏不讀書爲家法」，嘉靖以後，「仕者以此訌於朝，處者以是惑於野，明祚遂坐是而亡」[55]。鑒於明亡的經驗，焦循認爲治經要把握聖賢的立言宗旨，而其終極目的在於尋求「立身經世之法」；「立身經世之法」，不能僅僅是對古聖賢經籍的字句的理解上，而應該在眞實理解的基礎上，「運之於虛」，即根據變化了的歷史條件，自得義理，有所創造。這就是「無性靈不可以

---

[52] 〈述難〉五，《雕菰樓集》卷7。

[53] 〈與王欽萊論文書〉，《雕菰樓集》卷14。

[54] 〈與劉端臨教諭書〉，《雕菰樓集》卷13。

[55] 《易餘籥錄》卷12。

言經學」56，無自己的創見發展，就不可以言經學。就此而言，焦循很强調經學「作」與「述」關係中的自我創新精神，「作者之謂聖，述者之謂明」，「天下之知覺自我始，是爲作」57。這種治經中的創新精神，就是戴震「發狂打破宋儒家」精神的繼承和發揚。

焦循著述甚豐，經學方面有：《易學三書》四十卷(包括《易通釋》二十卷，《易圖略》八卷，《易章句》十二卷)，《易話》二卷，《易廣記》三卷，《注易日記》三卷。《孟子正義》十四卷，《六經補疏》二十卷，《論語通釋》一卷，《三禮便蒙》、《易餘籥錄》、《易餘集》等；天文數學方面有：《里堂學算記》(包括加減乘除釋》八卷，《天元一釋》二卷，《釋弧》三卷，《釋輪》二卷，《釋橢》一卷，《開方通釋》一卷等)；在地理學方面有：《禹貢鄭注釋》一卷，《毛詩地理釋》四卷；在醫學方面有：《李翁醫記》、《醫說》、《種痘醫書》，《沙疹吾驗篇》等；在生物學方面有：《毛詩鳥獸草木魚蟲釋》十一卷；文學方面有：《劇說》、《雕菰樓詞話》；方志方面有：《揚州府志》一部分，《邗記》、《北湖小志》等，及《雕菰樓集》、《憶書》、《里堂札錄》、《里堂家訓》等，約三百卷。

(五) 阮 元

阮元字伯元，號芸臺。生於乾隆二十九年(1764)，卒於道光二十九年(1849)。江蘇儀徵人。乾隆五十一年(1786)鄉試

---

56 〈與孫淵如觀察論考據者作書〉，《雕菰樓集》卷13。

57 〈述難〉，《雕菰樓集》卷7。

中學，到了北京，得交於邵晉涵（二雲）、王懷祖（念孫）、任大椿（子田）[58]；互相切磋，探索學術，頗受戴學影響。乾隆五十三年（1788）進士，官至浙江巡撫、江西巡撫、河南巡撫、湖廣總督、兩廣總督、雲貴總督等，道光十八年（1838）以大學士致仕。

阮元交往較密的王念孫、任大椿，都是戴震的弟子，因此阮元講學，頗師承戴震，得戴學以古訓而發明義理的思想理路。他說：「聖賢之道，存於經，經非詁不明，漢人之詁，去聖賢爲尤近。……元少爲學，自宋人始，由宋而求唐、求晉魏、求漢，乃愈得其實。嘗病古人之詁散而難稽也，於督學浙江時，聚諸生於西湖孤山之麓，成《經籍纂詁》存有八卷。及撫浙，遂以昔日修書之屋五十間，選兩浙諸生學古者，讀書其中，題曰詁經精舍。精舍者，漢學生徒所居之名，詁經者，不忘舊業且勗新知也」[59]。義理之學，必自訓詁始；訓詁的目的，是爲明義理。既不是爲訓詁而訓詁，也不是「惟漢是求」。因此，阮元之學與戴學更相契。

阮元承戴震之遺志，而組織完成了《經籍纂詁》一書的編纂。編纂《經籍纂詁》的主張，原是戴震提出。錢大昕說，「往歲休寧戴東原在書局，實剏此議。大興朱竹君督學安徽，有志未果」[60]。王引之亦說：「曩者戴東原庶常、朱笥河學士，皆欲纂集傳注，以示學者，未及成編」[61]。對於戴震創議，阮元是不遺餘力的去實踐的。他在館閣時，即已着手收集資料，到督學浙

[58] 〈南江邵氏遺書序〉，《揅經室二集》卷7。

[59] 〈西湖詁經精舍記〉，《揅經室二集》卷7。

[60] 〈經籍纂詁序〉，《經籍纂詁》，中華書局1982影印本，卷首。

[61] 〈經籍纂詁序〉，《經籍纂詁》卷首。

江，「手定體例，逐韻增收，總彙名流，分書類輯，凡歷二年之久，編成一百十六卷」(62)。《經籍纂詁》的成就，在於「展一韻而衆字畢備，撿一字而諸訓皆存，尋一訓而原書可識，所謂握六藝之鈐鍵，廓九流之譚奧者矣」(63)。梁啓超認爲《經籍纂詁》彙集了古經、古子本文中的訓詁，各經注，漢魏以前的子書及古史注，古史部、集部注，小學古籍等。所有「唐以前訓詁，差不多網羅具備，眞是檢查古訓最利便的一部類書」(64)。這是《經籍纂詁》的實際情況。這部書價值，錢大昕評詁說：「此書出，而窮經之彥，焯然有所遵循，向壁虛造之輩，不得滕其說以衒世，學術正而士習端，其必由是矣」(65)。此書不僅「裨於訓詁學也大矣」(66)，而且具有正學術和端士習作用，影響可謂大矣。

如果說《經籍纂詁》是集古今訓詁之大成的話，那麼，《十三經注疏校勘記》可謂集古今經傳校勘之大成。阮元鑒於《十三經》「明監版已燬。今各省書坊通行者，惟有汲古閣毛本，此本漫漶不可識讀，近人修補更多訛舛。元家所藏十行宋本有十一經，雖無《儀禮》、《爾雅》，但有蘇州北宋所刻之單疏板本，爲賈公彥、邢昺之原書，此二經更在十行本之前」(67)。這裏說明了兩個問題：一是沒有一個好的《十三經注疏》通行，已影響了經學的研究；二是阮元具有校勘《十三經注疏》的好板本、好條

(62) 王引之：〈經籍纂詁序〉，《經籍纂詁》卷首，「編成一百十六卷」，實爲一百六卷。

(63) 同上。

(64) 《中國近三百年學術史》，中華書局，民國三十二年版，頁208。

(65) 〈經籍纂詁序〉，《經籍纂詁》卷首。

(66) 胡樸安：《中國訓詁學史》，北京中國書店1983年版，頁183。

(67) 〈重刻宋板注疏總目錄〉，《十三經注疏》，中華書局影印本。

件。加上阮元勤於校勘，而成《十三經注疏校勘記》二百十七卷。「臣幼被治化，肄業諸經，校理注疏，綜核經義，於諸本之異同，見相沿之舛誤，每多訂正，尙未成書。……自後出任外省，復聚漢唐宋石刻暨各宋元版本，選長於校經之士，詳加校勘。自唐以後，單疏分合之不同，明閩附音之有別，皆使異同畢錄，得失兼明」[68]。經阮元校勘的《十三經注疏》，便是當時最好的本子，也是目前通行本。皮錫瑞稱之爲「經學之淵海」[69]。

阮元在兩廣總督任上，創立學海堂，教授研究經學。並收集自顧炎武、閻若璩至阮元、嚴傑共七十三位清代經學家一百八十餘種著作，刻成《皇清經解》，共一千四百餘卷。這是繼《通志堂經解》後的經學研究成果的彙刊。錢穆說：「芸臺猶及乾嘉之盛，其名位著述，足以弁冕羣材，領袖一世，實清代經學名臣最後一重鎭」[70]。是彙總性的人物。

阮元之所以在校勘和訓詁上取得巨大成就，是與他繼承戴學有關原則和理論相聯繫的。戴震反對宋儒「舍經而空憑胸臆，將人人鑿空得之」[71]，而主張治經應「實事求是」。錢大昕評價戴震「實事求是，不偏主一家」[72]，阮元把實事求是作爲他治經的原則和方法。「余三十餘年來記經記事，不能不筆之於書。……

---

[68] 〈恭進十三經注疏校勘記劄子〉，《揅經室二集》卷8。錢穆認爲，「其校勘記多出段懋堂、洪震煊、徐養源諸人手。」（《中國近三百年學術史》，中華書局影印，頁478）。

[69] 《經學歷史》，中華書局1959年版，頁330。

[70] 《中國近三百年學術史》，中華書局影印，頁478。

[71] 〈題惠定宇先生授經圖〉，《戴震文集》卷11，頁168。

[72] 〈戴先生震傳〉，《戴震文集》附錄，頁264。

室名『揅經』者，余幼學以經爲近也。余之說經，推明古訓，實事求是而已，非敢立異也」[73]。實事求是，才能把握古代聖賢立言的精神實質，而不致有鑿空之弊。當然，實事求是不僅是阮元治經原則和方法，也是治經有成就的學者所採取的原則和方法。「我朝經學最盛，諸儒論之甚詳，是又在好學深思、實事求是之士，由注疏而推求尋覽之也」[74]。「實事求是」不是盲從前人的注疏，而是推求經文原本的旨意，對前人的注疏經考訂訓詁，作爲理解原文本旨意的手段或方法。

戴震曾立以訓詁求義理的原則，「故訓明則古經明，古經明則賢人聖人之理義明」，否則「故訓非以明理義，而故訓胡爲？」[75]阮元對此不僅身體力行，而且強調「聖賢之言，不但深遠者非訓詁不明，即淺近者亦非訓詁不明也。就聖賢之言而訓之，或有誤焉，聖賢之道亦誤矣」[76]。他把聖人之道譬喻爲宮牆，文字訓詁是升堂入室的門徑，門徑錯了，跬步皆歧。

上述兩原則和方法，阮元在具體運用中豐富和發展了戴震的思想；同時在人性論上，也繼承和發揮了戴震學說。戴震認爲欲是人的本性，並非欲就是惡。阮元說：

> 欲生於情，在性之內，不能言性內無欲。欲不是善惡之惡。……此孟子所以說味、色、聲、臭、安佚為性也[77]。

---

[73] 〈自序〉，《揅經室集》。

[74] 〈江西校刻宋本十三經注疏書後〉，《揅經室三集》卷2。

[75] 〈題惠定宇先生授經圖〉，《戴震文集》卷11，頁168。

[76] 〈論語一貫說〉，《揅經室一集》卷2。

[77] 〈性命古訓〉，《揅經室一集》卷10。

「欲生於血氣，知生於生」❼❽。天旣生人以血氣心知，就不能沒有情欲，人無情欲，就不能生存下去。因此，人的性就是血氣心知，「性字從心，卽血氣心知也。有血氣無心知，非性也。有心知無血氣，非性也。血氣心知皆天所命，人所受也」❼❾。血氣心知旣是天命人受，就不能無欲，性中本有欲，去欲豈非去性？前人總是把「欲別之於性之外」❽⓪，那是釋氏所謂的佛性，不是聖賢所言的天性。因而阮元主張「性情統一論」，實卽性欲統一論。「情發於性，故《說文》曰：性，人之陽氣，性善者也；情，人之陰氣，有欲者也。許氏之說古訓也，味、色、聲、臭，喜、怒、哀、樂皆本於性，發於情者也。情括於性、非別有一事與性分而爲對」❽①。這樣喜、怒、哀、樂之情，味、色、聲、臭之欲都本於性，括於性，而非別於一事。這種情（欲）性統一論，實是對於宋明理學家「存天理，滅人欲」，把情（欲）性對立起來的批判。

戴震的後繼者雖各有側重，但使戴震所創立的戴學，從各個方面得到了發展，如果沿着戴震所開出的對於自然科學的硏究，是可以對中國近代自然科學的發展，有所貢獻的。但是戴學中所蘊含的這方面的潛能，並沒有被充分發揮出來，這是與中國的社會制度有關的。

---

[78] 〈理〉，《孟子字義疏證》卷上，頁9。

[79] 〈性命古訓〉，《揅經室一集》卷10。

[80] 同上。

[81] 同上。

二、存意開源

自明中葉以來，西方近代工業文化隨着傳教士的來華，輸入了中國，與中國傳統文化發生衝突。在這個衝突、碰撞中，戴震並不是株守者，而是主張吸收西方優秀、先進的科學技術文化。他認爲中國古代科學技術和西方科學技術，各有自己的長處，不能簡單地說彼優此劣，或此優彼劣，而應該看到各方的優，即擇優而用，中西歸一。戴震在他所寫的《天文算法類提要》中說，中國「三代上之制作，類非後世所及。惟天文算法則愈闡愈精，……在古初已修改漸密矣。洛下閎以後，利瑪竇以前，變化不一。泰西晚出，頗異前規。門戶搆爭，亦如講學，然分曹測驗，具有實徵」[82]。中國天文算法是重視實驗、測試等經驗方法的，並非不採取科學實驗而陷溺於玄想。中西科學技術不應相互排斥，而應互補：「中西兩法權衡歸一，垂範億年，海宇承流，遞相推衍，一時如梅文鼎等，測量撰述，亦具有成書」[83]。各取其長，綜合中西，「存古法以溯其源，秉新制以究其變」[84]，促進科學技術的發展。

戴震認爲中西歸一，就是「存古法之意，開西法之源」[85]，在西方文化向中國傳統文化的衝擊下，中國的儒家知識分子，並不都守舊、保守，抱住舊的死的不放，而是張開雙臂迎接西方科

[82] 《四庫全書總目》，中華書局1965年影印本，頁891。

[83] 同上。

[84] 同上。

[85] 〈周髀算經提要〉，《四庫全書總目》卷106，子部，頁891。

學技術，研究西方科學技術，如徐光啓、李之藻、梅文鼎、江永、戴震等。戴震認識到西學可以補中學之不足。他說：「古蓋天之學，此其遺法。蓋渾天如毬，寫星象於外，人自天外觀天，蓋天如笠；寫星象於內，人自天內觀天，笠形半圓，有如張蓋，故稱蓋天。合地上地下兩半圓體，卽天體之渾圓矣。其法失傳已久，故自漢以迄元明皆主渾天。明萬曆中，歐羅巴人入中國，始別立新法，號爲精密」[86]。雖然也還有西法出於《周髀算經》的意思，但不否認西法同中國渾天、蓋天有異。因此，戴震提出中西文化應該是「存意開源」的關係。「存意開源」，旣與後來的「中學爲體，西學爲用」不同，也與「全盤西化」相區別，有點相似於現代新儒家的「返本開新」。當然內容極其不同，而所謂相似，僅指其思想理路與思維方式在某些方面有點接近而已。

戴震「存意開源」的中西文化關係論，爲其後繼者所繼承；而他對於自然科學的重視，也爲後繼者所發揚。汪中對「醫藥種樹之書，靡不觀覽，復推六經之旨，以合於世用」[87]。焦循在數學、醫學、地理、生物方面的研究，都有造詣，並有專著問世。阮元亦非常重視自然科學，他從乾隆六十年（1795）到嘉慶四年（1799），用四年工夫撰寫了科學史專著：《疇人傳》四十六卷。上自黃帝至清代的科學家、中外科學家均收，中國二百四十三人，外國三十七人，共二百八十人。體現了戴學「中西歸一」的文化觀。

阮元在《疇人傳》中發揮、闡述了戴震的「存意開源」的中

[86] 〈周髀算經提要〉，《四庫全書總目》卷106，子部，頁891。
[87] 〈汪中傳〉，《清代樸學大師列傳》。

西文化關係論。一是互補發展。中學與西學各有所長，阮元既反對一切「西法勝於中法」，亦反對片面的「西學出於中學」。就天文算學而言，中國「學者茍能綜二千年來相傳之步算諸書，一一取而研究之，則知吾中土之法之精微深妙，有非西人所能及者。彼不讀古書，謬云西法勝於中法，是蓋但知西法而已，安知所謂古法哉！」[88]講「西法勝於中法」的人，是一些對於傳統文化無知，不讀古書的人。批判這種不讀書的無知，並不是說中法都勝於西法。中國在明中葉以來，科學技術落後於西方，這也是事實。阮元說：「懷仁謂推步之學，未有略形器而可驟語精微者，斯言固不可無見也。西人熟於幾何，故所制儀象極爲精審，蓋儀象精審，則測量眞確，測量眞確則推步密合，西法之有驗於天，實儀象有以先之也。不此之求，而徒騖乎鍾律卦氣之說，實爲彼之所竊笑哉！」[89]南懷仁（Ferdinand Verbiest, 1623-1688），比利時人，康熙七年（1668）起用爲欽天監監務，製造天文儀器。這時西方測量儀器比較精密，如果還固守所謂鍾律卦氣之說，無疑會被西人所嘲笑。中西各以其長，補各自之不足，便可以促進科學技術的發展。

二是同步趨向。中學與西學的發展，也有其同共性。阮元說：「中土推步之學，自漢而唐而宋而元，大抵由淺入深，由疏漸密者也」[90]。又說：「考西人舊率，卽用後漢四分法，是則彼之術，亦必先疏後密。而謂多祿某時其法之詳備已如是，毋亦傷

---

[88]〈利瑪竇〉，《疇人傳》卷44。
[89]〈南懷仁〉，《疇人傳》卷45。
[90]〈多祿某〉，《疇人傳》卷43。

湯若望輩誇大其詞，以眩吾中國」[91]。由淺入深，由疏漸密，是中西科學技術發展必由之路。科學技術先發達者，必先趨於深和密；後發達者必處於淺和疏，因此，淺者疏者必向深者密者學習，以補自己之不足。然此事淺者疏者，彼事爲深爲密，淺者疏者也必向深者密者學習，以補自己之短。所以，認識掌握自然科學發展的共同規律性，對於吸收外來文化之長，發展自己民族文化是有裨益的。

一種文化不能永遠是先進的，也沒有一種文化永遠是落後的，他們都有過自己燦爛的過去、今天或未來。阮元說：「西法之密亦密於今耳，必不能將來永用無差忒」[92]。中國過去的科學技術是深的密的，自明中葉以來，西方漸漸超過了中國，但中法西法都還在發展，一旦中法比西法更密，中法也會超過西法。體現了阮元强烈的民族自强意識和振興中華的愛國主義精神。

三是綜合創新。中國科學技術能否重新恢復她的光彩，就不能「隨人步趨」，跟着西法亦步亦趨，而應該走自己民族的道路。所謂走自己民族的道路，就是指適合中國國情的、民族特點的發展道路；具體的方法，便是「貫通中西之術」，綜合創新。阮元說：

> 曉庵貫通中西之術，而又頻年實測，得之目驗，故於湯、羅新法諸書，能取其精華，而去其糟粕。儀甫謹守穆尼閣成法，依數推衍，隨人步趨而已，未能有深得也[93]。

---

[91] 〈多祿某〉，《疇人傳》卷43。
[92] 〈湯若望〉，《疇人傳》卷45。
[93] 〈薛鳳祚〉，《疇人傳》卷36。

如何貫通中西之術，如何綜合創新，阮元提出了對西法應採取「取其精華」，「去其糟粕」的主張。對任何外來文化（包括器物文化、制度文化和精神文化等方面的內容），都應該加以分析、審查，並結合自己的國情實際，吸收其精華部分、方面、因素，經過自己的消化，使之成爲補養自己民族文化的營養料，而排泄其糟粕。即使對於外來的優秀文化，情況也是這樣。在其國爲優秀文化，在中國就不一定爲優秀，因與中國國情不合。一切照搬西法，依樣推衍，是行不通的，行了也會碰壁；「隨人步趨」，永遠在外來文化後面爬行，也是不行的，爬行就不能超越，不能超越就永遠落後。

對於自己民族的傳統文化，也有一個「取其精華，去其糟粕」的問題。這是因爲，今天的中國是傳統中國的發展，中法也是長期中國學者研究實踐的成果。因此，今天也需要「取其精華」，加以繼承和發展，而保持中國的特色。但今天是發展了的中國傳統，而不等於傳統的中國，傳統的文化有的已經不適合發展了中國國情。從今天的中國來審視傳統文化，也有一個去其糟粕的問題。阮元提出對待外來文化（西學、西法）和傳統文化的「取其精華，去其糟粕」的方法，對於今天，也還有其重要的現實意義。

綜合創新是在「取其精華，去其糟粕」的基礎上的創新，是對於中西之術的會通和集古今之長。阮元說：

> 若望以四十二事表西法之異，證中術之疏，由是習於西說者，咸謂西人之學非中土之所能及。然元嘗博觀史志，綜覽天文算術家言，而知新法亦集合古今之長而為之，非彼

中人所能獨創也[94]。

綜合就需要採取開放的態度，對古今中外一切優秀文化成果，都需要取其精華，「集合古今之長而爲之」，而不採取保守、閉鎖、排拒的態度，這是能使中國發展的正確途徑。保守、閉鎖、排拒外來優秀文化成果的方法，是使自己民族文化落後、自我衰亡的方法。事實上，今日西法之長，也吸收了中國古代優秀文化的成果，是人類共同智慧的結晶。因此說「西人之學」，都爲中國所不能及，那是謬說，不符合事實。中國古代優秀文化成果，也曾吸收了外來文化的精華，所以文化的交流、衝突、碰撞，是必須的，也是必然的。它是互補的，也是互利的。

戴震「中西歸一」的主張，和「存意開源」的方法，是對中西文化關係的探討，這種探討對於中國近代在向西方追求「眞理」的過程中，還是在五四運動時期的中西文化論爭以及八十年代中國大陸的文化論爭中，都有啓廸作用。無論是後來洋務派所提出的「中學爲體，西學爲用」（「中體西用」），還是今天所提出的「西體中用」、「中西互爲體用」、「中西卽體卽用、非體非用」，都是繼戴震之後對於中西文化關係的求索。筆者認爲，總結二百多年來，關於中西文化的論爭，對於今天是有意義的。在今天「中西歸一」的大趨勢、大方向下，亦應「集合古今中外之長而爲之」，這就是綜合創新，創造出富裕、文明、友愛的新格局[95]，以避免現代化所帶來的環境汚染、資源匱乏、人口

[94] 〈湯若望〉，《疇人傳》卷45。

[95] 參見拙著《傳統學別論——中國傳統文化的多維反思》，中國人民大學出版社1989年版。

爆炸、生態危機等等的危害[96]，使人類的子孫後代都能富裕、文明、友愛地生存下去。

---

[96] 參見拙著《新人學導論——中國傳統人學的省察》，職工教育出版社1989年版。

戴氏宗譜

據傳戴氏始殷亳之譙國，有功賜姓戴。漢末，始遷袁（袁紹割據地區）之宜春（今屬江西）。後由饒州樂平遷歙州，後居婺源之鳳亭里。

唐大和四年（830）戴獲有殊勳被封都虞侯；天佑(904-907)中，官至兵馬使❶。獲卒，饒州刺史陶雅表其子壽（字伯齡）代領其衆，保鄉井，襲職都虞侯。屢有御寇功，累官至婺源左建衙指揮第二將。壽死後，子安（字寧叔）爲右軍衙前總管，領兵守饒，頗有威德，後仕南唐，保大（943-957）中，官至銀青光祿大夫檢校國子祭酒兼監察御史、上柱國，卒於饒，詔葬江西樂平檳榔山，謚忠恭，士人感其德立祠祀之，即今隆阜所追之一世。

戴安子名奢，父死後避世隱居不仕，遷隆阜定居，是隆阜戴氏始遷祖。戴奢字君儉，博學多才，事母至孝，精堪輿學。父任新安太守，奢曾隨父在新安讀書，後嘗自婺源過浙嶺，經休寧上溪口、隆阜，至歙縣岩寺等處，堪察輿地，見沿途山川毓秀，林木葱蘢，靈氣所鍾，人文薈萃，物產豐富，嘗曰：「斯發祥之地也」。

南唐交泰二年（959）奢母廉氏病逝，葬於歙縣篁墩之小練源，携四子廬墓三年，服滿乃命長子廬歸婺源，三子處遷上溪口

---

❶ 見〈族支譜序〉，《戴震文集》卷11，頁169。

定居，四子虔留居歙縣岩寺，就近祭祀掃墓，奢同次子睿，遷至隆阜定居。

奢性情豁達，爲人敦厚，樂善好施，淡泊處世，不計名利，定居隆阜後，常出私蓄，修橋補路，資助公益，村民德之，人稱「孝隱先生」。著有《山水知音》四篇。卒葬黎陽鄉之游仙山（今黎陽鄉小龍山北麓油山水庫附近），後人尊稱爲「奢公墓」。

現根據《隆阜戴氏宗譜》（明嘉靖修，康熙抄本）及有關資料，隆阜戴氏自南宋咸淳（1265-1274）間，支派繁衍，分爲十三支族（俗稱十三門），戴震支族屬三門廳（又稱三門里），聚居於隆阜村中段。到清乾隆時，戴震父戴弁出面修族支譜。戴震在〈族支譜序〉中說：「吾族譜系，百有餘年未修矣，支分族衍，不可使散而失稽也」❷。然戴震譜系的《族支譜》未得，故中間二十二世至二十五世不全。

一 世　安公：又諱鳴，字寧叔，又字適之，南唐銀青光祿大夫檢校國子祭酒，謚忠恭。保大間李克徽撰有〈忠恭公宙碑〉。

二 世　奢公：一諱顏，字君儉，遷隆阜定居，人稱孝隱先生。著有《山水知音》四篇。

三 世　睿公：字光榮，生於宋開寶庚午（970）年，卒於祥符己酉（1009）年。

四 世　充公：字子實，宋朝議大夫。生於至道丙申（996）年，卒於皇祐癸巳（1053）年。

---

❷ 《戴震文集》卷11，頁168。

五　世　公輔公：字朝用，宋朝議大夫（1024-1065）。

六　世　俊公：字士英，宋朝議大夫（1050-1112）。

七　世　吉公：字汝寧，宋廸功郎（1070-1144）。

八　世　逢時公：字應元，宋廸功郎（1098-1173），兄弟七人，排行第三。

九　世　元禮公：字仲欽，宋朝議大夫（1125-1185），兄弟二人，排行第二。

十　世　靖公：字安國，從仕郎（1155-1221），婺州知稅，居官廉謹，排行第二。

十一世　宋德公：又諱得一，字希萬，修德郎建康府祿事參軍（1182-1152），排行第二。

十二世　一栱：字用昇，號翠麓。江東轉運司干官，兄弟三人，排行第三。生卒年失考。

十三世　若采：一諱勝，字秋宇，年十八鄉貢進士第二名。未仕（1253-1323），兄弟二人排行第二。

十四世　節翁：一諱安節，字時可。排行第二，生卒年失考。

十五世　武：字宇文，號廬齋。生卒年失考。

十六世　外：字希遠，排行第三。生卒年失考。

十七世　祥同：字物貞，排行第三，生卒年失考。

十八世　快：字伯樂，生卒年失考。

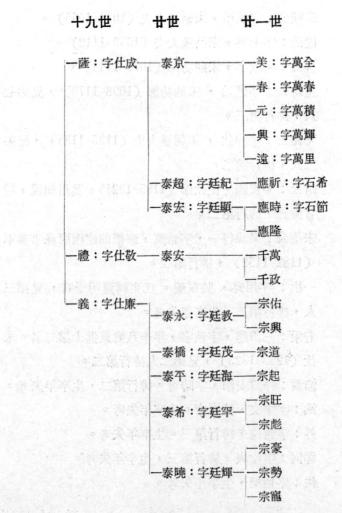

十九世　　廿世　　廿一世

- 薩：字仕成
  - 泰京
    - 美：字萬全
    - 春：字萬春
    - 元：字萬積
    - 興：字萬輝
    - 遠：字萬里
  - 泰超：字廷紀
    - 應祈：字石希
  - 泰宏：字廷顯
    - 應時：字石節
    - 應隆
- 禮：字仕敬
  - 泰安
    - 千萬
    - 千政
- 義：字仕廉
  - 泰永：字廷教
    - 宗佑
    - 宗興
  - 泰橋：字廷茂
    - 宗道
  - 泰平：字廷海
    - 宗起
  - 泰希：字廷罕
    - 宗旺
    - 宗彪
  - 泰曉：字廷輝
    - 宗豪
    - 宗勢
    - 宗寵

(戴震上承何支待考)

廿二世～廿六世（未詳）

廿七世　景良：生卒年失考。

廿八世　寧仁：生卒年失考。

廿九世　弁❸（1699-1779）。

三十世　震：字東原（1724-1777）。

卅一世　中立

中孚：字美中。

據段玉裁〈誥封孺人戴母朱夫人八十壽序〉中說：戴震卒於北京，「夫人率子中立匍匐扶柩南歸，……凡喪葬之事，經營困瘁，期於先生九泉無恨」。民國十三年（1924）爲紀念戴震誕生二百周年，曾召開紀念會。紀念大會就在戴震祖祠——三甲祠舉行。當時該門支孫戴英（字琴泉）曾撰〈戴東原軼事〉一文❹稱：「今歿，子中立早卒，乃以族侄中孚字美中者嗣。除書籍外，家中無恒產，嗣子時賴公婿山東孔氏（曲阜孔繼涵之子廣根）周給之，發匪（太平天國）亂後，歿於兵，屋宇毀於火，孫一，在隆阜，無一椽蔽風雨，乃徙居治陽山光角亭等處，藉小販謀生。二十年前嘗至吾家，先嚴猶相資助。因其有子十人，生計極困難。民國初年，有爲琴泉處農場介紹佣工者，細詢之，卽公十曾孫之一，叩以父母兄弟之狀況，則父母已歿，兄弟亦星散，多爲人養子與贅婿矣」。

---

❸ 戴安爲隆阜所追之一世。「遷隆阜，自顏公之子睿公。睿公凡十四傳，至外公，是爲三門支系所起。又十四傳至弁，而謹述是譜繫次。」（〈族支譜序〉，《戴震文集》卷 11，頁 169）。據此，自外公至戴弁應爲十四世，有作十三世，恐誤。因而至戴震爲三十世，而非廿九世。

❹ 載《新聞報》民國十三年二月二十四至二十六日。

戴震年表

清世宗雍正元年癸卯（1723）

——戴震生於是年十二月己巳（公元1724年1月19日），安徽休寧縣由山鄉忠義里（今屬安徽黃山市屯溪隆阜村西頭）。

——戴震曾祖戴景良，祖父戴寧仁，父戴弁，皆不仕。

清世宗雍正十年壬子（1732），十歲

——戴震十歲才開始說話，跟從塾師讀書，過目成誦，日數千言不肯休。

清高宗乾隆四年己未（1739），十七歲

——戴震凡讀書，每一字必求其義。塾師講授漢許慎《說文解字》，他認眞學習三年，完全掌握了全書九千餘字的形體音義。又參考《爾雅》、《方言》、以及漢儒的《傳》、《注》、《箋》，進行考究。

——戴震從這年始，有志聞道，必由字以通其辭，由辭以通其道，乃可得。

清高宗乾隆五年庚申（1740），十八歲

——戴弁在江西南豐縣經營布業，戴震隨父到南豐，在邵武教授學童。

清高宗乾隆七年壬戌（1742），二十歲

——戴震自南豐邵武歸，在休寧家鄉繼續鑽研學問。年二十餘而通五經，能夠背誦《十三經注疏》中的經與注。

——同族戴瀚名於時，家江寧。戴震隨父至江寧，欲拜戴瀚爲師，未果。自江寧回休寧，遇淳安方楘如先生。時方楘如執教紫陽書院。見戴震文，便深深折服，說自己不及。

——時名人宿學講論經義於書院之懷古堂，婺源江永，精通三禮及步算、鍾律、聲韻、地名沿革，博綜淹貫，歸然大師。戴震就取平日所學就質正，很佩服江永學問的周詳精整。戴震與密友鄭牧、汪肇龍、程瑤田、方矩、金榜等六、七人，日從江永、方楘如二先生質疑問難。

——戴震根據西方傳來的龍尾車法作〈嬴旋車記〉，又根據引重法作〈自轉車記〉。

清高宗乾隆九年甲子（1744），二十二歲

——戴震撰成《籌算》一卷，後增改更名爲《策算》一卷。是年以後，戴震每年幾乎都成書一、二種，直至逝世，畢生著作及纂校之書近五十種。

清高宗乾隆十年乙丑（1745），二十三歲

——戴震撰成《六書論》三卷。論述百家講六書，有很多謬說，鑒於此，作此書進行辨正。

清高宗乾隆十一年丙寅（1746），二十四歲

——戴震作成《考工記圖注》。

清高宗乾隆十二年丁卯（1747），二十五歲

——戴震撰《轉語》二十章，爲以聲音求訓詁之書，以補《爾雅》、《方名》、《釋名》之缺。

清高宗乾隆十三年戊辰（1748），二十六歲

——娶夫人朱氏。段玉裁在《經韻樓集·誥封孺人戴母朱夫人八十壽序》中說：「夫人歸於先生，先生方爲諸生，政苦

食淡，以侍舅姑，事君子，米鹽淩雜，身任之，俾先生專一於學。既而先生與族中爭祖墳之被侵者，訟不能勝，乃入都門，自此往來南北，以館穀供家用。惟時，夫人拮据於內者，蓋二十餘年。

清高宗乾隆十四年己巳（1749），二十七歲

——戴震撰成《爾雅文字考》十卷。他在〈爾雅文字考序〉中說：「余竊謂儒者治經，宜自《爾雅》始。取而讀之，殫心於玆十年。」（《戴震文集》卷 3，頁 44）據此該書成書年月待考。所謂殫心十年，即從十七歲有志聞道，潛心訓詁，偶有所記，錄以成帙。二十六至二十八歲間整理而成書。

清高宗乾隆十六年辛未（1751），二十九歲

——戴震補爲休寧縣學生。

清高宗乾隆十七年壬申（1752），三十歲

——其年戴震家中乏食，與麵舖相約，日取麵屑爲食，閉門作《屈原賦注》九卷，《音義》三卷，假名汪梧鳳，實戴震自作。

——戴震至友人汪梧鳳家教授幼童。

清高宗乾隆十八年癸酉（1753），三十一歲

——戴震撰成《詩補傳》。他在〈毛詩補傳序〉中說：「今就全詩，考其字義名物於各章之下，不以作詩之意衍其說」，「姑以夫子之斷夫三百者，各推而論之，用附於篇題後」。（《戴震文集》卷 10，頁 147）

——〈法象論〉約作於這個時候。

清高宗乾隆二十年乙亥（1755），三十三歲

——戴震訟其族子豪者侵佔祖墳，族豪倚財，賄賂縣令，欲致罪戴震，便脫身挾策到北京，行李衣服都沒有帶，寄居在歙縣會館。與當時有著學者紀昀、王鳴盛、錢大昕、王昶、朱筠結交，相互探討學術，名重京師。

——少宗伯秦蕙田聞戴震善步算，便請戴震給他講授《五禮通考》中觀象授時一門。秦氏以爲聞所未聞。

——在紀昀家教幼童讀書。

——撰成《勾股割圜記》三卷。

——孝廉姚姬傳欲奉戴震爲師，震辭謝，有〈與姚孝廉姬傳書〉。

——作〈周禮太史正歲年解〉二篇，〈周髀北極璿機四游解〉二篇，及〈與方希原書〉。

清高宗乾隆二十一年丙子（1756），三十四歲

——戴震接受大宗伯王安國聘請，至其府第教授幼童王念孫讀書，後成爲文字、音韻、訓詁學名家。

清高宗乾隆二十二年丁丑（1757），三十五歲

——戴震南下至揚州，與惠棟認識。後人以乾嘉漢學有吳皖之分，吳派始惠棟，皖派始戴震，因此這次惠、戴會晤，有歷史意義。是年客揚州，曾與名士沈大成結交。

——是年撰成《金山志》，《大戴禮記目錄後語》二篇、〈沈學子文集序〉、〈與是仲明論學書〉等。

清高宗乾隆二十三年戊寅（1758），三十六歲

——是年歙人吳思孝作序刻《勾股割圜記》成。客揚州。

清高宗乾隆二十四年己卯（1759），三十七歲

——戴震參加順天府（今北京）鄉試。

——撰有〈鄭學齋記〉和〈書小爾雅後〉等。

清高宗乾隆二十五年庚辰（1760），三十八歲

——戴震是年客於揚州。作有〈沈處士戴笠圖題咏序〉、〈與盧侍講紹弓書〉、〈與任孝廉幼植書〉。

——是年多刻成《屈原賦注》（包括注七卷、通釋二卷、音義三卷）。

清高宗乾隆二十六年辛巳（1761），三十九歲

——有〈再與盧侍講書〉，論述校《大戴禮》之事。

清高宗乾隆二十七年壬午（1762），四十歲

——是年中舉於鄉。

——江永去世，戴震作〈江慎修先生事略狀〉。

——作成《原象》三卷，約在此時。

清高宗乾隆二十八年癸未（1763），四十一歲

——是年春，戴震第一次至北京參加會試，落第，居新安會館。段玉裁、汪元亮、胡士震從戴震學。

——秦蕙田奏請刊正韻書，並推薦戴震、錢曉徵任其事，未准允。夏天離北京至江右。

——撰有〈詩比義述序〉、〈書玉篇卷末聲論反紐圖後〉、〈書劉鑑切韻指南後〉、〈顏氏音論跋〉、〈書盧侍講所藏宋本廣韻〉、〈鳳儀書院碑〉等。

——《原善》上、中、下三篇、〈尚書今文古文考〉、〈春秋改元卽位考〉，爲癸酉（1753）至癸未（1763）十年內所作。

清高宗乾隆三十年乙酉（1765），四十三歲

——戴震根據酈道元《水經注》，考定《水經》一卷。

——是年入都途經蘇州，有〈題惠定宇先生授經圖〉一篇。

清高宗乾隆三十一年丙戌（1766），四十四歲

——戴震第二次到北京會試，不第，居新安會館。後在裘日修家教授裘家子孫讀書。

——段玉裁欲拜戴震爲師，震堅持不受，告之以友相稱，至乾隆三十四年（1769）方勉強從之。

——撰成《聲韻考》四卷。並已作成〈讀易繫辭論性〉、〈讀孟子論性〉及《原善》三卷本。

——《孟子私淑錄》上、中、下三卷當撰於此時。有《杲谿詩經補注》二卷，亦當撰於此時。

清高宗乾隆三十二年丁亥（1767），四十五歲

——戴震會試不第後，曾客江右，多至北京。

——作有〈送右庶子畢君沅赴鞏秦階道序〉等。

清高宗乾隆三十三年戊子（1768），四十六歲

——戴震應直隸總督方恪敏的邀請，於保定蓮花池園內，修《直隸河渠書》一百十一卷。由於方恪敏不久去世，繼任者楊廷璋不能禮敬戴震，故辭謝入京，書未成。戴震死後，此書清稿一藏曲阜孔繼涵家中，一藏直隸總督周元禮家。嘉慶十四年己巳（1809），王履泰捐納通判，其父爲周元禮的甥婿，王履泰因而得戴震纂修的《直隸河渠書》，並易名爲《畿輔安瀾志》刊行。乾隆認爲是有價值的書，命武英殿刊板，並恩賞王履泰同知。戴震嗣子中孚聞之，到曲阜孔繼涵家取回原稿百十一卷到北京，意欲辨正，然沒有人代奏乾隆，抑鬱携歸，請段玉裁校刊。

清高宗乾隆三十四年己丑（1769），四十七歲

——戴震是年第三次到北京會試，不第。

——是年夏天，戴震與弟子段玉裁至山西，客於布政司使朱珪署中。

——戴震應汾州太守孫和相聘請，纂修《汾州府志》三十四卷。作有〈古經解鈎沈序〉。

——約是年作成《大學補注》和《中庸補注》各一卷。

——又於是年草成《緒言》，屬未整理的草稿。

清高宗乾隆三十五年庚寅（1770），四十八歲

——是年撰有〈記洞過水〉、〈應州續志序〉、〈與曹給事書〉、〈沂川王君祠碑〉、〈于清端傳〉、〈張義士傳〉、〈王廉士傳〉、〈答朱方伯書〉、〈例贈宣武大夫王公墓表〉、〈輯五王先生墓誌銘〉、〈山陰義莊序〉、〈重刊五經文字九經字樣序〉、〈查氏七烈女墓誌銘〉。

清高宗乾隆三十六年辛卯（1771），四十九歲

——戴震是年由山西至北京參加恩科會試，這是他第四次參加會試，不第。

——受汾陽李文起聘請，纂修《汾陽縣志》，於是又回山西。

——撰有〈溫方如西河文彙序〉、〈董愚亭詩序〉等。

清高宗乾隆三十七年壬辰（1772），五十歲

——戴震自汾陽到北京參加會試，爲第五次參加會試，又不第。這時山西修志已告一段落，行止未定，能比較集中冷靜地整理謄清《緒言》草稿。

——後決定南歸，與胡亦常同舟月餘。

——是年主講金華書院。

——撰有〈孟子趙注跋〉、〈爾雅注疏箋補序〉等。

清高宗乾隆三十八年癸巳（1773），五十一歲

——戴震繼續在金華書院教授。

——清乾隆開四庫全書館，由於紀昀等人的推薦，戴震以舉人特召入四庫全書館任纂修官，主要負責校訂天文、算術、地理等書。

——仲秋，戴震到北京。

——作有〈光祿大夫工部尙書太子少傅裘文達公墓誌銘〉。

清高宗乾隆三十九年甲午（1774），五十二歲

——戴震在四庫全書館校《水經注》、《九章算術》、《五經算術》成，三書戴震均撰有提要各一篇。

清高宗乾隆四十年乙未（1775），五十三歲

——戴震第六次，也是他最後一次參加會試，又不第。後奉命與當年貢士一起參加殿試，賜同進士出身，授翰林院庶吉士。

——是年校《海島算經》、《儀禮識誤》成，二書各撰有提要一篇。

清高宗乾隆四十一年丙申（1776），五十四歲

——三月初突患足疾，行動不便，至不能出戶，又視力大損。

——作成《孟子字義疏證》，批判宋明理學。

——撰有〈答段若膺論韻〉，與段玉裁探討音韻分類法。

清高宗乾隆四十二年丁酉（1777），五十五歲

——戴震正月作〈六書音均表序〉，又作〈與段玉裁論理欲書〉，提出「以意見殺人，咸自信爲理」的著名論點。

——校訂《周髀算經》、《孫子算經》、《張丘建算經》、《夏侯陽算經》、《五曹算經》、《儀禮釋宮》、《儀禮

集釋》、《項氏家說》、《蒙齋中庸講義》、《大戴禮》、《方言》等，以上十一種都是戴震在四庫全書館短短四年間所完成的，可見用力之勤。這十一種戴震均撰有提要各一篇。

——四月，作〈答彭進士允初書〉五千言。又作〈與某書〉，提出「酷吏以法殺人，後儒以理殺人」的著名論點。

——五月上旬，撰《聲類表》九卷。又手批《六書音均表》一部。

——五月二十七日，戴震在北京崇文門西范氏穎園去世。終年五十五歲。

——六月洪榜作《戴先生行狀》。

——七月戴震夫人朱氏和子中立扶柩南歸。

參考書目

一、戴震著述

1.《孟子字義疏證》，中華書局 1961 年標點本，何文光整理。計《孟子字義疏證》(三卷)、《原善》(三卷)、《緒言》(三卷)、《孟子私淑錄》(三卷)、＜答彭進士允初書＞、〈與某書〉、〈法象論〉、《原善》(上、中、下)、〈讀易繫辭論性〉、〈讀孟子論性〉。

2.《戴震文集》，中華書局 1980 年標點本，趙玉森點校。依段玉裁編，經韻樓本《戴東原集》(十二卷)爲底本，增加單篇文章十一篇及傳記資料，改名爲《戴震文集》。

3.《戴震哲學著作選注》，中華書局 1979 年，安正輝選注。選有《原善》(三卷)、《孟子字義疏證》(三卷)、〈答彭進士允初書〉、〈與某書〉。

4.《戴震集》，上海古籍出版社 1980 年標點本，湯志鈞校點。本書分上下兩編。上編以經韻樓《戴東原集》爲底本校點；下編依 1961 年中華書局《孟子字義疏證》校點本。

5.《戴東原先生全集》，民國二十五年(1936年)《安徽叢書》第六期，胡樸安等輯。計二十二種：《尙書義考》(二卷)、《毛鄭詩考正》(五卷)、《杲溪詩經補注》(二卷)、《考工圖記》(三卷)、《中庸補注》(一卷)、《孟子字義疏證》(三卷)、《緒言》(三卷)、《經考》(五卷)、《經考附錄》(七卷)、《方言注疏證》(十三卷)、《續方言手稿》(二卷)、《聲類表》(九卷)、《聲韻考》(四卷)、《原善》(三卷)、《原象》(三卷)、《續天文略》(二卷)、《勾股割圜記》(三卷)、《策算》(一卷)、《水地記》(一卷)、《屈原賦注》(十二卷)、《屈原賦注初稿》(三卷)、《東原文集》(十二卷)。附:《戴先生遺墨》(一卷)、《戴先生年譜》(一卷,段玉裁編)、《戴先生行狀》(一卷,洪榜著)、〈戴先生震傳〉(錢大昕著)、〈戴東原先生墓誌銘〉(王昶著)、《戴先生所著書考》(一卷,胡樸安著)。

6.《戴氏遺書》,乾隆四十三年(1778年)曲阜孔繼涵刊刻,收入《微波榭叢書》,列二十三種,實刻十五種。計有:《毛鄭詩考正》、《杲溪詩經補注》、《考工圖記》、《孟子字義疏證》、《方言注疏證》、《聲類表》、《聲韻表》、《原善》、《原象》、《續天文略》、《勾股割圜記》、《策算》、《水地記》、《東原文集》,《水經注》。

7.《汾州府志》(乾隆本)。

8.《汾陽縣志》(乾隆本)。

9.《校儀禮集釋》(武英殿聚珍本)。

10.《纂校儀禮釋宮》(武英殿聚珍本)。

11.《纂校儀禮識誤》(武英殿聚珍本)。

12.《戴氏三種》,北京樸社編印,1924年。

13.《戴東原集》(十二卷),上海商務印書館,《國學基本叢書》本。

14.《戴東原轉語釋補》(曾廣源釋補),民國十八年己巳(1929)排印本。

二、其他典籍

1.《周易正義》,中華書局影印《十三經注疏》本。

2.《尚書注疏》,中華書局影印《十三經注疏》本。

3.《周禮注疏》,中華書局影印《十三經注疏》本。

4.《儀禮注疏》,中華書局影印《十三經注疏》本。

5.《禮記正義》,中華書局影印《十三經注疏》本。

6.《春秋左傳注》,中華書局1981年,楊伯峻編著。

7.《論語集注》，世界書局，朱熹集注。
8.《孟子集注》，世界書局，朱熹集注。
9.《大學章句》，世界書局，朱熹集注。
10.《中庸章句》，世界書局，朱熹集注。
11.《老子注譯及評介》，中華書局1984年，陳鼓應著。
12.《莊子今注今譯》，中華書局1983年，陳鼓應著。
13.《墨子閒詁》，世界書局，《諸子集成》本。
14.《管子》（附校正），世界書局，《諸子集成》本。
15.《荀子簡釋》，古籍出版社1957年，梁啓雄著。
16.《韓子簡釋》，中華書局1960年，梁啓雄著。
17.《呂氏春秋校釋》，學林出版社1984年，陳奇猷校釋。
18.《春秋繁露》（武英殿聚珍本）。
19.《淮南鴻烈集解》（劉文典撰），中華書局1989年，馮逸、喬華點校。
20.《論衡校釋》，商務印書館，黃暉撰。
21.《王弼集校釋》，中華書局1980年版，樓宇烈校釋。
22.《莊子集釋》，（郭象注、成玄英疏）中華書局1961年，王孝魚點校。
23.《韓昌黎集》，商務印書館《國學基本叢書》本。
24.《柳宗元集》，中華書局1979年，校點組。
25.《無能子校注》，中華書局1981年，王明校注。
26.《壇經校釋》，中華書局1983年，郭朋校釋。
27.《五燈會元》，中華書局1984年，蘇淵雷點校。
28.《周子全書》，商務印書館《萬有文庫》本。
29.《張載集》，中華書局1978年。
30.《二程集》，中華書局1981年，王孝魚點校。
31.《朱文公文集》，上海商務印書館《四部叢刊》本。
32.《朱子語類》（宋黎靖德編），中華書局1986年，王星賢點校。
33.《昌黎先生集考異》，上海古籍出版社 1985 年，據山西祁縣圖書館藏宋刻本影印。
34.《楚辭集注》，上海古籍出版社1979年，李慶甲校點。
35.《朱子遺書》。
36.《陸九淵集》，中華書局1980年，鍾哲點校。
37.《北溪字義》，中華書局1983年，熊國禎、高流水點校。
38.《王廷相集》，中華書局1989年，王孝魚點校。
39.《明道編》，中華書局1959年，劉原祜、張豈之標點。
40.《王文成公全書》，《四部叢刊》本。
41.《吳廷翰集》，中華書局1984年，容肇祖點校。
42.《劉子全書》（董瑒編）。
43.《劉子全書遺編》（沈復粲編）。
44.《論氣》（宋應星著），上海人民出版社1976年。
45.《船山全書》，嶽麓書社出版。
46.《陳確集》，中華書局1978年。
47.《顧東林詩文集》，中華書局1983年，華忱之點校。
48.《黃宗羲全集》，浙江古籍出版社。
49.《宋元學案》，中華書局1987年，沈芝盈點校。
50.《明儒學案》，中華書局1987年，沈芝盈點校。
51.《文史通義》，古籍出版社1956年。
52.《章氏遺書》，商務印書館1936年。
53.《四庫全書總目提要》，中華書局1965年影印本。
54.《經籍籑詁》，中華書局1982年影印本。

三、關於戴震生平、學術的著作

中文

1.段玉裁：《戴東原先生年譜》。
2.洪榜：《戴先生行狀》。

3. 王昶：〈戴東原先生墓誌銘〉。
4. 錢大昕：〈戴先生震傳〉。
5. 余廷燦：〈戴東原先生事略〉。
6. 阮元：〈戴東原先生傳〉。
7. 凌廷堪：〈戴東原先生事略狀〉。
8. 李元度：〈戴東原先生傳〉。
9. 唐鑑：〈休寧戴先生〉，載《國朝學案小識》卷14。
10. 江藩：〈戴震〉，載《國朝漢學師記》卷 5。
11.〈戴震傳〉，載《徽州府志》。
12.〈戴震傳〉，載《休寧縣志》。
13.〈戴震傳〉，《清史稿》。
14.〈戴東原學案〉，《清儒學案》。
15. 紀昀：《閱微草堂筆記》中有關戴震的記載四條。
16. 焦循：＜申戴＞，《雕菰樓集》。
17. 黃式三：〈申戴（申戴氏氣說、性說、理說）〉，《儆居集》。
18. 章太炎：〈清儒〉，《訄書》（重訂本），《 章太炎全集 》（三）。
19. 章太炎：〈釋戴〉，《太炎文錄》。
20. 王國維：〈國朝漢學派戴阮二家之哲學說〉，《 靜庵文集 》，《王國維遺書》（五），上海古籍書店影印本。
21. 梁啓超：〈東原哲學〉，載《戴東原二百年生日紀念論文集》，民國十三年。
22. 梁啓超：〈戴東原先生傳〉，同上。
23. 陳展雲：〈戴東原的天算學〉，同上。
24. 汪震：〈中國心理學史上的戴震〉，同上。
25. 胡適：《戴東原的哲學》，商務印書館，民國十六年。
26. 胡適：《戴東原在中國哲學史上的地位》，民國十六年。
27. 容肇祖：〈戴震說的理及求理的方法〉，北大《國學季刊》1925 年，卷2。

28. 陳其昌：〈戴東原之反宋哲學〉，《國專月刊》1935年，卷2。

29. 季月淸：〈戴東原人生哲學〉，《中國文化》1943年，卷3，第2-4期。

30. 馬裕藻：《戴東原對古音學的貢獻》(1929年)。

31. 周輔成：《戴震》，湖北人民出版社1957年。

32. 韋政通：〈東原思想中的一個基本概念：「血氣心知」之解析〉，香港《民主評論》1961年，卷12。

33. 林語堂：〈論戴東原斥儒理學〉，臺灣《新聞報》1966年7月11日。

34. 余英時：《論戴震與章學誠——清代中期學術思想史研究》，龍門書店1976年。

35. 王茂：《戴震哲學思想研究》，安徽人民出版社1980年。

36. 陳子榮：〈戴東原性理之學〉，臺灣《中華文化復興月刊》1982年，卷15。

37. 祁龍威、華强：《戴震》，江蘇古籍出版社1984年。

38. 戴學研究會：《戴震學術思想論稿》，安徽人民出版社1987年。

日文

1. 村瀬裕也：《戴震の哲學——唯物論と道徳的價値》，日中出版1984年。

2. 山井湧：〈戴震研究〉，《明淸思想史の研究》，東京大學出版會1980年。

3. 岡田武彥：〈戴震と日本古學派の思想〉，《江戸期の儒學》木耳社昭和57年。

4. 溝口雄三：〈《孟子字義疏證》の歷史的考察〉，東京大學東洋文化研究所紀要48，1969年3月。

四、其他書籍

1. 翁方綱：《理說》，《復初齋文集》卷7。

2. 方東樹：《漢學商兌》。
3. 梁啓超：《中國近三百年學術史》，中華書局，民國二十二年。
4. 梁啓超：《清代學術概論》，商務印書館，民國十年。
5. 錢穆：《中國近三百年學術史》，商務印書館，民國二十六年。
6. 馮友蘭：《中國哲學史新編》，人民出版社。
7. 侯外廬等主編：《宋明理學史》，人民出版社。
8. 任繼愈主編：《中國哲學發展史》，人民出版社。
9. 牟宗三：《心體與性體》，正中書局1981年。
10. 牟宗三：《從陸象山到劉蕺山》，學生書局1984年。
11. 沈善洪、王鳳賢：《中國倫理學說史》，浙江人民出版社。
12. 唐君毅：《中國哲學原論》，學生書局印行1980年。
13. 張立文：《朱熹思想研究》，中國社會科學出版社1981年。
14. 張立文：《宋明理學研究》，中國人民大學出版社1985年。
15. 張立文：《中國哲學範疇發展史》（天道篇），中國人民大學出版社1988年。
16. 張立文主編：《道》，中國人民大學出版社1989年。
17. 張立文：《中國哲學邏輯結構論》，中國社會科學出版社1989年。
18. 潘富恩、徐餘慶：《程顥程頤理學思想研究》，復旦大學出版社1988年。

索　引

五　畫

六　畫

七　畫

八 畫

九 畫

十　　畫

十一畫

十二畫

十 三 畫

十 四 畫

十 五 畫

十 六 畫

十 七 畫

十八畫

十九畫

二十畫

二十一畫以上

世界哲學家叢書(一)

書名	作者	出版狀況
孟子	黃俊傑	撰稿中
老子	劉笑敢	撰稿中
莊子	吳光明	已出版
墨子	王讚源	撰稿中
淮南子	李增	撰稿中
賈誼	沈秋雄	撰稿中
董仲舒	韋政通	已出版
揚雄	陳福濱	撰稿中
王充	林麗雪	排印中
王弼	林麗真	已出版
嵇康	莊萬壽	撰稿中
劉勰	劉綱紀	已出版
周敦頤	陳郁夫	已出版
邵雍	趙玲玲	撰稿中
張載	黃秀璣	已出版
李覯	謝善元	已出版
王安石	王明蓀	撰稿中
程顥、程頤	李日章	已出版
朱熹	陳榮捷	已出版
陸象山	曾春海	已出版
陳白沙	姜允明	撰稿中
王陽明	秦家懿	已出版
方以智	劉君燦	已出版
朱舜水	張立文	撰稿中
眞德秀	朱榮貴	撰稿中

世界哲學家叢書(二)

書名	作者	出版狀況
劉蕺山	張永儁	撰稿中
黃宗羲	盧建榮	撰稿中
顏元	楊慧傑	撰稿中
戴震	張立文	已出版
竺道生	陳沛然	已出版
眞諦	孫富支	撰稿中
慧遠	區結成	已出版
僧肇	李潤生	已出版
智顗	霍韜晦	撰稿中
吉藏	楊惠南	已出版
玄奘	馬少雄	撰稿中
法藏	方立天	排印中
惠能	楊惠南	撰稿中
登觀	方立天	撰稿中
宗密	冉雲華	已出版
永明延壽	冉雲華	撰稿中
知禮	釋慧嶽	撰稿中
大慧宗杲	林義正	撰稿中
世親	釋依昱	撰稿中
袾宏	于君方	撰稿中
章太炎	姜義華	已出版
熊十力	景海峰	排印中
馮友蘭	殷鼎	排印中
唐君毅	劉國强	撰稿中
龍樹	萬金川	撰稿中

世界哲學家叢書(三)

書名	作者	出版狀況
元曉	李箕永	撰稿中
休靜	金煐泰	撰稿中
知訥	韓基斗	撰稿中
道元	傅偉勳	撰稿中
李栗谷	宋錫球	撰稿中
李退溪	尹絲淳	撰稿中
伊藤仁齋	田原剛	撰稿中
山鹿素行	劉梅琴	已出版
山崎闇齋	岡田武彥	已出版
三宅尙齋	海老田輝已	撰稿中
中江藤樹	木村光德	撰稿中
貝原益軒	岡田武彥	已出版
荻生徂萊	劉梅琴	撰稿中
富永仲基	陶德民	撰稿中
楠本端山	岡田武彥	排印中
吉田松陰	山口宗之	已出版
西田幾多郎	廖仁義	撰稿中
柏拉圖	傅佩榮	撰稿中
亞里斯多德	曾仰如	已出版
聖奥古斯丁	黃維潤	撰稿中
聖多瑪斯	黃美貞	撰稿中
笛卡兒	孫振青	已出版
斯賓諾莎	洪漢鼎	撰稿中
洛克	謝啓武	撰稿中
巴克萊	蔡信安	撰稿中

世界哲學家叢書㈣

書名	作者	出版狀況
休謨	李瑞全	撰稿中
盧梭	江金太	撰稿中
康德	關子尹	撰稿中
費希特	洪漢鼎	撰稿中
黑格爾	徐文瑞	撰稿中
祁克果	陳俊輝	已出版
約翰彌爾	張明貴	已出版
馬克思	許國賢	撰稿中
狄爾泰	張旺山	已出版
韋伯	陳忠信	撰稿中
卡西勒	江日新	撰稿中
雅斯培	黃藿	撰稿中
胡塞爾	蔡美麗	已出版
馬克斯・謝勒	江日新	已出版
海德格	項退結	已出版
高達美	張思明	撰稿中
漢娜鄂蘭	蔡英文	撰稿中
盧卡契	錢永祥	撰稿中
哈伯馬斯	李英明	已出版
馬利丹	楊世雄	撰稿中
馬塞爾	陸達誠	撰稿中
梅露・彭廸	岑溢成	撰稿中
德希達	張正平	撰稿中
呂格爾	沈清松	撰稿中
懷德黑	陳奎德	撰稿中

世界哲學家叢書㈤

書名	作者	出版狀況
卡納普	林正弘	撰稿中
卡爾巴柏	莊文瑞	撰稿中
柯靈烏	陳明福	撰稿中
穆爾	楊樹同	撰稿中
維根斯坦	范光棣	撰稿中
奧斯汀	劉福增	撰稿中
史陶生	謝仲明	撰稿中
赫爾	馮耀明	撰稿中
帕爾費特	戴華	撰稿中
魯一士	黃秀璣	撰稿中
珀爾斯	朱建民	撰稿中
詹姆斯	朱建民	撰稿中
杜威	李常井	撰稿中
史賓格勒	商戈令	已出版
奎英	成中英	撰稿中
洛爾斯	石元康	已出版
諾錫克	石元康	撰稿中
希克	劉若韶	撰稿中